城市轨道交通系列教材

城市轨道交通列车运行控制

陈荣武　主编

科学出版社

北　京

内 容 简 介

本书从列控角度出发，全面介绍城市轨道交通信号基础设备、列车自动控制系统及其三个子系统——列车自动防护系统、列车自动驾驶系统、列车自动监控系统，并且根据技术的发展需要，介绍 CBTC 系统及其系统相关的 IEEE 标准，主要介绍 IEEE Std 1474.1、IEEE Std 1474.2、IEEE Std 1474.3、IEEE Std 1474.4。

本书强调理论与实际的结合以及系统概念的建立，采取案例教学的方式，希望能够帮助读者更好地理解相关知识。本书可作为高等院校相关专业的教材，也可作为从事城市轨道交通相关领域的技术人员的学习资料，并可供对于城市轨道交通列控系统感兴趣的读者自学。

图书在版编目(CIP)数据

城市轨道交通列车运行控制/陈荣武主编.—北京：科学出版社，2014.2（2021.7重印）

城市轨道交通系列教材

ISBN 978-7-03-039695-2

Ⅰ.①城… Ⅱ.①陈… Ⅲ.①城市铁路-轨道交通-列车-运行-控制系统-高等学校-教材 Ⅳ.①U284.48

中国版本图书馆 CIP 数据核字（2014）第 020032 号

责任编辑：杨 岭 于 楠 / 责任校对：胡小洁

责任印制：罗 科 / 封面设计：墨创文化

科学出版社出版

北京东黄城根北街16号

邮政编码：100717

http://www.sciencep.com

成都锦瑞印刷有限责任公司印刷

科学出版社发行 各地新华书店经销

*

2014年2月第 一 版 开本：787×1092 1/16

2021年7月第七次印刷 印张：12 3/4

字数：300 000

定价：26.00 元

（如有印装质量问题，我社负责调换）

“城市轨道交通系列教材”编委会

前　言

城市轨道交通具有运输能力大、速度快、安全、准时、保护环境、节约能源和土地等优点。世界各国普遍认识到：解决城市交通问题的根本出路在于优先发展以轨道交通为骨干的城市公共交通系统。国外大城市轨道的运营经验也表明，大力发展城市轨道交通是缓解交通拥堵难题的重要途径。随着城市交通拥堵问题的日益严重，国内城市轨道交通发展将进一步提速，我国城市轨道交通未来发展空间大。

为了适应现代城市轨道交通列车控制技术的发展，满足高等院校城市轨道相关专业学生及专业人员对城市轨道列控基础知识的学习，编者编写了这本书作为教材及参考书。

本书从信号、控制角度出发，根据城市轨道交通的发展需求，主要介绍城市轨道交通列车自动控制系统，详细介绍了自动控制系统的三个子系统：列车自动防护(ATP)系统、列车自动驾驶(ATO)系统、列车自动监控(ATS)系统，它们能最大程度保证列车的行车安全和缩短列车运行间隔，从而提高城市轨道交通的通过能力。同时，每个子系统均配有实例介绍，希望对读者的学习和工作有所帮助。信号设备是指挥列车运行、保证行车安全、提高运输效率、改善行车组织方式、实现行车指挥现代化的关键设施，所以本书也对城市轨道交通中常用的基础信号设备如信号机、转辙机、轨道电路、计轴器等作了详尽介绍。此外，现代轨道交通运行控制系统正向系统化、网络化、信息化、智能化及通信信号一体化方向发展。为实现不同厂商设备间、地面设备与车载设备间互联互通(interoperability)，使列车能够在轨道交通网中跨线运行，必须把 CBTC 系统的技术规范与技术标准作为系统研究的核心。因此本书最后一章详尽介绍了 IEEE 相关 CBTC 的标准，有助于读者进一步的学习。

在内容布置上，本书共分为七章。

第一章　介绍了城市轨道交通概况、发展历史及城市轨道交通列控系统。

第二章　对信号机、转辙机、轨道电路和计轴设备的结构、基本原理及应用作了简要的介绍。

第三章　介绍了国内外列车控制系统发展，阐述了列车控制系统的组成、原理和功能，并对西门子 ATC 系统作了讲解。

第四章　介绍 ATC 的子系统——ATP。详细介绍了 ATP 的功能、结构以及 ATP 安全制动模型与 ATP 速度防护模式，并以成都地铁 1 号线 ATP 作为实例进行了讲解。

第五章　介绍 ATC 的子系统——ATO。详细介绍了 ATO 的结构、功能及其工作原理，并介绍了 ATO 系统实例——广州地铁 1 号线 ATO 系统。

第六章　介绍 ATC 的子系统——ATS。详细介绍了 ATS 的结构、功能和基本原理，并讲解了上海地铁 1 号线的 ATS 系统。

第七章　对 CBTC 系统和 CBTC 系统相关的 4 个标准进行了介绍。

本书可以作为交通信息工程专业高年级本科生的专业必修课教材，也可作为城市轨道交通相关方向研究生的参考教材；同时，本书文字通俗易懂，也可作为从事城市轨道交通相关方向的专业技术人员的参考资料。讲授学时可为 32 ~ 48 学时，教师可根据学时、专业和学生的实际情况选讲。附录部分为学生自学部分内容，其中附录 A 总结了城市轨道交通列车控制系统中常用的英文缩写，附录 B 和附录 C 为 IEEE1474 系列标准中对于部分读者有用的附录，读者可根据需求自学。

本书的编写得到了西南交通大学和科学出版社的大力支持，也获得了西南交通大学城市轨道交通实验室及其他老师的大力帮助。在本书的编写过程中编者参考了城市轨道交通相关资料以及其他相关著作，在此对相关作者表示衷心感谢。西南交通大学杨淘、李耀、李容、李浩宇、吴婷分别对本书的整理和完善工作给予了很多帮助；同时，还得到了其他同仁的支持和热情帮助，在此一并表示衷心感谢。

由于时间仓促，以及编者学识水平有限，书中难免出现疏漏与不足，恳请同行专家及广大读者批评指正。

编　者

2013 年 9 月

目　录

前言
第一章　概述……1
第一节　城市轨道交通特点……1
第二节　城市轨道交通类型……3
第三节　我国城市轨道交通的发展历史……5
第四节　城市轨道交通列控系统……6
第二章　信号基础设备……9
第一节　概述……9
第二节　信号机……10
第三节　转辙机……13
第四节　轨道电路……16
第五节　计轴设备……20
第六节　应答器……24
第三章　列车自动控制系统……30
第一节　ATC 系统发展……30
第二节　ATC 系统概述……33
第三节　ATC 系统分类……38
第四节　ATC 系统实例——西门子 ATC 系统……45
第四章　列车自动防护系统……55
第一节　ATP 系统功能……55
第二节　ATP 系统结构……58
第三节　ATP 安全制动模型……63
第四节　ATP 速度防护模式……66
第五节　ATP 实例——成都地铁 1 号线 ATP 系统……73
第五章　列车自动驾驶系统……78
第一节　ATO 系统概述……78
第二节　ATO 系统的结构及功能……81
第三节　ATO 系统的工作原理……83
第四节　ATO 系统实例——广州地铁 1 号线 ATO 系统……86

第六章　列车自动监控系统……90
第一节　ATS 系统结构……90
第二节　ATS 系统功能……95
第三节　ATS 基本原理……100
第四节　ATS 系统实例——上海地铁 1 号线 ATS 系统……108
第七章　CBTC 系统及相关标准……115
第一节　CBTC 系统简介……115
第二节　IEEE Std 1474.1——CBTC 系统性能及功能需求……131
第三节　IEEE Std 1474.2——CBTC 系统用户接口需求……147
第四节　IEEE Std 1474.3——CBTC 系统设计及功能分配需求……156
第五节　IEEE Std 1474.4——CBTC 特点及应用……178
参考文献……185
附录 A　常用名词对照表……186
附录 B　典型的 CBTC 参数……188
附录 C　系统安全方案需求……189

第一章 概 述

随着人们生活水平的稳步提高，生活节奏日益加快，城市的交通运输已成为影响和制约城市发展的重要因素。城市经济的快速发展和客流的急速增长，直接影响到城市居民的生活、工作、出行和购物。城市轨道交通可以缓解城市中心人口密集、住房紧张、空气污染严重、绿化面积小等城市通病，有利于提高居民的出行效率，节省时间，改善生活质量，同时促进城市的繁荣。目前一些大中城市已经开始制定、实施城市轨道交通发展计划，北京、上海、广州、深圳等大城市纷纷扩大和升级地铁、轻轨等轨道交通系统，以解决城市交通运输的瓶颈。

根据国家标准《城市公共交通常用名词术语》，城市轨道交通定义为“通常以电能为动力，采取轮轨运输方式的快速大运量公共交通的总称”。经济发达国家的交通发展历史显示大客运量的城市轨道交通系统能够从根本上改善城市公共交通的状况。

通常，城市轨道交通是具有固定线路、铺设固定轨道、配备运输车辆及服务设施等的公共交通设施。广义的城市轨道交通是指以轨道运输方式为主要技术特征，是城市公共客运交通系统中具有中等以上客运量的轨道交通系统(有别于道路交通)，主要为城市内(有别于城际铁路，但可涵盖郊区及城市圈范围)公共客运服务，是一种在城市公共客运交通中起骨干作用的现代化立体交通系统。

第一节 城市轨道交通特点

一、城市轨道交通的主要特点

1. 城市轨道交通有较大的运输能力

城市轨道交通往往要承担很大的客流量，行车密度大，由于高密度运转，列车行车时间间隔短，行车速度快，列车编组辆数多，具有较大的运输能力。单向高峰每小时的运输能力最大可达到 6 万~8 万人次(市郊铁道)；地铁达到 3 万~6 万人次，甚至达到 8 万人次；轻轨 1 万~3 万人次，有轨电车能达到 1 万人次，城市轨道交通的运输能力远超过公共汽车。据文献统计，地下铁道每千米线路年客运量可达 100 万人次以上，最高达到 1200 万人次，如莫斯科地铁、东京地铁、北京地铁等。城市轨道交通能在短时间内输送较大的客流，据统计，地铁在早高峰时 1h 能通过全日客流的 17%~20%，3h 能通过全日客流的 31%。

2. 城市轨道交通具有较高的准时性

城市轨道交通由于在专用行车道上运行，不受其他交通工具干扰，不产生线路堵塞现象并且不受气候和路面影响，是全天候的交通工具，列车能按运行图运行，精确停车，具有可信赖的准时性。

3. 城市轨道交通具有较高的速达性

与常规公共交通相比，城市轨道交通由于没有和普通道路交叉，运行在专用行车道上，不受其他交通工具干扰，相比城市道路交通，车辆有较快的运行速度，有较大的启、制动加速度，多数采用高站台，列车停站时间短，上下车迅速方便，而且换乘方便，从而可以使乘客较快地到达目的地，缩短了出行时间。

4. 城市轨道交通具有较高的舒适性

与常规公共交通相比，由于城市轨道交通运行在不受其他交通工具干扰的线路上，城市轨道车辆具有较好的运行特性，车辆、车站等装有空调、引导装置、自动售票等直接为乘客服务的设备，城市轨道交通具有较好的乘车条件，其舒适性优于公共电车、公共汽车。

5. 城市轨道交通具有较高的安全性

由于城市轨道交通运行在专用轨道上，没有平交道口，不受其他交通工具干扰，并且有先进的通信信号设备，极少发生交通事故。且通信信号设备都遵循铁路信号故障-安全原则，在故障时导向安全侧。

6. 城市轨道交通能充分利用地下和地上空间

大城市地面拥挤、土地费用昂贵。城市轨道交通由于充分利用了地下和地上空间，不占用地面街道，能有效缓解由汽车大量发展而造成的道路拥挤、堵塞，有利于城市空间的合理利用，特别有利于缓解大城市中心区过于拥挤的状态，提高了土地利用价值，并能改善城市景观。

7. 城市轨道交通的系统运营费用较低

城市轨道交通主要采用电气牵引，而且轮轨摩擦阻力较小，与公共电车、公共汽车相比更节省能源，运营费用较低。同时，轨道交通的输送能力是公路交通输送能力的近10倍，因而每一单位运输量消耗的能源也较少。

8. 城市轨道交通对环境低污染

城市轨道交通采用电气牵引，与公共汽车相比不产生废气污染。城市轨道交通的发展，还能减少公共汽车的数量，进一步减少了汽车的废气污染。城市轨道交通中的噪声属集中型，人均噪声小，易于治理；由于在线路和车辆上采用了各种降噪措施，一般不会对城市环境产生严重的噪声污染。

二、城市轨道交通信号系统主要特点

在一定程度上，城市轨道交通的信号系统沿袭大铁的技术，但是由于其自身发展特点，故与大铁的信号系统有一定的区别，主要体现在以下几个方面。

1. 正线信号设置为自动信号

由于城市轨道交通每天承担集中时段巨大的客流量，所以要求列车运行间隔时间短，并对信号系统的列车运行速度监控提出了极高的要求，以确保列车运行安全。城市轨道交通的站间距离一般为0.8~1.5km，相对较短，而且列车编组统一，所以列车行车时刻表的规律性很强，按工作日和节假日不同时段的列车时刻表运行。

城市轨道交通信号系统具有进路自动排列功能。一般运行情况下，正线轨旁信号都设置为自动信号或连续通过信号，在必要的时候，控制中心和联锁集中站都可以人工介入变更进路。

2. 联锁关系较为“简单”，但技术要求高

城市轨道交通的大多数车站没有配线，不设道岔，甚至也不设地面信号机，仅在少数有岔站及车辆段才设置道岔和地面信号机，正线联锁设备由集中站和非集中站设备组成。通常一个控制中心即可实现全线的联锁功能。

城市轨道交通信号自动控制最大的特点是把联锁关系和 ATP 编/发码功能结合在一起，且包含一些特殊的功能，如自动折返、自动进路、站台扣车等，增加了技术难度。

3. 具有完善的列车速度监控功能

城市轨道交通所承担的客运量巨大，对行车间隔的要求很高，最小行车间隔可达 90~120s，因此对列车运行速度监控的要求极高。

4. 车辆段独立采用联锁设备

城市轨道交通的车辆段可对列车编组、解编，接发列车和调车作业，线路较多，道岔较多，信号设备较多，国内一般独立采用一套联锁设备。

5. 自动化水平高

由于城市轨道交通的线路长，站间距离短，列车种类较少，行车规律性很强，所以它的信号系统中通常包含自动排列进路和运行自动调整的功能，自动化强度高，人工介入较少。

第二节 城市轨道交通类型

按照运能范围、车辆类型及主要技术特征，城市轨道交通可以分为有轨电车、地下铁道、轻轨交通、市郊铁路、单轨交通和磁悬浮交通等，其中地下铁道和轻轨较为普遍。

1. 有轨电车

有轨电车也称为路面电车或简称电车，是采用电车牵引、轻轨导向、使用 1~3 辆编组运行在城市路面线路上的低运量轨道交通系统。

有轨电车是最早发展的城市轨道交通之一，世界上第一条有轨电车线于 1888 年 5 月在美国弗吉尼亚州里士满市开通。1906 年，中国第一条有轨电车线在天津北大关至老龙头火车站(今天津站)建成通车，随后上海、北京、抚顺、大连、长春、鞍山等城市相继修建了有轨电车或电铁客车，在当时的城市公共交通中发挥了重要作用。

旧式的有轨电车单向运输能力一般在 1 万人次/h 以下，通常采用地面路线，与其他车辆混合运行，运行速度一般为 10~20km/h。旧式有轨电车由于运能、挤占道路、噪声等问题，在 20 世纪五六十年代世界上各大城市纷纷拆除有轨电车线路，改建运量大的地铁或轻轨道交通。中国的有轨电车在 20 世纪 50 年代末已拆得所剩无几，仅大连、长春两城市保留。大连还对有轨电车进行了改造，使其成为城市的一张名片。

旧式的有轨电车已停止了发展，基本上完成了它的历史使命。经改造后的现代有轨电车与性能较差的轻轨交通已很接近，只是车辆尺寸稍小一些，运营速度接近 20km/h，单向运能可达 2 万人次/h。

2. 地下铁道

地下铁道简称地铁，是城市快速轨道交通的先驱。地铁由电力牵引、轮轨导向且轴重相对较重，车辆按运行图行车，根据城市的具体条件，通常运行在地下隧道内或地面及高架线路上。地铁具有一定规模的运量，单向在3万人次/h，最高可达6万~8万人次/h。通常，地铁最高速度可达90km/h，旅行速度可达40km/h以上，可4~10辆编组，最小运行间隔可达90s。

地铁造价昂贵，存在建设成本高、建设周期长的弊端，但同时地铁又具有运量大、安全、准时、不污染环境、节省能源、节省城市用地的优点。地铁适用于出行距离较长、客运量需求大的城市中心区域。

通常，地铁大部分的线路都在地下或高架上，因此地铁技术水平要求较高，同时要保证较高的可靠性和安全性要求。地铁系统主要由车辆、轨道、车站、通信信号等设备构成，要求各部门能够有机结合，协同动作，最大限度地完成输送任务。

3. 轻轨交通

轻轨是在有轨电车的基础上改造发展起来的城市轨道交通系统。相对于铁路和地铁，轻轨在轨道上的荷载较轻，公共交通国际联会（UITP）将轻轨定义为“一种使用电力牵引、介于标准有轨电车和快运交通系统（包括地铁和城市铁路），用于城市旅客运输的轨道交通系统”。

轻轨一般采用地面和高架相结合的方法建设，路线可以从市区通往近郊。由于轻轨采用了线路隔离、自动化信号、调度指挥系统和高新技术车辆等措施，最高速度可达60km/h，克服了有轨电车运能低、噪声大等问题。

轻轨具有投资少、建设周期短、运能高、灵活等优点，因此发展很快。

4. 市郊铁路

市郊铁路建在城市内部或内外结合部，主要面向的对象是城市公共交通客流，以短途、通勤旅客等为主。市郊铁路运行特点接近于干线铁路，只是服务对象不同。

市郊铁路把市区与郊区，尤其是远郊联系起来，一般和干线铁路设有联络线，线路大多建于地面上，部分建在地下或高架上。市郊铁路是城市铁路的主要形式，通常使用电力牵引或内燃牵引，最高速度可达100~120km/h。市郊铁路运能与地铁相同，但由于站距较地铁长，运行速度超过地铁，可达80km/h以上。

5. 单轨交通

单轨是指通过单一轨道梁支撑列车车厢并提供导引作用而运行的轨道交通系统，也称为独轨，其最大特点是车体比承载轨道要宽。根据支撑方式的不同，单轨交通通常分为跨座式和悬挂式两种：跨座式是车辆跨座在轨道梁上行驶；而悬挂式是车辆悬挂在轨道梁下方行驶。

单轨交通的车辆采用橡胶轮，由电气牵引，最高速度可达80km/h，旅行速度为30~35km/h，单向运送能力为1万~2.5万人次/h。

单轨交通具有占地少、造价低、建设工期短的优点，同时还有振动小、噪声少、运行稳定可靠、适应复杂地形的要求、对日照和城市景观影响小的特点，其工程建筑费用仅为地铁的1/3。但由于单轨橡胶轮与轨道梁摩擦产生橡胶粉尘，对环境有轻度污染，同时列车在运行区间发生事故时救援比较困难。

6. 磁悬浮交通

磁悬浮交通系统是一种悬浮于地面上的、非轮轨黏着传动的交通运输系统。磁悬浮列车是利用常导磁铁或超导磁铁产生的吸力或斥力使车辆浮起，用以上的复合技术产生导向力，用直线电机产生牵引动力，使其成为安全、高速、舒适、环保、节能、维护简单、占地少的新一代交通运输工具。

城市轨道交通作为城市大容量、大众化的公共客运交通的骨干力量，是世界公认的低能耗、少污染的绿色交通方式，是解决城市病的一把金钥匙。城市轨道交通的建设对城市的发展和建设起着积极的促进和引导作用，能够缩减出行的交通成本、减轻城市公交系统的压力、提升城市的经济水平、促进城市的交流发展，对于实现城市的可持续发展具有非常重要的意义。

第三节 我国城市轨道交通的发展历史

近年来，我国城市轨道交通行业发展迅速，截至 2012 年 12 月 31 日，我国内地已有北京、上海、广州、深圳、天津、重庆、武汉、南京、沈阳、长春、大连、成都、西安、昆明、苏州、杭州等 16 个城市累计开通 64 条城市轨道交通运营线路(含地铁、轻轨线路，不含磁浮)，总运营里程达到 1980km，运营车站 1291 座。我国城市轨道交通发展经历了以下三个阶段。

第一阶段为开始建设阶段(20 世纪 80 年代末~90 年代中期)。以上海地铁 1 号线(21km)、北京地铁复八线(13.6km)、北京地铁 1 号线改造，广州地铁 1 号线(18.5km)建设为标志，我国真正以交通为目的的地铁项目开始建设。随着上海、广州地铁项目的建设，大批城市包括沈阳、天津、南京、重庆、武汉、深圳、成都、青岛等开始上报建设轨道交通项目，纷纷要求国家进行审批。

第二阶段为调整整顿阶段(1995~1998 年)。地铁建设发展迅猛，许多地方不考虑经济的承受能力和社会发展的需要，城市轨道交通建设带有很大盲目性。针对工程造价很高、轨道交通车辆全部引进、大部分设备大量引进、城市地铁每千米造价 1 亿美元左右等问题，1995 年国务院办公厅 60 号文件通知，除上海地铁 2 号线项目外，所有地铁项目一律暂停审批，并要求做好发展规划和国产化工作。这期间近 3 年国家没有审批城市轨道交通项目。1997 年底开始，国家计委研究城市轨道设备国产化实施方案，提出深圳地铁 1 号线(19.5km)、上海明珠线(24.5km)、广州地铁 2 号线(23km)作为国产化依托项目，于 1998 年批复 3 个项目立项，轨道交通项目又开始启动。

第三阶段为蓬勃发展阶段(1999 年至今)。一是随着国家积极财政政策的实施，国家从建设资金上给予有力支持；二是通过技术引进，国际先进制造企业同国内企业合作，实现了城市轨道交通车辆、设备本地化，使城市轨道交通建设造价大大降低。国家先后批准了深圳、上海、广州、重庆、武汉、南京、杭州、成都、哈尔滨等 10 多个城市轨道交通项目开工建设，并投入 40 亿元国债资金予以支持，我国轨道交通建设进入高速发展期。

根据国民经济和社会发展，城镇化进程加快的需要，城市及城际轨道交通在未来十几年将处于网络规模扩展、完善结构、提高质量、快速扩充运输能力、不断提高装备水平的大发展时期。到2020年，我国将建成几千千米城市和城际轨道交通系统，基本形成布局合理、功能完善、干支衔接、技术装备优良的城际、城市轨道交通网，实现城际客运专线、城市轻轨、城市地铁同铁路客运专线之间的有机衔接，方便旅客换乘，更好地为广大群众服务。

第四节 城市轨道交通列控系统

城市轨道交通信号系统是保证列车运行安全，实现行车指挥和列车运行现代化，提高运输效率，改善运输人员的劳动条件的关键系统设备。城市轨道交通信号系统造价高，科技内容含量高，涉及通信技术、计算机技术、网络技术和远程控制技术等。

一、城市轨道交通列控系统的特点

城市轨道交通信号系统技术沿袭了干线铁路的制式，与干线铁路存在着很多一致的地方，但也有一些不同之处。城市轨道交通信号系统有以下特点。

(1) 城市轨道交通客流量大、行车密度高、站间距离短，列车的运行间隔一般在2min左右，甚至更短。所以，城市轨道交通对列车的速度监控系统要求更高，要求监控系统提供更高的安全保证。

(2) 城市轨道交通系统中，区间一般不安装地面信号机，通常以机车的速度信号作为主体信号。

(3) 城市轨道交通系统中的列车在大多数车站都需要上下旅客，大多数车站也不设置道岔，联锁设备的监控对象远少于一般铁路的客货站，大多在电气集中控制中心实现全线的联锁功能。

(4) 城市轨道交通列车主要运送旅客，其行车组织功能比较单一，车站信号显示的含义也比较少。

(5) 城市轨道交通列车运行的规律性很强，便于实现自动控制。

二、列车自动控制系统

城市轨道交通信号系统是城市轨道交通系统中最基础的控制系统，其不仅影响轨道交通列车的行车速度和运行间隔，而且影响列车的通过能力和输送能力，同时信号系统也是安全行车的重要保证。

信号系统是衡量城市轨道交通先进程度的一个重要方面，其通常用于列车间隔控制、列车进路控制、调度指挥、信息管理、设备监测及维护管理，是一个高效的综合自动化系统。

随着铁路技术的发展，铁路信号系统已经从传统的方式(以地面信号显示传递行车命令，机车司机按行车规范控制列车运行)发展到自动控制列车和自动调整追踪间隔的方式(根据地面发送的信息自动监控列车速度并且自动调整列车运行和追踪间隔)，实现这一方式的关键技术是列车自动控制系统。

列车自动控制系统简称 ATC(automatic train control)系统，是城市轨道交通信号系统最重要的组成部分。该系统主要由 3 部分构成：列车自动防护(automatic train protection，ATP)系统、列车自动驾驶(automatic train operation，ATO)系统和列车自动监控(automatic train supervision，ATS)系统，简称 3A 系统。三个子系统通过信息交换网络构成闭环系统，实现地面控制与车载控制相结合、现地控制与中央控制相结合，构成一个以安全设备为基础，集行车指挥、运行调整及列车驾驶自动化等功能为一体的列车运行控制系统，同时能够提高运输效率，减轻运营人员的劳动强度。城市轨道交通 ATC 系统结构如图 1.1 所示。

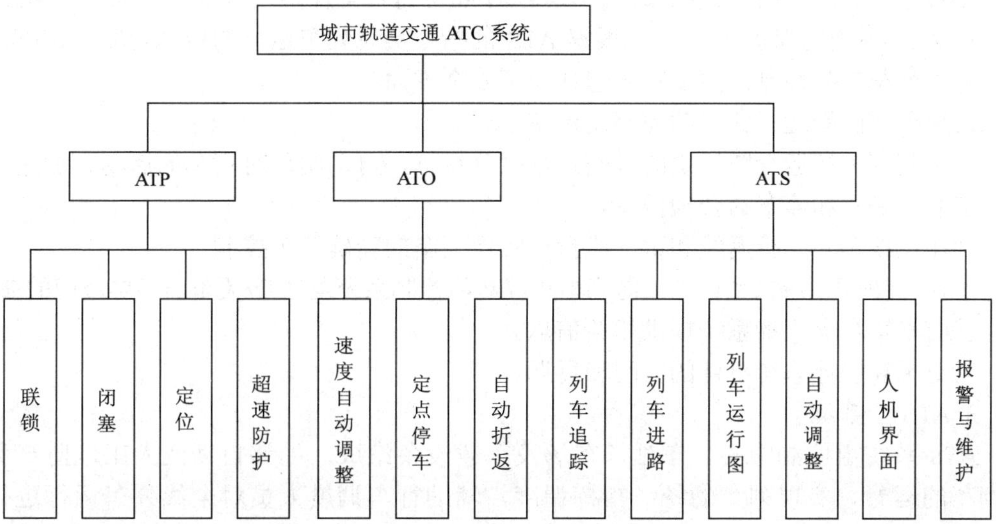

图 1.1 城市轨道交通 ATC 系统结构

1. ATP 子系统

ATP 子系统由地面设备和车载设备组成，主要负责列车的运行安全，监控与安全有关的设备或系统。车载 ATP 不断接收来自地面的信息，如来自联锁设备和操作层的信息、线路条件、前方目标点等信息，车载控制器根据这些信息计算列车当前允许速度并不断与检测到的列车实际运行速度进行对比，依照实际速度必须低于允许速度的原则进行列车速度监督及控制。当列车速度超过目标速度时，ATP 车载设备发出制动命令，使列车减速；当列车速度降到目标速度以下后自动缓解。

ATP 系统能够很大地提高行车安全性、缩短列车的运行间隔、提高线路的利用率。ATP 子系统主要包含如下功能。

(1) 列车定测速定位。

(2) 安全列车间隔控制。

(3) 列车速度和方向的监督防护。

(4) 轮径确认及磨损补偿。

(5) 车门/屏蔽门监控。

(6)轨道终点、工作区域和折返作业的防护。

(7)与 ATS、ATO 及车辆系统接口并进行信息交换。

2. ATO 子系统

ATO 子系统由车载设备和地面设备组成，控制列车自动运行，主要用于实现地对车控制，即用地面信息实现对列车驱动、制动的控制，包括列车自动折返。ATO 系统根据控制中心的指令使列车按最佳工况正点、安全、平稳地运行，自动完成对列车的启动、牵引、惰行和制动，传送车门和屏蔽门同步开关信号。ATO 子系统能够使列车经常处于最佳运行状态，避免不必要的、过于剧烈的加速和减速，明显提高列车的运行效率、旅客的舒适度、列车准点率和减少能量消耗及轮轨磨损。

ATO 子系统是城市轨道交通列车运行时重要的安全保障，能够模拟最佳司机的驾驶。在 ATP 系统的保护下，ATO 根据 ATS 的指令实现列车运行的自动驾驶、速度的自动调整、列车车门控制，主要功能包括如下 6 个方面。

①列车在区间运行的自动控制及调整。

②控制列车按运行图规定的区间走行时分行车，自动实现对列车的启动、加速、惰行、巡航、减速和停车的合理控制。

③在正线车站、折返线和试车线自动实现列车的精确停车控制。

④在 ATP 子系统的允许下，向列车和屏蔽门控制系统发送开/关车门和屏蔽门的命令。

⑤向车辆自动广播系统提供相关信息。

⑥记录和统计系统事件的时间和日期。

3. ATS 子系统

ATS 系统由控制中心、车站、车场及车载设备组成，能够自动或人工地监督和控制列车的运行，实现列车的统一指挥调度，辅助行车调度人员对全线列车运行进行管理。ATS 为行车调度人员显示了全线列车的运行状态，监督和记录运行图的执行情况，在列车因故偏离运行图时通过集中调度使其恢复正常，通过 ATO 接口向旅客提供运行信息通报。

ATS 系统功能由位于控制中心内的设备实现，主要功能包括如下 9 个方面。

①列车识别追踪、传递和显示。

②列车运行图编制及管理。

③列车运行的自动调整。

④列车进路的控制。

⑤实时监视在线列车运行和信号设备的状态(如道岔、信号机、电源)。

⑥实现与无线通信、乘客导向、综合监控等系统的接口。

⑦提供司机发车指示。

⑧培训和运行模拟。

⑨统计、管理与记录等。

第二章 信号基础设备

在城市轨道交通中，信号设备是非常重要和关键的，必须满足铁路信号故障-安全原则，具有不可替代的作用。城市轨道交通的安全、速度、输送能力和效率与信号系统采用的设备密切相关。在城市轨道交通信号系统中，采用了专用信号器械，就其主要功能而言，大致分为信号机、转辙机、轨道电路、计轴器和点式应答器等。其中，信号机、转辙机、轨道电路是信号统称的室外三大件，要保证绝对安全、可靠；在实际线路中计轴和应答器是运用较多的信号基础设备。

第一节 概 述

信号基础设备是保证线路运输安全、提高运输效率和改善劳动条件的重要设备，因此，对于信号设备的工作状态必须要求安全可靠。当设备的元件或者系统一旦发生故障时仍能确保行车安全，称为铁路信号故障-安全原则。铁路信号设备或系统的设计需满足该原则。

城市轨道交通信号基础设备大都沿袭铁路信号基础设备，部分信号基础设备又不同于铁路，如信号机的显示、轨道电路的制式等。

信号机如同交通信号灯一样，用于向司乘人员发出信号显示，以保证所防护区段内列车的运行安全。城市轨道交通采用色灯信号机。由于城市轨道交通有其特殊性，站间距离基本上只有 1km 左右，指挥列车运行的“主体信号”是“机车信号”，所以在不设道岔的车站，都不再设置地面信号机，即使在设有道岔的车站，也不设置进站信号机和出站信号机，只设调车信号机。城市轨道交通中列车的运行速度取决于非速差信号，而不取决于信号的显示。绿灯、黄灯表示列车的进路是道岔直股还是弯股，而不表示列车运行速度。城市轨道交通与铁路还有一个很大的区别：铁路列车在线路上是按左侧方向运行的，而城市轨道交通是按右侧方向运行的，所以请读者注意它们在信号机的配置上，方向是相反的。也就是说，铁路的信号机都必须设置于线路的左侧，而城市轨道交通的地面信号机都应该设置于线路的右侧。

道岔的转换和锁闭关系着行车安全。由转辙机转换和锁闭道岔，易于集中操纵并实现自动化。转辙机将道岔的尖轨从一个位置改变到另一位置，即转换道岔的位置至定位或反位，完成道岔转换后，用机械方法将密贴于基本轨的道岔尖轨牢靠地锁住，防止外力转换道岔，并给出相应的表示。当道岔被挤或因故处于“四开”位置时，及时给出报警及表示。城市轨道交通使用的转辙机和铁路一致。

继电器有许多应用，如自动调节、安全保护和转换电路等，继电器的品种也千变万化，有电磁继电器、干簧管继电器、固态继电器(半导体继电器)等，它们在各种自动、远程控制系统中发挥着良好的作用。在一般电路故障中，有一种信号继电器能够使导致危险侧故障的概率远小于导致安全侧故障的概率，这种继电器就是常常所说的安全型继电器。虽然近年来微电子技术得到迅猛发展，但是很多关键部位仍然依靠安全型继电器来保证系统的故障-安全特性。

轨道电路是利用钢轨线路和钢轨绝缘构成的电路。在城市轨道交通中，用轨道电路来检测指定的路线上是否有车辆占用的同时，更多的是利用轨道电路向列车提供信息传输。车辆段只需要对列车是否占用进行检测而不需要传输线路信息等，而正线上既需要检测轨道电路是否占用又需要进行信息的传输，所以，在车辆段采用 50Hz 相敏轨道电路，而正线采用音频轨道电路，以便于牵引电流的流通，提高线路性能。轨道电路已成为机车信号和列控车载设备工作的基础，它的性能直接影响行车安全和运输效率。

除了轨道电路，计轴设备利用记录进入、出清指定线路的轮对数量，也能自动检测线路是否空闲。相对于轨道电路，计轴有以下特点：①道床漏泄电阻和钢轨光洁程度对计轴设备没有影响；②轨道区段长度不受限制；③无须设置绝缘节，以及与轨道电路相关的道岔跳线、轨道连接线等。但计轴系统不具备轨道电路检查断轨状态和行车相关信息的功能。在采用 CBTC 系统的城市轨道交通线路中，降级模式下采用联锁加计轴的运营模式，其中计轴作为辅助列车位置检测设备。

查询应答器是高速率、大信息量的点式数据传输设备，是城市轨道交通中重要的地面设备。查询应答器具有列车定位和向列车传输信息的能力，这些信息中包括前方列车的间隔、前方坡度、弯道、限速等信息。查询应答器在城市轨道交通中得到了广泛应用。

第二节　信　号　机

信号机主要用于指挥列车安全运行。城市轨道交通信号与铁路信号在设置原则、信号显示含义距离上有所不同。城市轨道交通信号中，除了有岔段和车辆段，一般不设地面信号机；信号机显示绿灯、黄灯不表示列车的运行速度，信号为非速差信号，代表列车的运行进路是走道岔直股还是弯股；信号显示与信号显示距离也有自己的规定，有别于铁路信号。

图 2.1　色灯信号机实物图

目前我国主要采用色灯信号机，其他类型的信号机已逐渐淘汰。本节主要以色灯信号机为例介绍我国城市轨道交通信号机的原理及应用。色灯信号机以灯光的颜色数目和亮灯的状态来表示信号。城市轨道交通中的信号机主要有透镜式色灯信号机、组合式色灯信号机和 LED 色灯信号机。图 2.1 所示为色灯信号机实物图。

一、透镜式色灯信号机

透镜式色灯信号机是以凸透镜组为集光器的色灯信号机。透镜组由无色的外透镜和有色的内透镜组成，显示的颜色取决于内透镜的颜色。它的每个灯位固定一种颜色，多种颜色由多个灯位完成显示，故又称多灯信号机。现多采用透镜式色灯信号机，因其结构简单，安全方便，控制电路所需电缆芯线少，所以得到广泛采用。

透镜式色灯信号机分为高柱和矮型两种，其中，高柱透镜式色灯信号机如图 2.2 所示，包括机柱、机构、托架、梯子等部分。机柱用于安装机构和梯子；托架用于机构的固定；高柱信号机的机构安装在钢筋混凝土信号机柱上，机构的每个灯位都配有相应的透镜组和单独的灯泡；梯子用于工作人员攀登及作业。

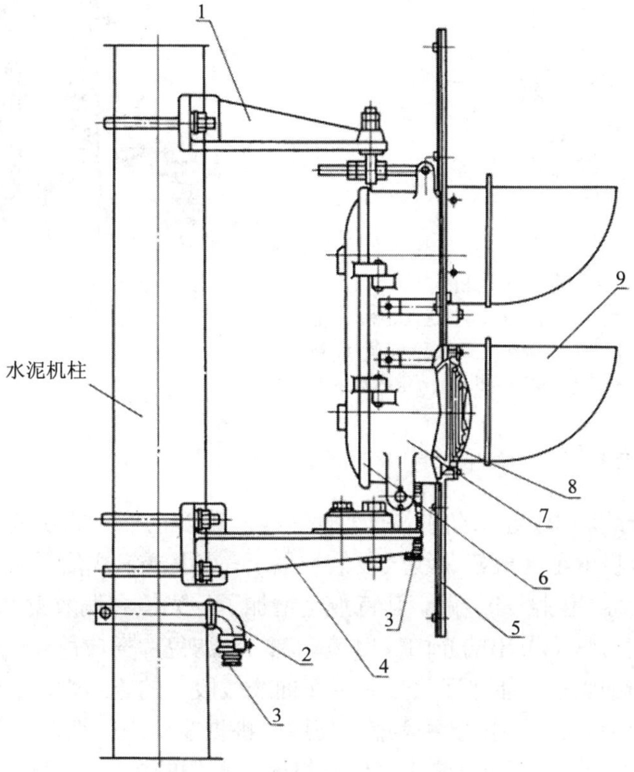

图 2.2 高柱透镜式色灯信号机

1. 上部托架，用来固定机构的上端；2. 蛇管接头，固定蛇管；3. 蛇管，防护导线用；4. 下部托架，固定机构的下端用；5. 背板，用来增强灯光与背景的对比度；6. 箱盖；7. 箱体，机体的主体零件；8. 透镜组，内梯透镜为无色透明玻璃，外梯透镜为有色玻璃；9. 遮檐，防止外来光线干扰

矮型透镜式信号机如图 2.3 所示，矮型信号机的机构是安装在信号机水泥基础上的，没有托架也不需要梯子。

透镜式色灯信号机的机构由灯泡、灯座、透镜组、遮檐和背板等组成，如图 2.4 所示，透镜式色灯信号机的灯泡是色灯信号机的光源，采用直线双丝铁路信号灯泡；灯座用于安放灯泡，采用定焦盘式灯座，在调整好透镜组焦点后固定灯座，更换灯泡时无须调整；透镜组由两块带棱的凸透镜组成，里面是有色带棱外凸透镜，外面是无色带棱内凸透镜；遮檐用来防止光线直射时产生错误的幻影显示；背板构成较暗的背景，用以改善瞭望条件。

透镜式色灯信号机的主要优点是结构简单、维修容易，因而使用很广泛。但其光系统存在一定的缺点，光通量不能充分利用，在曲线线段上不能连续显示。

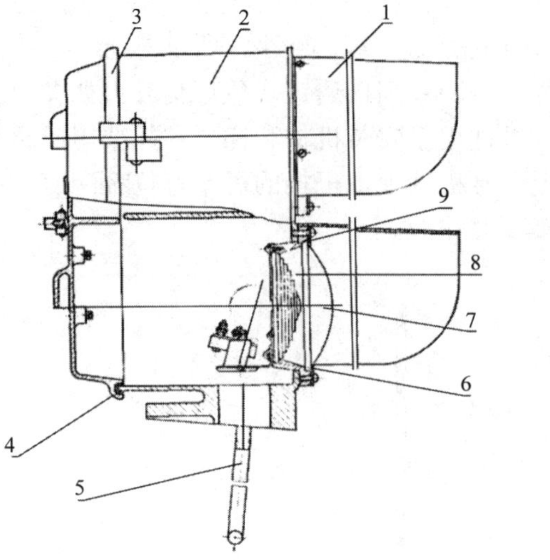

图 2.3　矮型透镜式信号机

1. 遮檐；2. 箱体；3. 箱盖；4. 盘根，防止雨水及尘埃进入机体；5. 基础螺丝，固定机构用；6. 可调灯座；7. 内梯透镜，无色透明玻璃；8. 外梯透镜，有色玻璃；9. 透镜柜，用以装设机构的光学系统

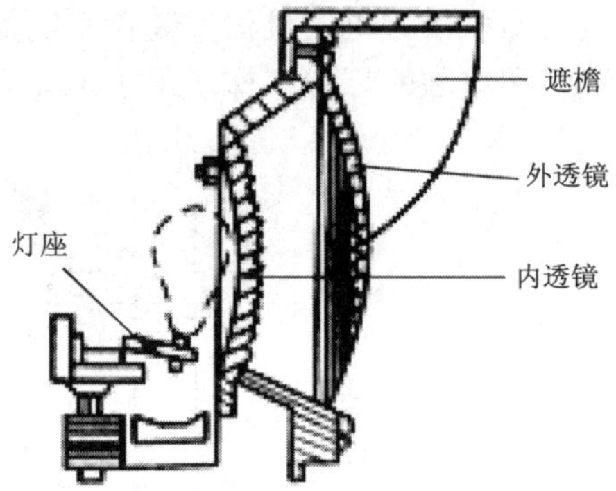

图 2.4　透镜式色灯信号机机构

二、组合式色灯信号机

透镜式色灯信号机构的光系统射出的平行光线，难以在整个曲线范围内得到连续的显示。组合式色灯信号机就是为改善曲线区段信号显示、克服透镜式信号机的缺点而研制的新型信号机构，适用于瞭望困难的线路。其特点是增加了反光镜和偏散镜，采用非球面镜，构成合理的光系统。信号灯泡发出的光由反射镜会聚，经滤色片变成色光，再由非球面镜聚成平行光束，偏散镜折射偏散，能保证信号显示在曲线线段上的连续性。信号机构采用组合形式，一个灯位为一个独立单元，配一种颜色，使用时根据需要进行组合，分别组装成二显示、三显示，故称为组合式色灯信号机。它是信号机比较理想的更新换代产品。

组合式信号机机构由光系统、机构壳体、遮檐和标准镜插孔 4 部分组成，如图 2.5 所示。

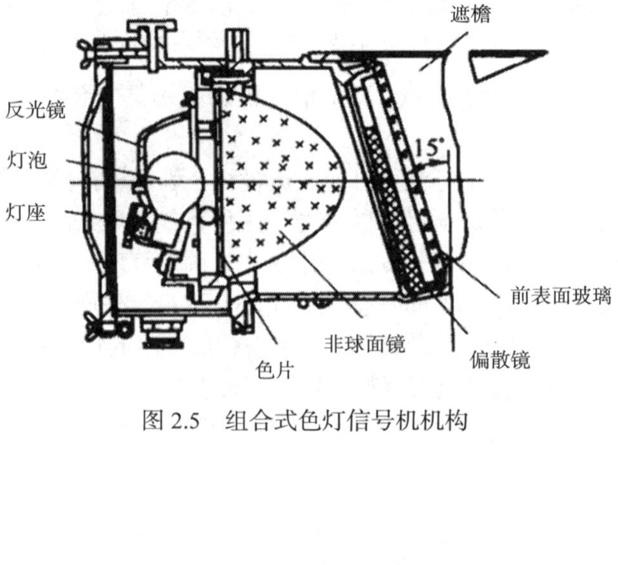

图 2.5　组合式色灯信号机机构

三、LED色灯信号机

LED组合式色灯信号机用发光二极管取代白炽灯泡和透镜组，采用铝合金机构组合而成，重量大大减轻，便于进行施工安装，密封条件好，信号点灯单元由LED发光二极管构成。LED色灯控制系统，在与现有点灯控制电路兼容、LED驱动电路与二极管供电方式的设计方面取得突破，通过监测控制系统的电流，可监督信号显示系统的工作状态，预警异常情况有助于准确判断故障点，便于及时处理。

LED小型信号机的机构比透镜式色灯信号机小很多，适合于安装在地下空间较小的洞体，满足设备限界的要求。有寿命长、可靠性高、节省能源、聚焦稳定、显示效果好、无冲击电流等显著优点。

四、信号机的设置原则

(1)由于城市轨道交通驾驶位置处于右侧，故一般情况下信号机设置在线路的右侧，特殊地点设置在左侧需报上级部门批准并备案。

(2)一般情况下，正线区间都不设通过信号机。

(3)正线有岔站为了防护道岔和实现联锁关系而设置地面矮柱信号机，一般中间站(无岔站)都不设信号机。

(4)折返站的折返线出入口都设置防护信号机。

(5)停车场的出入库线设置出、入库地面信号机，指挥列车的出入库。

(6)停车场内，根据调车作业的需要，设置各种用途的调车信号机。

(7)在ATC系统没有同步开通的特定情况下，有些城市轨道交通根据列车运行间隔，设置出站信号机，甚至还设置区间通过信号机。这些信号机当ATC系统开通以后，就失去作用，只作为后备系统使用。

第三节　转　辙　机

道岔的转换和锁闭设备是城市轨道交通的基础设备之一，是直接关系列车及调车车列在车辆段和有岔车站范围内运行安全的关键设备。道岔转辙设备包括转辙机及其外部的转辙装置、转换锁闭器等，其中转辙机是道岔转辙系统的核心和主体，外部转辙装置包括各类杆件、安全装置和外锁闭装置(内锁闭方式没有)，转换锁闭器是电动液压转辙机配套设备。转辙机就是完成道岔转换和锁闭的重要信号基础设备，它对于保证行车安全、提高运输效率、改善行车人员的劳动强度起着非常重要的作用。图2.6所示为转辙机实物图。

图2.6　转辙机实物图

一、转辙机的组成及基本原理

1. 转辙机的主要作用

转辙机主要用于控制道岔尖轨动作，其基本任务有转换道岔、锁闭道岔和反映道岔的位置和状态等。具体来说有四点：第一，根据需要转换道岔的位置，使其转换到定位或者反位；第二，当道岔转换至所需位置并且密贴后，转辙机实现锁闭，防止外力转换道岔；第三，反映道岔的实际位置，并给出相应表示；第四，当道岔被挤或处于“四开”状态时，及时报警。

2. 转辙机的分类

(1) 根据供电电源的种类，可分为直流转辙机和交流转辙机。直流转辙机如 ZD6 系列电动转辙机，采用直流 220V 供电。交流转辙机采用三相交流电源或单相交流电源。

(2) 根据道岔的锁闭方式，可分为内锁闭转辙机和外锁闭转辙机。内锁闭是间接锁闭的方式，依靠转辙机内部的锁闭装置锁闭道岔尖轨，ZD7 系列转辙机多采用内锁闭的方式。外锁闭是直接锁闭的方式，主要依靠转辙机外的外锁闭装置锁闭道岔，S700K 型转辙机就采用外锁闭方式。

(3) 根据动作能源和传动方式，可分为电动转辙机、电动液压转辙机和电空转辙机。电动转辙机由电动机提供动力，采用机械传动方式。电动液压转辙机由电动机提供动力，采用液压传动方式。电空转辙机由压缩空气作为动力，由电磁换向阀控制。

(4) 根据是否可挤，可分为可挤转辙机和不可挤转辙机。

(5) 根据动作速度，可分为普通动作转辙机和快动转辙机。

二、ZD6 系列转辙机

ZD6 系列转辙机在我国铁路和城市轨道交通上应用最为广泛，本节重点介绍 ZD6 型转辙机。

1. ZD6 型转辙机结构

ZD6 型转辙机的实物图如图 2.7 所示，结构如图 2.8 所示。

图 2.7　ZD6 型转辙机实物图

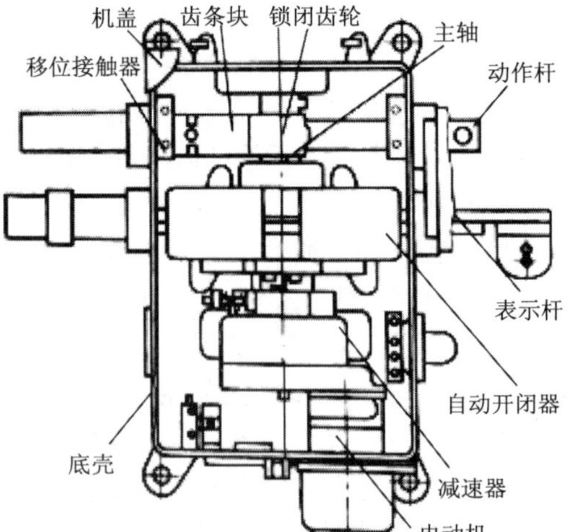

图 2.8　ZD6 型转辙机结构

ZD6 型电动转辙机主要由电动机、减速器、摩擦联结器、主轴、动作杆、表示杆、移位接触器、外壳等组成。各部分具体作用如下。

(1)电动机：为转辙机提供动力，采用直流串激电动机。

(2)减速器：降低转速以换取足够的转矩，并完成传动。由第一级齿轮、第二级行星传动式减速器组成。

(3)摩擦联结器：用弹簧和摩擦制动板，组成输出轴与主轴之间的摩擦连接，以防止尖轨受阻时损坏机件。

(4)主轴：由输出轴通过启动片带动旋转，主轴上安装锁闭齿轮，由锁闭齿轮和齿条块相互动作，将转动运动变为平动，通过动作杆带动尖轨运动，并完成锁闭作用。

(5)动作杆：与齿条块之间用挤切削相连，正常动作时，齿条块带动动作杆，挤岔时，挤切削折断，动作杆与齿条块分离，避免机件损坏。

(6)表示杆：由前后表示杆以及两个检查块组成。随着尖轨移动，只有当尖轨密贴且锁闭后，自动开闭器的检查柱才能落入表示杆的缺口之中，接通表示电路。挤岔时，表示杆被推动，顶起检查柱，从而断开表示电路。

(7)移位接触器：监督挤切削的受损状态，道岔被挤或挤切削折断时，断开道岔表示电路。

2. ZD6 型转辙机的动作过程

以道岔由定位转向反位的传动过程为例，当电动机通入规定方向的道岔控制电流时，电动机按逆时针方向旋转。电动机通过齿轮带动减速器，这时输入轴按顺时针方向旋转，输出轴按逆时针方向旋转。输出轴通过启动片带动主轴，按逆时针方向旋转。锁闭齿轮随主轴逆时针方向旋转，锁闭齿轮在旋转中完成解锁、转换、锁闭三个过程，拨动齿条块，使动作杆带动道岔尖轨向右移动，密贴于右侧尖轨并锁闭。同时通过启动片、速动片、速动爪带动自动开闭器的动接点动作，与表示杆配合，断开原接通接点，接通原断开接点。完成电动转辙机转换、锁闭及给出道岔表示的任务。

手动摇动转辙机时，先用钥匙打开盖，露出摇把插孔。将摇把插入减速大齿轮轴。摇动转辙机至所需位置。此后虽抽出摇把，但安全接点被断开，必须打开机盖，合上安全接点，转辙机才能复原。

3. ZD6 型电动转辙机的特点

(1)ZD6 系列电动转辙机采用直流、串激、可逆电动机，具有过载能力强、在额定转矩的 1.8 倍情况下安全使用的特点。

(2)ZD6 系列电动转辙机所用的减速器为两极减速封闭式减速器，第一级为外啮合齿轮传动，第二级为一齿差行星内啮合齿轮传动，总传动比大，机械转矩大。

(3)ZD6 系列电动转辙机所用的自动开闭器是整体式机构，可以独立拆卸而不影响其他部分。目前，ZD6 系列电动转辙机所用的自动开闭器已变成一种型号，便于现场的互换。其静接点片采用铍青铜，动接点环采用铝青铜材料，提高了导电性能及耐磨性能。速动爪上采用无注油滚轮，避免往摩擦带上滴油，减少了现场维护工作量。小拐轴改为花键轴，减少了旷动，增加扭转强度。

(4)ZD6 系列电动转辙机所用的动作杆、表示杆均采用了镀硬铬工艺，耐磨性能得到大大提高。

(5)表示杆采用了新型加强式表示杆，不但增加了整体强度，同时能有效防止滑扣和主、副表示杆脱开失控现象的发生。

4. ZD6 系列转辙机的型号

ZD6 系列电动转辙机包括满足各种需求的 ZD6 型转辙机的派生型号。其在城市轨道交通中使用非常广泛，目前主要有 ZD6-A、ZD6-D、ZD6-E、ZD6-F、ZD6-G、ZD6-H、ZD6-J、ZD6-K 这几种型号。

ZD6 型电动转辙机型号及表示意义如下。

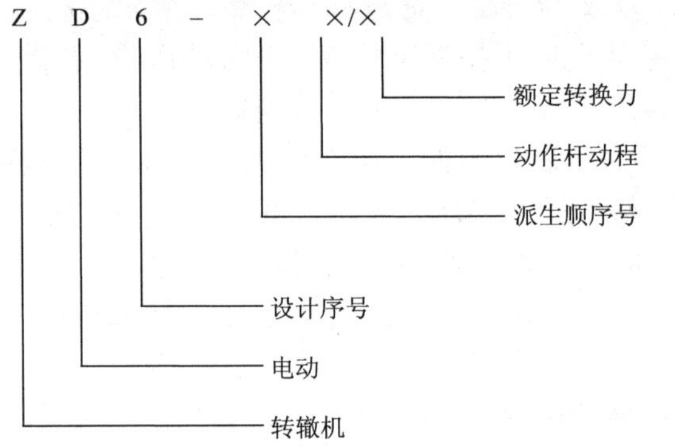

三、转辙机的应用和设置

城市轨道交通线路常用的标准道岔有 7 号、9 号、12 号，个别车辆段还有采用 5 号道岔。城市轨道交通的正线上一般采用 9 号道岔，车辆段(停车场)一般采用 7 号道岔，12 号在一些重要的折返线、渡线或联络线等线路使用。通常一组道岔由一台转辙机牵引。如果正线上采用的是 12 号 AT 道岔，其为弹性可弯道岔，需要两个牵引点，即一组道岔需两台转辙机牵引，既可以采用两台 ZD6 型电动转辙机牵引，也可以采用 ZYJ7 型电液转辙机再加一台 SH6 型转换锁闭器牵引。

地铁使用的转辙机主要有 ZD6 型电动转辙机、ZD(J)9 型电动转辙机、S700K 型电动转辙机、ZY(ZYJ)7 型电液转辙机。城市轨道交通运行速度不高，可采用普通的直流转辙机，但采用三相交流转辙机优点十分明显：由于采用三相交流电动机，线路上的电能损失大大减少；又由于采用摩擦力非常小的滚珠丝杠传动装置，所以机械效率高。这样，在同样的控制电流下，可增大控制距离，或减小电缆芯线的截面。采用三相电动转辙机后，由于没有直流电动机的整流子，维修工作量大为减少。

第四节 轨 道 电 路

在城市轨道交通系统中列车运行速度较快，列车运行密度较高，列车间隔较近。所以，要保证列车运行的高安全、高可靠性，则需要具有很多的技术参数。其中轨道区段空闲或占用的检测是对列车运行实现控制的重要技术之一。由于城市轨道交通和铁路的运输性质不同，城市轨道交通的轨道电路不仅要用来检测列车是否占用，而且要传输ATP信息。所以，除车辆段内可采用50Hz相敏轨道电路外，正线需要采用音频轨道电路。为便于牵引电流流通，提高线路性能，方便维修，音频轨道电路是无绝缘的。音频轨道电路多采用数码调制方式，数码调制与模拟信号调制相似，也是用较高频率的正弦信号作为载波。因为数字编码式轨道电路的调制信号是数字量，它可以实现除了模拟轨道电路传输的速度以外的各种列车控制所需的信息传输，包括目标速度、目标距离、线路坡度、区间限制、轨道电路长度等信息。数字编码式音频轨道电路简称数字轨道电路。

一、轨道电路的组成及基本原理

轨道电路是利用钢轨线路和钢轨绝缘构成的电路。它用来监督线路的占用情况，自动并连续地将列车的运行和信号设备联系起来，即通过轨道电路向列车传递行车信息，在线路上安设电路式装置。轨道电路是信号的重要基础设备，它的性能直接影响行车安全和运输效率。

1. 轨道电路的组成

轨道电路是以列车运行线路的两根钢轨为导体，两端加以电气绝缘或电气分割，并接上送电和受电设备的电路。轨道电路的组成如图2.9所示。

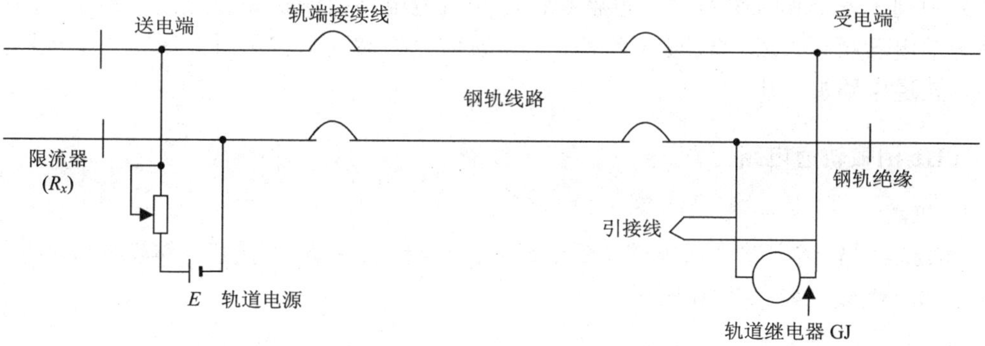

图2.9　轨道电路的组成

轨道电路的送电设备安装在送电端，它由轨道电源E和限流器R_x组成。轨道电路是以铁路的钢轨作为导线的，为了减小钢轨的纵向电阻，在轨条的连接处增设了轨端接续线。钢轨绝缘是为了分隔相邻轨道电路而装设的，从电的方面加以绝缘。轨道电路的接收设备安装在受电端，目前接收器主要采用的是继电器，称轨道继电器GJ，由它来接收轨道信号电流。

2. 轨道电路的分类

(1) 根据轨道电路供电方式，分为直流轨道电路和交流轨道电路。

(2) 根据所传送的电流特性，分为工频连续式轨道电路和音频轨道电路，音频轨道电路又分为模拟式和数字编码式音频轨道电路。

(3) 根据使用处所，分为区间轨道电路和车辆段内轨道电路。

(4) 根据轨道线路的类型数量，分为单轨条轨道电路和双轨条轨道电路。

(5) 根据轨道电路内有无道岔，分为无岔区段轨道电路和道岔区段轨道电路。

(6) 根据分割方式，分为有绝缘轨道电路和无绝缘轨道电路。

3. 轨道电路的基本原理

轨道电路的第一大作用是检测列车的占用。利用轨道电路监督列车在区间或列车和调车车列在站内的占用，是最常用的方法。由轨道电路反映该段线路是否空闲，为开放信号、建立进路或构成闭塞提供依据，还利用轨道电路的被占用关闭信号，把信号显示与轨道电路是否被占用结合起来。

轨道电路的第二大作用是传递行车信息。例如，数字编码式音频轨道电路中传送的行车信息，为 ATC 系统直接提供控制列车运行所需要的前行列车位置速度、运行前方信号机状态和线路条件等有关信息，以决定列车运行的目标速度，控制列车在当前运行速度下是否减速或停车。

当轨道电路区段空闲时，轨道电源 E 输出的电流经过一根钢轨线路，送至轨道继电器 GJ。再经另一根钢轨线路、限流器回到轨道电源，使轨道继电器得到电流而衔铁励磁吸起。当轨道电路区段有机车车辆占用时，电流同时通过轮对和轨道继电器线圈，但由于轮对电阻比轨道继电器线圈电阻小得多，使轨道电路形成短路状态，因而流经轨道继电器 GJ 线圈的电流减小到它的落下值，使衔铁失磁落下。轨道电路能否正常工作，直接关系到列车安全和行车效率。也就是说，当轨道电路内钢轨完整且没有列车占用时，用轨道继电器吸起来表示轨道电路空闲。当轨道电路被列车占用时，用轨道继电器落下来表示轨道电路被占用。

二、50Hz 相敏轨道电路

1. 组成

50Hz 相敏轨道电路由送电端、受电端、钢轨绝缘、钢轨引接线、钢轨接续线、回流线以及钢轨组成，如图 2.10 所示。

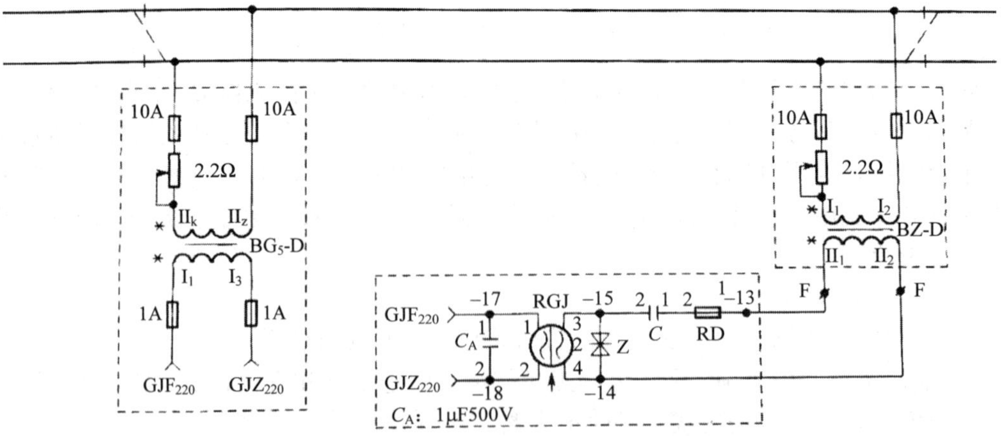

图 2.10　50Hz 相敏轨道电路的组成

(1)送电端：包括 BG_5-D 型轨道变压器、R-2.2/220 型变阻器及断路器(或熔断器)，安装在室外的变压箱内。轨道电源从室内通过电缆送至送电端。

(2)受电端：包括 BZ-D 型中继变压器、R-2.2/220 型变阻器、断路器(或熔断器)、交流二元二位轨道继电器、电容器、防雷元件等。其中中继变压器、变阻器及断路器(或熔断器)安装在室外的变压器箱或电缆盒内，其他安装在室内的组合架上。

(3)钢轨绝缘：在轨道电路的分界处，安装钢轨绝缘，来保证相邻轨道区段的分隔，使它们互不影响。

(4)钢轨接续线：用来连接相邻钢轨，以减小钢轨接头处的接触电阻。

(5)回流线：连接相邻的不同侧钢轨，为牵引回流提供越过钢轨绝缘节的通路。

2. 工作原理

50Hz 相敏轨道电路为有绝缘双轨条轨道电路，牵引回流为单轨条流通。电源屏分别供出轨道电源和局部电源。送电端轨道电源 GJZ_{220}、GJF_{220} 经轨道变压器降压后送至钢轨。受电端由钢轨来的电压经中继变压器升压后送至轨道继电器 RGJ 的轨道线圈 3-4，轨道继电器 RGJ 的局部线圈 2-1 接局部电源 GJZ_{220}、GJF_{220}。当轨道线圈和局部线圈满足规定的相位和频率要求时，RGJ 吸起，轨道电路处于调整状态，表示轨道电路空闲。列车占用时，轨道电源被分路，RGJ 落下。当频率、相位不符合要求时，RGJ 也落下。由于 50Hz 相敏轨道电路具有相位鉴别能力，即相敏特性，故其抗干扰性能较高。

三、音频无绝缘轨道电路

1. 组成

音频无绝缘数字轨道电路由室外和室内两部分组成，中间通过电缆联系。室外部分有两个主要部件，即钢轨内的分隔点和轨旁的调谐盒；其中轨旁调谐盒内含有调谐单元和方向转换电路。分隔节点及部分钢轨同调谐盒内的元件构成调谐回路。室内部分通过各自的收发单元与计算机联锁接口。

2. 工作原理

音频无绝缘数字轨道电路的每一个分段都有发送和接收器两个部分，二者经过各自的调谐单元与轨道相连接，调谐单元跨接在每个轨道电路两端的钢轨上。相邻轨道区段选用 20~2000Hz 范围内不同的频率。调谐单元与短路棒和轨道电路终端短钢轨的等效电感对本区段使用的信号载频构成并联谐振，谐振的效果使得相邻轨道区段形成电气绝缘，短路棒对本区段的信号呈低感抗，这样就阻止了本轨道电路区段的信号进入相邻的轨道区段。这种不使用机械绝缘节而起到绝缘作用的方法称为“电气绝缘节”，即无绝缘轨道电路。调谐单元作为发送和接收的接口，不但使相邻轨道隔离，还起到阻抗匹配的作用。

3. 应用实例

广州地铁 1 号线正线轨道电路是从德国西门子公司引进的无绝缘音频轨道电路 FTGS。无绝缘轨道电路和有绝缘轨道电路相比较，具有较明显特点和优点，即无绝缘接头，因而大大提高了轨道电路的可靠性。另外，无绝缘音频轨道电路还具有向车载设备传输报文信息的功能，使轨道电路既具有检测列车轨道占用/空间的状态功能，同时还具有传输信息功能。

FS2500 轨道电路为英国西屋公司无绝缘轨道电路，引进中国并首次在北京地铁 1 号线应用。经过设计、安装与调试，于 1994 年正式投入使用，现在已广泛用于北京地铁复八线、13 号线、八通线等。

第五节　计 轴 设 备

计轴技术是以计算机为核心，辅以外部设备，利用统计车辆轴数来检测相应轨道区段占用或空闲状态的技术。它具有检查区间占用与空闲的功能，而且不受轨道线路的道床状况等影响。它采用轨道传感器和计轴器来记录和比较驶入和驶出轨道区段的轴数，作为检查区段的安全设备，其作用和轨道电路等效。一些发达国家的计轴技术起步比较早，并已开发出技术成熟的产品推广使用，如阿尔卡特公司(Alcatel)、德国西门子公司等都在开发和使用计轴系统。

一、计轴设备的组成及基本原理

1. 计轴设备的组成

计轴设备包括室外轨旁系统(探测点、磁头)和室内系统。室外系统由磁头(SK)和电子单元(EAK)两大部分组成，其中，发送磁头、接收磁头、保护套管、紧固件、测试设备构成了磁头部分；EAK(底板、运算板、模拟板)、黄帽子、安装基础构成了轨旁密闭安装盒部分。室内系统由电源、计算机、串口板、并口板、诊断接口及 PDCU 组成。

(1)室外部分。

轨道磁头：安装在轨道上的双磁头 SK30，电磁式有源传感器，是车轮轮对探测点，也是轨道区段的分界点，用于采集车轴信息和判定列车运行方向。轨道磁头如图 2.11 所示。

电子单元 EAK：电子单元 EAK 又称电子盒，安装在轨旁密闭安装盒(黄帽子)内，通过 4 根电缆分别与两套轨道磁头相连，分别向发送磁头发送信号、接收及处理来自接收磁头的信息、监控磁头、进行自检并向 ACE 发送包含轴数和监控信息的报文。

图 2.11　轨道磁头

(2)室内部分。

室内设备计轴评估器(axle counter evaluator，ACE)的主要作用是判定区段占用状况，向联锁设备发送区段占用或空闲的信息，以及发送诊断信息。由安全计算机模块、串行 I/O 口、并行 I/O 口组成，ACE 面板如图 2.12 所示。

图 2.12　计轴主机

2. 计轴设备的基本原理

计轴运算单元由两个配置相同的独立微机组成，只有在两个计算机一致时，才允许将一个输出给程序控制电路，由此可以避免输出错误的信息运算单元对该信号进行处理，识别轮对、判断轮对运行方向，对内部存储器的轴数信息进行相应的修改，并以此判断相应轨道区段的空闲/占用状态，判断的结果经继电器输出。正常工作时，信号发生器将其产生的 43kHz 的正弦信号通过电缆发送至车轮传感器的两个发送线圈，带通滤波器将从传感器接收线圈接收的信号滤波、放大和整形处理后，将两路信号调制成 3.16kHz、6.152kHz 的信号，然后将其耦合成一路信号传送到计轴电缆上。

当列车的车轮进入计轴点双置车轮传感器发送接收系统的作用范围时，增强了二者之间的电磁场强度，在其接收端产生一组感应脉冲。该组脉冲信号经计轴点轨道箱的内部电路对其进行预处理后，经连接电缆系统传输至信号楼内由 SIMIS 微机系统组成的运算单元组合。计轴设备工作原理的简易示意图如图 2.13 所示。

当有列车驶入区段时，入口计数器(初值为零)开始计轴，计轴运算器把入口计数器和出口计数器(初值为零)所计的轴数相减，这时的轴数随列车进入的数量而增加；当列车完全进入区段后，轴数不变；当列车开始从出口驶出时，出口的计数器开始计数，这时计轴运算器的数值随列车驶出的数量而减少。列车完全出清本区段(即驶出的轴数与进入的轴数相等)，这时轴数等于零。

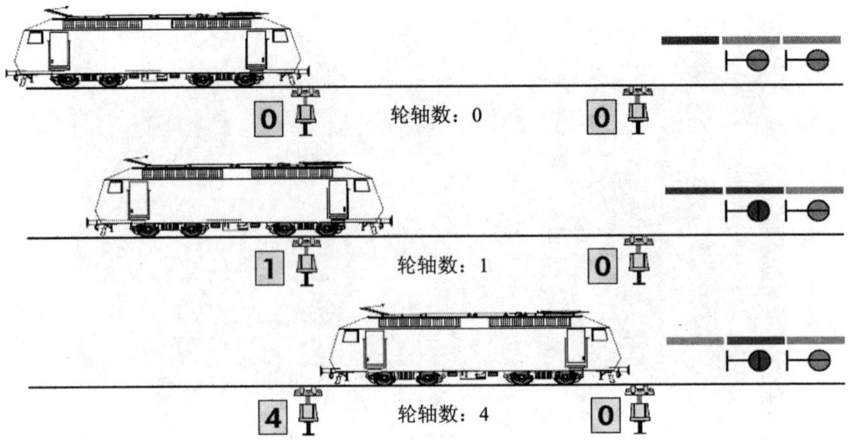

(a) 计轴：计数方法-区间计入

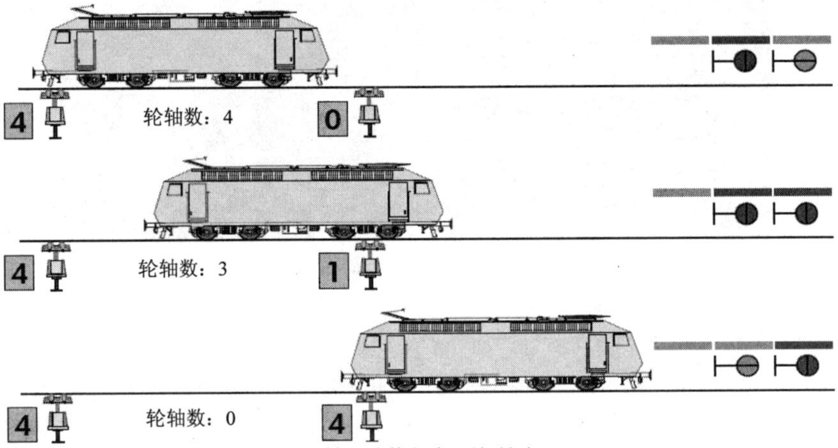

(b) 计轴：计数方法-区间计出

图 2.13　计轴原理示意图

二、计轴设备的利弊

1. 计轴系统的优点

与轨道电路相比，计轴系统具有以下优点。

(1) 具有高可靠性，每年 0.1%的故障率。

(2) 由于计轴系统具有一定独立性，所以大大降低了维护成本。

(3) 设备简单，易于维修。

(4) 易于根据实际情况改变计轴设备布局。

(5) 传输距离远，在没有分支的情况下，最长可传送 20km。

(6) 通过串行输出口将信息传输给计算机联锁部分和信号机。

(7) 大大减少了速度对检测可靠性的影响，新设备将按照 CENELEC 标准去做。

2. 计轴系统的缺点

与轨道电路相比，计轴系统具有以下缺点。

(1) 设备需要大量的资金投入。

(2) 不具备轨道断裂检测功能。

(3) 由于维修车轮对的非标准化，计轴设备将无法可靠地检测到维修车。

(4) 设备维修后需要重新复位。

三、应用实例

南京地铁 2 号线信号系统采用 Azs350U 型计轴设备，Azs350U 型计轴设备是一种检查轨道区段占用或空闲状态，基于 SIMIS 故障-安全计算机二取二型的计算机系统。

西门子 Azs350U 型微机计轴系统采用 SIMIC 安全型计算机为控制核心，配备完善的配套电路构成其运算单元，每个运算单元可以直接连接 5 个西门子 ZP43V 型计轴点设备，同时具备检查两个轨道区段的能力，并且通过多个运算单元的有机组合来构成一个整体系统，用以检查不同规模形式的站场和区间轨道的空闲与占用状态。

Azs350U 型计轴系统主要分为室外设备和室内设备，系统结构图如图 2.14 所示。

室外部分总体称为 ZP43 计轴点，内部分总体称为计轴主机机柜。

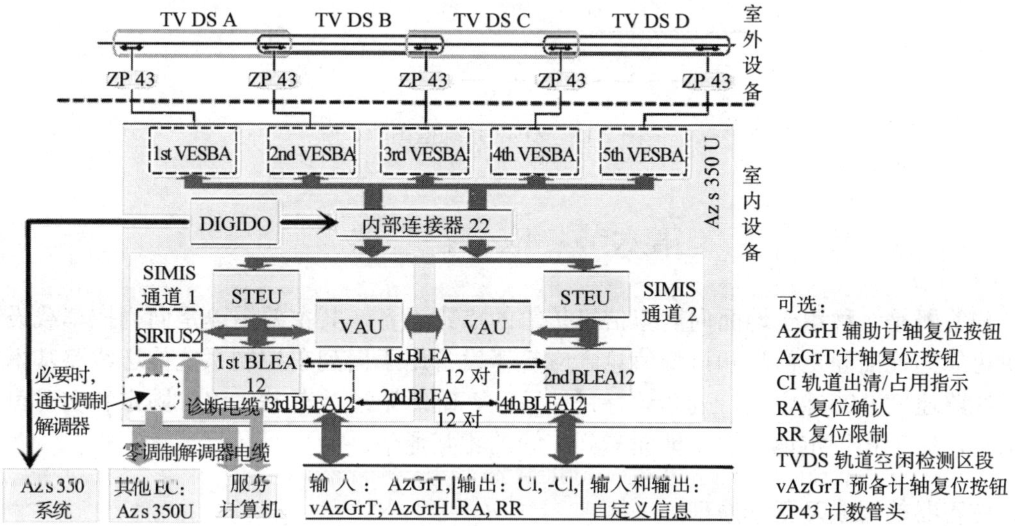

图 2.14　Azs 350U 计轴系统结构图

ZP43 计轴点的工作原理就是在钢轨上安装一个计轴磁头，内有两组发送和接收器，形成两组磁场。列车通过磁头时轮对切割磁场，使其场强变大，电压增加，形成一个信号点传给室内。通过感应到切割两组磁场的顺序不同，来判断出列车运行的方向，ZP43 系统结构图如图 2.15 所示。

机柜由以下部分构成。

(1) 最多 9 个带电路板 Azs350U 安装架。

(2) 风机组。

(3) 调制解调器、多路器等相应隔板。

(4) 安装架供电连接端子和附加设备。

(5) 连接电缆。

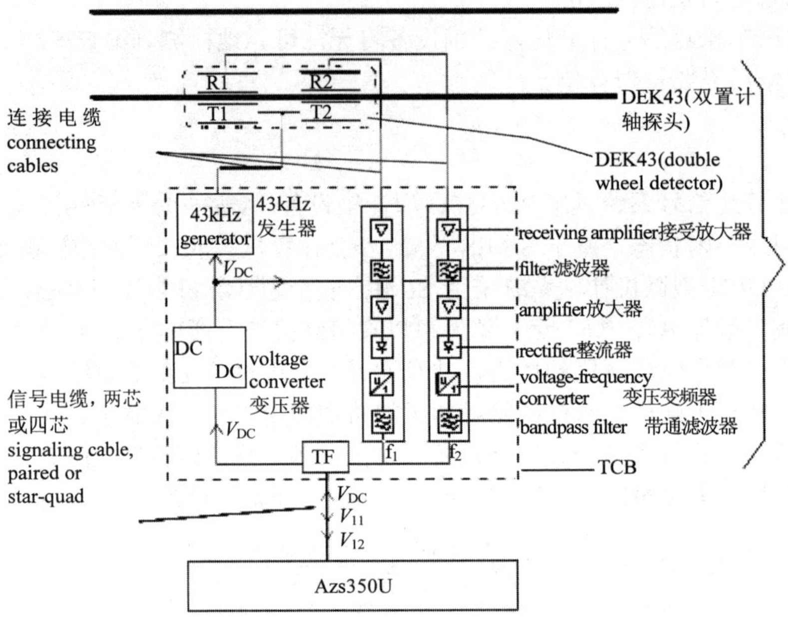

图 2.15 ZP43 系统框图

第六节 应 答 器

应答器是一种用于地面向列车信息传输的点式设备，其主要用途是向列控车载设备提供可靠的地面固定信息和可变信息。应答器设备用于向列车控制系统传送线路基本参数、线路速度、特殊定位、列车运行目标数据、临时限速、车站进路等固定和实时可变的信息，用于在特定地点实现地面与列车间的相互通信。

一、应答器的组成及基本原理

1. 应答器的分类

根据应答器所传输的报文信息是否可变，应答器分为固定信息应答器(无源应答器)和可变信息应答器(有源应答器)。

(1) 无源应答器。无源应答器存储固定信息，当列车经过无源应答器上方时，无源应答器接收到车载天线发射的电磁能量后，将其转换成电能，使地面应答器中的电子电路工作，把存储在地面应答器中的数据循环发送出去，直至电能消失(即车载天线已经离去)。平常处于休眠状态。

(2) 有源应答器。有源应答器通过电缆与地面电子单元连接，可实时发送 LEU 传送的数据报文。当列车经过有源应答器上方时，有源应答器接收到车载天线发射的电磁能量后，将其转换成电能，使地面应答器中发射电路工作，将 LEU 传输给有源应答器的数据循环实时发送出去，直至电能消失(即车载天线已经离去)。平常处于休眠状态。

2. 应答器的组成

应答器由地面和车载两部分设备构成，其中各个设备通过不同的接口连接。

1)地面应答器

地面应答器是一种可以发送数据报文的高速数据传输设备。它的主要功能是接收车载应答器天线传递的载频能量和向车载天线发送数据信息。地面应答器应能提供上行数据链路，实现地对车的数据传输。地面应答器应具有足够、可用的固定信息容量，当与地面电子单元连接时，能提供实时可变的数据信息。

地面电子单元简称 LEU，是一种数据采集与处理单元，当有数据变化时(如信号显示改变等)，将改变后的数据形成报文传送给应答器进行发送(图 2.16)。

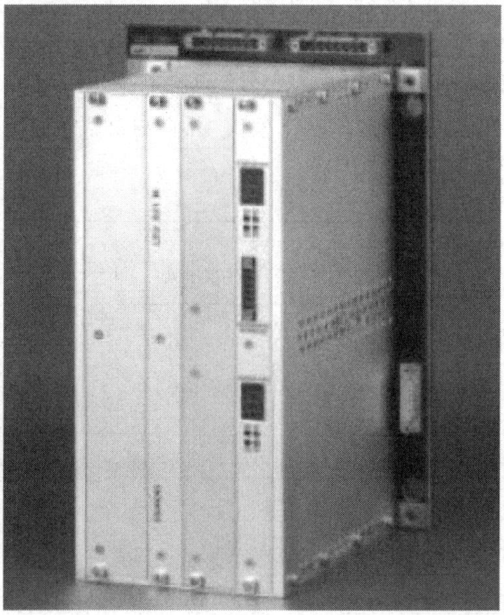

图 2.16　地面电子单元

2)车载应答器

车载应答器设备包括车载天线、解码器、载频发生器与功率放大器等。

车载天线：是一个双工的收发天线，既要向地面发送激活地面应答器的功率载波，还要接收地面应答器发送的数据报文。

车载解码器：是用于对地面应答器的数据进行处理的模块，由微处理器、滤波器和其他相关单元组成。解码器用于对地面应答器信息的接收、滤波、数字解调与处理，经处理的数据通过相应的接口传送至相关的设备，如车载 ATP 设备、司机显示单元或无线设备。

载频发生器与功率放大器：用于产生激活地面应答器所需的载频能量，并通过车载天线传递给地面应答器。

3. 应答器的基本原理

1)应答器向 ATP 车载设备传送的信息

(1) 线路基本参数：如线路坡度、轨道区段等参数。

(2) 线路速度信息：如线路最大允许速度、列车最大允许速度等。

(3) 临时限速信息：当由于施工等原因引起对列车运行速度进行限制时，向列车提供临时限速信息。

(4) 车站进路信息：根据车站接发车进路，向列车提供“线路坡度”、“线路速度”、“轨道区段”等参数。

(5) 道岔信息：给出前方道岔侧向允许列车运行的速度。

(6) 特殊定位信息：如升降弓、进出隧道、鸣笛、列车定位等。

(7) 其他信息：固定障碍物信息、列车运行目标数据、链接数据等。

2) 工作原理

无源应答器和有源应答器工作原理相同，应答器铺设在轨道中央，车载天线安装在机车上与应答器相对应的位置，当列车驶过地面应答器且车载天线与应答器对准时，应答器天线首先以一定的频率通过电磁感应方法将能量传递给应答器；应答器内部电路在接收到能量后即开始工作，将所储存的数据以某种调剂方式通过电磁感应传送到车上。基本工作原理框图如图 2.17 所示。

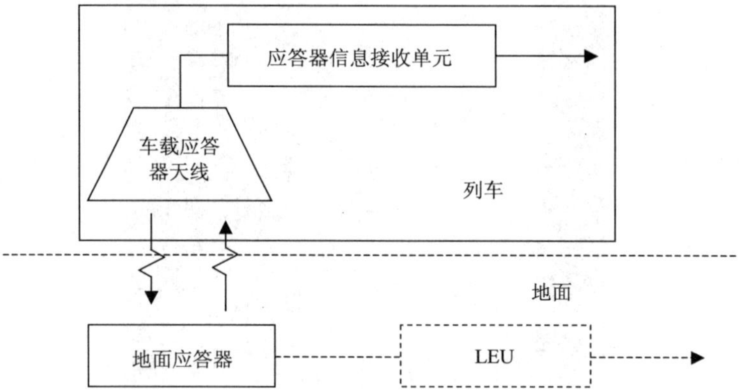

图 2.17　基本工作原理

4. 美式和欧标应答器

欧标应答器(图 2.18)由 ERTMS 开发用于干线铁路应用。以西门子公司研制的 S21 EuroBalise System 为例。欧标应答器主要分为轨旁设备(trackside equipment)和车载设备(on-board equipment)两部分，主要组成如下所示。

1) 轨旁设备

(1) 地面电子单元(lineside electronic unit，LEU)。

(2) 透明数据应答器(transparent-data balise)。

(3) 固定数据应答器(fixed-data balise)。

2) 车载设备

(1) 天线(antenna)。

(2) 应答器信息接收单元(interrogator)。

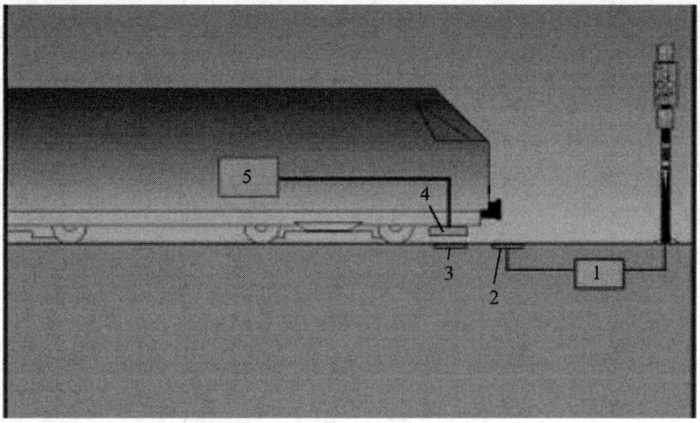

图 2.18　欧标应答器示意图

1. 地面电子单元；2. 透明数据应答器；3. 固定数据应答器；4. 天线；5. 应答器信息接收单元

S21 欧标应答器具有高度的安全性和可用性，技术数据如表 2.1 所示。

表 2.1　S21 欧标应答器技术数据

项目	S21 欧标应答器	较目前其他系统
速度范围	0~500km/h	增长两倍
信息率	565Kbit/s	增长两倍
应答器重量	约 3.8kg	减少 2/3
天线重量	约 6.5kg	减少 50%

美式应答器系统 AMTECH 主要用来对列车进行定位，由美国 Transcore 公司生产。该系统采用美国铁路协会(AAR)标准，并要求北美所有铁路车辆配备该系统。美式应答器分为天线和识读器两部分。表 2.2 所示为美式应答器和欧式应答器数据对比。

表 2.2　美式应答器和欧式应答器数据对比

序号	内容	信标	欧洲应答器
1	尺寸	236mm×60mm×17.5mm	523mm×403mm×40mm
2	重量	170g	3kg
3	应用	公路及轨道交通	高速铁路
4	环境条件	–40~85℃	–40~70℃
5	用途	固定里程标	1. 固定里程标； 2. 线路参数； 3. 信号显示； 4. 进路信息； 5. 数据库版本号； 6. 运行方向等

续表

序号	内容	信标	欧洲应答器
6	信息量	120bit	1023bit (830bit 可用)
7	固定或可变	固定	固定/LEU 可控
8	电源	无源	无源/外部电源
9	频率	2400~2450MHz	下行：27.095MHz±5kHz 上行：4.234MHz±200kHz
10	调制方式	FSK	FSK
11	有效作用距离	1.2m	2.2m≤d≤0.5m
12	天线-应答器间距	—	249~469mm
13	“B”接口	RS232, 1200/2400/4800/9600/19200 波特	RS485, 9600 波特、 CAN 总线 (2.0B) 或其他串口
14	价格	低	高

二、应用实例

1. 点式应答器在 CTCS-2 中的应用

应答器结构简单，信息容量高，安装灵活，可靠性高，它是应用于 CTCS 中，向车载子系统发送报文信息的传输设备，运用数字编码技术，向车载设备传输定位信息、进路参数、线路参数和临时限速信息等。点式应答器系统主要由地面系统和车载设备两部分组成，如图 2.19 所示。

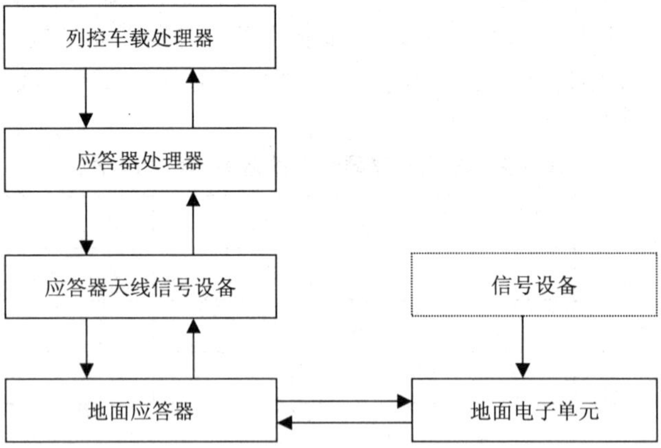

图 2.19　点式应答器组成

2. 应答器与测速组合定位在地铁中的应用

应答器定位系统由车载查询器、地面应答器和轨旁电子单元组成。车载设备接收到一条安全的数字应答器报文，该报文给出了应答器的标志，尤其是该应答器中心点的地理位置。应答器支持安全定位，所使用的应答器安全监测精度是一个系统参数。为了实现应答器的安全定位，当车载天线和应答器的距离超过给定的距离时，列车接收不到应答器报文。应答器可以作为连续式列车速度自动控制系统的列车精确定位设备；也可以作为点式列车速度自动控制系统的列车监测、定位辅助设备，作为系统向列车传输数据的通道。

城市轨道交通尤其地铁线路环境复杂，轨旁设备维护困难，采用应答器加测速组合定位的方法可提高整个系统的容错能力、信息的可信度，同时降低获得信息的费用并且缩短获得信息的时间。

第三章　列车自动控制系统

列车自动控制系统是城市轨道交通信号系统最重要的组成部分，它实现行车指挥和列车运行自动化，最大程度保证列车的行车安全，有效缩短列车运行间隔，提高列车的行车效率，并减少人工需求，大大提高城市轨道交通的通过能力。

第一节　ATC 系统发展

ATC 系统早在 20 世纪 60 年代就已出现，世界上第一条具有 ATC 系统的线路，于 1968 年在英国伦敦投入运行。随着信息传输技术的发展，ATC 系统也相应变化着，出现了点式 ATC 系统、连续式 ATC 系统等，基于无线通信的列车控制(communication based train control，CBTC)系统是列车自动控制技术的最新发展方向。列车控制技术的发展趋势是向着数字化、网络化、智能化、自动化的方向发展，同时，列车运行的安全性、节能性、舒适性等也得到提高。

一、国外列车控制系统

1. 国外列车控制系统的发展

19 世纪中叶出现火车之后，人们就开始了控制列车安全运行问题的研究。早期主要为人工方式控制，从最初的人骑马引导列车运行，到随后的地面人员挥旗告知列车能否安全前行，再到信号机的出现后，司机根据信号机的显示来控制列车的运行，列车的运行速度和安全性已经得到了很大程度的提高，但在这种信号系统中，信号机显示的信息量极为有限，且放在固定的位置不能移动，列车间隔控制的灵活性较差。

由于这些问题的存在，导致列车运行的安全性不高，运行效率较低，为了解决这些问题，世界各国都着力于研究自动列车控制系统。信息传输媒介多样化发展，常用的有模拟轨道电路、数字轨道电路、电缆交叉感应环线、应答器等，闭塞制式从最初的固定闭塞发展到准移动闭塞再到移动闭塞方式的出现，随着信息传输技术的发展和列车信息接收技术的不断完善，出现了点式 ATC 系统、点连式 ATC 系统和连续式 ATC 系统。具有代表性的 ATC 系统，如法国 TGV 的 TVM 系统和德国的 LZB 系统在欧洲范围内乃至全世界范围内都得到了广泛的应用。日本于 1964 年交付使用了世界上第一条高速铁路——东海道新干线，现已安全运行 40 多年。表 3.1 所示为部分国外 ATC 系统。

表 3.1　部分国外 ATC 系统

国家	设备名称	开通年代	运营里程	制动模式	传输媒介
日本	ATC	1964~1997 年	1831.5km	分级速度控制	模拟轨道电路
意大利	BACC	1985 年	246km	道旁信号	音频轨道电路

续表

国家	设备名称	开通年代	运营里程	制动模式	传输媒介
法国	TVM300	1981~1989 年	699km	分级速度控制	UM71 轨道电路
德国	LZB	1991~2002 年	796km	目标-距离控制	轨道电缆
西班牙	LZB	1992 年	471km	目标-距离控制	轨道电缆
法国	TVM430	1993~1995 年	518km	分级速度控制	UM71 轨道电路
英/法	TVM430	1995 年	52km	分级速度控制	UM71 轨道电路
法国	TVM430	2001 年	303km	分级速度控制	UM2000 轨道电路
日本	数字 ATC	2002 年	96km	目标-距离控制	数字轨道电路
英国	TVM430	2003 年	107km	分级速度控制	UM2000 轨道电路
韩国	TVM430	2004 年	427km	分级速度控制	UM71 轨道电路

2. 典型国外列车控制系统

(1) 日本东海道新干线 ATC 系统。

日本东海道新干线自营业至今，未曾发生人身伤亡事故，是高速铁路安全史上的辉煌一页。其中，列车控制系统在保证列车的安全、高速运行中发挥了重要作用。

新干线控制系统早期为模拟 ATC 系统，该系统采用速度分级控制系统，将列车速度分为若干等级，根据前方列车的占用情况，各轨道电路发送相应的速度信息，车载设备按接收的信息运行，列车运行速度超过指示速度时，自动实施制动减速；速度低于允许速度时，制动自动缓解。

2002 年 12 月在东北新干线的盛岗-八户线中采用数字 ATC 系统，数字 ATC 系统地面采用自然衰耗式有绝缘轨道电路，使用速度-目标距离控制模式，实现连续速度控制，使列车能够在最佳地点开始制动，从而缩短运行时间和间隔，提高乘客舒适度，且由于制动模式曲线的计算根据列车本身数据计算，与地面设备无关。该系统的车载设备采用三重系表决车载计算机，用于存储线路信息，接收地面传输的有关信息，计算并生成速度控制曲线，并且将该列车速度与该曲线比较，对超速列车实行自动控制。

(2) 法国 TVM 列控系统。

TVM 为法国高速铁路采用的列控系统，地对车的信息传输以无绝缘轨道电路 UM71/UM2000 为基础。自 1981 年以来，已开发了四代：①第一代列控系统采用 UM71/TVM300，最高运行速度为 270km/h，制动级别分为 5 级；②1989 年第二代列控系统采用 UM71/TVM300，最高运行速度为 300km/h，制动级别分为 6 级；③1993 年建成的北方线，采用 UM71/TVM430 系统，提高了行车控制的信息量，最高运行速度达到 320km/h，制动级别分为 11 级；④采用 UM2000/TVM430 数字轨道电路，使行车控制方式从较粗的分级速度模式转向细分控制模式，逼近连续式控制曲线。

TVM 系统以固定闭塞分区为基础，为分级速度列车运行控制系统设备，由地面设备及车载设备两部分组成。

①地面设备由 UM 系列轨道电路、列控中心和维护系统三大部分构成，列控中心负责对轨道电路参数计算，形成线路参数、前方目标距离、允许行车速度等不同信息，经调制及钢轨连续传输，发送给列车，维护系统对地面设备实行远程诊断与监测管理。

②TVM 系统车载设备由双重结构组成安全型计算机，车载设备负责接收地面传送的信息并计算出接近抛物线状的分级速度控制曲线，按照该曲线控制列车的最高运行速度。

(3) 德国 LZB 列控系统。

LZB 系统是 20 世纪唯一的目标-距离控制模式列车运行控制系统。20 世纪 90 年代，联邦德国制定法律，要求所有最高运行速度超过 160km/h 的线路上，必须安装 LZB 系统，作为列车控制系统，同时取消区间通过信号机。德国高速铁路列车控制系统 LZB，使用轨道电缆作为传输媒介，地面列控中心负责计算列车运行目标距离控制曲线，通过轨道电缆传给车载计算机，再由车载设备生成对列车行驶的控制指令。

LZB 系统由地面控制中心、传输设备、轨道电路和机车装置组成。地面控制中心采用 16 位三重系计算机，储存线路参数等固定信息以及区间允许最高速度、限速区段等数据。轨道电缆铺设在轨道上，实现地-车双向通信。电缆每 100m (或 50m) 交叉一次，交叉点形成零电平用于列车定位，地面与列车采用不同载频及速率向对方传送信息。

地面控制中心管理的列车，向中心报告运行位置及列车有关数据；控制中心根据线路和列车数据，计算出各列车相应的目的速度和目的距离，发送给 LZB 车载设备。

二、国内列车控制系统

20 世纪 80 年代初，我国铁路全路安装机车“三大件”，即机车信号、自动停车和无线列调，使行车安全状况得到好转，但是依然存在不少问题。随后国内多家单位积极开展列车超速防护的研究，探索中国铁路列控系统发展之路。

1985 年我国开始引进国外的无绝缘轨道电路和车载 ATP 系统。郑武线电气化工程中率先引进法国 UM71 无绝缘轨道电路自动闭塞和 TVM300 超速防护系统，推动了我国多信息速差式自动闭塞和列车超速防护的发展。

1995 年，“LSK 旅客列车速度分级控制”在广深线 160~200km/h 的列车上投入运营，LSK 是我国自主研发的准高速列车超速防护系统，采用“人机联控、人控优先”的原则，系统采用双机冗余方式，综合信号安全技术、机电控制技术、计算机和网络通信技术，以及可靠性与故障安全理论，构成人机关系的信号安全防护系统，并首次以车载信号作为行车凭证，实现了我国超速防护系统历史性的突破。

随后，由列车运行记录器 (LKJ) 发展起来的列车运行监控装置，以其特有的车载线路数据存储的优点，在全路得到推广。但机车信号作为 LKJ 控制的基础，不能达到主体化的要求；点式信息作为连续信息的补充，尚未在列控系统中广泛采用；除此之外，作为安全的控制输出，还必须依赖司机的正确操作。随着列车速度的提高，这些都将是潜在的安全隐患。

现如今，随着对速度和安全性要求的提高，ATP 在保证列车安全运行方面显得尤为重要。在高速运行的情况下，地面信号难以辨认，没有 ATP 的车载信号方式难以实现较小的行车间隔。而未来轨道交通的发展是面向高速、安全、高效和一体化的。无论什么类型的列车运行控制系统，都应保障列车高速高效、安全地运行，而一体化、数字化、网络化、智能化等高新技术是系统的核心。

三、列控系统的发展趋势

目前阶段，世界上得到广泛应用的列控系统是基于轨道电路或者轨间电缆的自动闭塞系统。这种基于轨道电路的列控系统，是将闭塞分区的长度按照最长列车、满负载、最大允许速度和最不利制动率等最不利条件设计的，在一定程度上很好地实现了列车的安全运行控制，但是控制效率较低且不够灵活，信息传输量小，不能实现车对地的信息传输。同时，就运营维护来说，基于轨道电路的列控系统需要在沿线安装大量的设备，后期维护工作量也较大。

随着计算机技术、通信技术、控制技术的发展，采用3C技术来替代轨道电路逐步成为可能。基于通信的列车运行控制系统的研发开始于20世纪60年代。CBTC系统是今后轨道交通列车运行控制系统的发展趋势。与传统的列车运行控制系统不同，CBTC可以不再依赖轨道电路进行列车定位，而是通过速度里程计、应答器等传感器实现列车测速定位，有效提高列车的定位精度。列车间隔控制不再以固定闭塞的分区为单位，后续列车以前方列车尾部为目标点追踪运行，也就是可以实现移动闭塞，使列车追踪间隔有效减少，大大提高行车效率。CBTC是新一代智能列车自动控制系统，基于通信的移动闭塞列车控制系统是现代列车控制系统的发展方向，代表了目前国际最先进的水平。

第二节　ATC系统概述

一、ATC系统组成和功能

列车自动控制(ATC)系统包括三个子系统：列车自动防护(ATP)子系统、列车自动驾驶(ATO)子系统和列车自动监控(ATS)子系统。

1. ATP、ATO、ATS子系统及相互之间的关系

ATP子系统是安全系统，设计需满足故障-安全功能，主要通过车载ATP和轨旁设备间的信息传输，实现列车安全间隔控制、超速防护及车门控制，确保行车安全。

ATO子系统主要负责列车自动运行，包括站间的自动运行、进站定点停车和列车运行速度调节，并接受控制中心的运行调度命令，实现列车的运行自动调整。

ATS子系统主要负责行车状态监控，监督和记录运行图的执行情况，辅助调度人员完成对全线列车运行的管理。

ATP、ATO、ATS三个子系统与地面相应配套系统结合，组成一套完整的控制、管理、监督系统，构成列车上的ATC环路控制，共同完成列车运行自动控制功能。这三个子系统既相互独立又相互联系，共同作用控制列车安全、快速地运行。系统控制如图3.1所示。

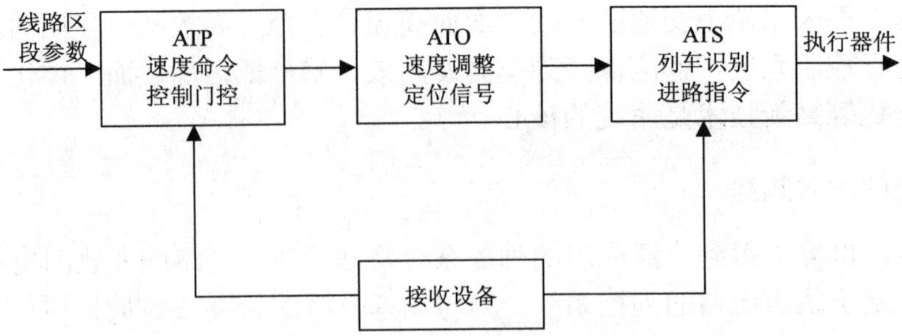

图 3.1　系统控制框图

2. ATC 系统设备

ATC 系统设备主要分布于控制中心、车站、车载和轨旁。

(1) 控制中心设备。

控制中心的主要设备包括中心计算机系统、综合显示屏、调度员及调度长工作站、时刻表编辑工作站、培训和模拟工作站、维护工作站及绘图仪和打印机等设备。其中，中心计算机系统又包括应用服务器、数据库服务器、通信服务器、接口服务器和网络设备。

在控制中心内，计算机系统、中心数据传输系统、控制台及信息管理系统等的控制信息和表示信息，通过数据传输系统与车站和轨旁的信号设备相连接；轨旁设备通过车站数据传输系统与车站 ATC 系统相连；ATP 子系统检查线路上列车的占用，并将线路数据、ATP 限速命令、门控指令和定位停车等指令和数据发给列车，车上 ATC 系统根据 ATP 命令的数据和译码，控制列车的安全运行和定位停车。综合显示屏用于监视整条线路的列车运行状态以及信号设备状态。

(2) 车站设备。

车站设备主要有以下几类。

①区域控制器：负责追踪线路的所有列车，并为控制范围内的每列列车计算移动授权，传递临时限速命令给列车。

②联锁设备：主要负责进路、信号、道岔的控制，辅助紧急停车、站台扣车，屏蔽门控制等。

③车站 ATS 工作站：为本控制区域内行车状态的显示与相应功能的控制。

④计轴系统：负责列车位置的检测。

⑤继电器器柜：主要用于存放联锁所用继电器及继电器组合。

⑥网络设备：主要为交换机、打印机等设备。

(3) 车载设备。

车载设备主要包括以下几类。

①车载控制器(VOBC/CC)：主要负责列车定位、测速、超速防护、自动速度控制及列车的精确停车等。

②列车操作显示器(TOD)：为司机提供停站时间、设备状态、驾驶模式、超速报警、速度表及目标距离等信息。

③无线接收单元：为车载数据通信系统(DCS)的组成部分，主要用于接收地面传送给列车的无线信息。

④速度传感器：列车每端都会安装两个速度传感器，车载系统通过速度传感器来确定列车位置。

⑤加速度传感器：测量列车加速度，当列车发生空转/打滑时，利用加速度仪进行补偿，计算当前的速度和位置。

⑥信标查询器。

(4)轨旁设备。

轨旁设备主要包括信号机、道岔、计轴器、信标、无线设备及接近盘等。

3. ATC 系统原理功能

ATC 系统包括五个原理功能：ATS 功能、联锁功能、列车检测功能、ATC 功能和列车识别功能。

(1)ATS 功能。ATS 功能可自动或人工控制列车运行，并向行车调度员及外部系统提供信息。ATS 功能主要由位于控制中心内的设备实现。

(2)联锁功能。遵守安全准则的前提下，响应 ATS 功能的命令，管理进路、道岔和信号，并将状态信息提供给 ATS 和 ATP 轨旁系统。

(3)列车检测功能。检测列车所处位置，一般用轨道电路或计轴设备来实现。

(4)ATC 功能。ATC 功能有三个子功能：ATC 轨旁功能、ATC 传输功能和 ATC 车载功能。其中，ATC 轨旁功能负责列车间隔和报文生成；ATC 传输功能负责发送感应信号；ATC 车载功能负责列车的安全运营、列车自动驾驶，并提供接口给信号系统和司机。

(5)列车识别功能(PTI 功能)。通过多种渠道传输和接收各种数据，在特定位置传给 ATS，传递信息包括列车的识别信息、目的地、乘务组号和列车位置数据等，优化了列车的运行控制。

二、ATC 系统控制模式

在 ATC 系统中应包括以下四个控制等级。

1. 控制中心自动控制模式

在该控制模式下，根据列车时刻表及列车自动调整系统自动为列车排列进路。控制中心调度员也可以对列车运行自动调整系统进行人工干预，使列车按照调度员的意图行车。

2. 车站自动控制模式

该控制模式应用在当控制中心设备或通信故障时，控制中心无法对联锁车站进行远程控制，自动转入列车自动监控后备模式。通过远程控制终端根据列车上的车次号发送系统发出的车次信息自动产生进路命令，由联锁设备的自动功能自动设定进路。

3. 控制中心人工控制模式

该控制模式为控制中心自动控制时的人工介入控制或利用 CTC 系统的人工控制模

式。当处于控制中心自动控制模式时，控制中心调度员也可以关闭某个联锁区或联锁区内信号机或某一指定列车的自动进路设定，直接在控制中心的工作站上对列车进路进行控制。在关闭联锁区的自动进路设定时，控制中心调度员可发出命令，利用联锁设备自动进路控制功能，随着前行列车的运行，自动排列一条后续列车的固定进路。在自动进路功能出现故障时，调度员可以人工设置进路。

在控制中心人工控制模式中，车站的人工控制转到 ATS 系统，由 ATS 系统启动控制而不由车站控制计算机启动控制，但是车站控制计算机仍然执行接收表示，采集数据和更新显示。

4. 车站人工控制模式

当 ATS 因故不能设置进路或运营需要时，控制方式可以改为现场操作模式。在操纵台上人工排列进路。

对于上述四种模式的优先级如下：车站人工控制优先于控制中心人工控制、控制中心人工控制优先于控制中心自动控制或车站自动控制。每种模式是对列车运行控制所采取的不同的控制等级，且一个系统在同一时间只能处于一种模式。

各个控制模式之间可以相互转换，包括：①当控制中心 ATS 发出相应的命令时，转换至车站操作模式，所有转换操作只能由车站操作员实施，转换至车站操作后，控制中心 ATS 依然接收联锁显示的数据；②在没有收到控制中心 ATS 发出的命令时，仍然可以强制转换至车站操作，通过一个已经登记的转换操作可以转换至车站操作，且联锁系统的所有转换操作仅能由车站操作员来执行；③车站操作发出释放命令，经控制中心 ATS 确认后，可以转换操作为控制中心 ATS 操作。因此，所有的转换操作只有控制中心操作员才能有效实施。操作转换至控制中心 ATS 操作后，控制中心 ATS 可以执行所有允许的操作。

在城市轨道交通 ATC 系统中，一般由控制中心集中控制列车的运行，当遥控发生故障或者运营需要的情况下，系统可以将权力下放，由相应的联锁集中站进行控制。ATC 系统对于列车的操纵，在设置 ATO 子系统的前提下，可以实现列车的自动运行、自动折返，也可以由司机进行人工操纵并用 ATP 系统进行超速防护。

三、列车驾驶模式

ATC 提供多种驾驶模式，根据列车或信号设备的状况选用，主要驾驶模式包括列车自动运行驾驶模式（ATO 模式）、列车自动防护监控下的人工驾驶模式（PM 模式）、限制人工驾驶模式（RM 模式）、非限制人工驾驶模式（URM 模式）以及自动折返驾驶模式（AR 模式）。

1. 列车自动运行驾驶模式

ATO 模式是正线上列车运行的正常模式，即用于正线上列车的正常运行。在该模式中，ATP 子系统保证列车的运行安全，ATO 根据 ATP 信息和列车位置生成运行列车的曲线，在线列车的启动、加速、巡航、惰行、制动、精确停车等均由 ATO 子系统控制，司机只负责监视 ATO 显示，监督车站发车、车门（有屏蔽门时包括屏蔽门，下同）的关闭，以及监视列车运行所要通过的轨道、道岔和信号的状态，在必要时人工介入。

2. ATP监控下的人工驾驶模式

ATP监控下的人工驾驶模式，当ATO故障时列车可用该模式在ATP的保护下降级运行，是一种受保护的人工驾驶模式。由ATP子系统确定列车运行的最大允许速度，司机在ATP的连续监督下，根据驾驶室中的指示信息手动驾驶列车，并监督ATP显示以及列车需要通过的轨道、道岔和信号的状态。司机可以在任何时候操作紧急制动，如果列车超过允许速度时，ATP也将启动紧急制动，在该模式中，站台停车及车门控制均由司机人工控制。在PM模式中，ATO对列车不进行控制，但会根据地图数据随时监督列车的位置。

3. 限制人工驾驶模式

在RM模式中，车载ATP限制列车在某一固定的低速(如20km/h)之下运行，司机根据调度命令和轨旁信号驾驶列车，当列车运行超过限速值时，车载ATP对列车实施紧急制动，强迫列车停车。在该模式中，ATO退出控制，列车运行的安全由联锁设备、ATO车载设备、调度人员和司机共同保证。站台停车及车门的开关由司机人工控制。

RM模式在以下情况中使用：①列车在车辆段范围内(非ATC控制区域)运行时；②正线运行中联锁设备或轨道电路或ATP轨旁设备或ATP列车天线或地对车通信发生故障时；③列车紧急制动以后，此时，车载ATP将给出一个最高25km/h的限制速度，一旦超过，ATP系统就会实施紧急制动。

4. 非限制人工驾驶模式

URM模式又称为关断模式，是不受限制的(没有ATP的监督)人工驾驶模式，用于当车载ATP设备故障以及车载设备测试情况下完全关断时的列车驾驶。在该模式中，列车运行没有速度监督，列车由司机根据轨旁信号和调度员的口头指令驾驶列车，运行安全由联锁设备、调度人员、司机共同保证。由于ATP的紧急制动输出被切断，司机必须确保列车运行不超过限制速度，并人工监督列车需要通过的轨道、道岔和信号灯的状态，必要时采取措施，对列车实施制动。

以上四种模式，满足一定条件后是可以相互转换的，除了URM模式外，其他模式都有一个5m的退车控制，如果超过这个限制，ATP将启动紧急制动。

5. 自动折返驾驶模式

由信号控制的列车折返模式有以下几种。

①ATO无人驾驶自动折返模式。当列车在折返站规定的停车时间结束及旅客下车完毕，车门和站台屏蔽门关闭后，经过必要的操作确认司机下车，由司机按压站台“无人自动折返”按钮后采用此模式。列车可在无人驾驶的情况下从到达站台自动驾驶进入和折出折返线，最后进入发车股道自动打开车门和站台屏蔽门，在整个折返过程中无须司机在车上对列车进行操作。列车到达出发站台停稳，确保司机进入另一端驾驶室后方可启动列车。

②ATO有人监督自动折返模式。当列车在折返站规定的停车时间结束及旅客下车完毕，车门和站台屏蔽门关闭后，由司机按压车上相关的折返按钮列车自动驾驶进入和折出折返线，返回到发车站台后，自动打开车门和站台屏蔽门。司机在列车折返过程中任

何时间均可关闭本端驾驶盘，开启反向端驾驶盘。

③ATP 监督下的人工折返模式。在此模式下司机采用“控制手柄”控制列车运行，司机人工驾驶列车运行到折返线并停车，人工关闭本驾驶端驾驶盘和启动反向端驾驶盘在 ATP 监督下人工驾驶列车进入发车股道并定位停车。司机按压开门按钮打开车门和站台屏蔽门。

④限制人工折返模式。司机采用“控制手柄”控制列车运行，司机人工驾驶列车运行到折返线并停车，人工关闭本驾驶端驾驶盘并启动反向端驾驶盘后人工驾驶列车进入发车股道并定位停车，司机按压开门按钮打开车门和站台屏蔽门。整个折返过程中车载 ATP 限制列车在某一固定的低速(如 20km/h)之下运行。

第三节　ATC 系统分类

随着列控及相关技术的发展，出现了很多制式的列控系统，主要评价和识别系统的两大要素为车-地信息传输和速度控制，作为列控系统的主要技术特征之一，可以根据信息传输量及信息传输的性质将列控系统分类，也可以根据传输方式对列控系统进行命名。速度控制模式决定了列控系统采用的闭塞制式、列车运行追踪间隔，体现列控系统的效能水平。

从不同角度入手，ATC 系统可以有多种不同的分类。

①按车-地信息传输性质，ATC 可以分为点式 ATC 和连续式 ATC。

②按闭塞制式分类，ATC 可以分为固定闭塞式 ATC 系统、准移动闭塞式 ATC 系统和移动闭塞式 ATC 系统。

③按车-地信息传输方式，ATC 可以分为基于轨道电路的 ATC 系统和基于 CBTC 的 ATC 系统。

一、点式 ATC 系统和连续式 ATC 系统

点式 ATC 系统和连续式 ATC 系统是从车-地信息传输方式的角度来分类的，点式 ATC 系统也称为点式 ATP，特点是地面传递点式信息给列车，用车载计算机进行信息处理，实现列车的超速防护；而连续式 ATC 系统采用连续的信息传输方式。

点式 ATC 系统相对于连续式 ATC 系统来说，具有结构简单、安装灵活、可靠性高、成本低的诸多优点，主要采用无源、高信息容量的应答器实现信息传输。但同时也具有诸多缺点，由于是点式信息的传递，所以造成信息传输不及时、灵活性差，不能胜任高密度行车的情况，如一列车驶过地面应答器，若在前方右侧，则算出的速度曲线为制动曲线，该列车驶过后，虽然前行列车已经驶离，但后续列车已驶过地面应答器，得不到新的信息，而依旧按照之前的制动曲线行驶，直至前方地面应答器为止。

1. 点式 ATC 系统

点式 ATC 系统主要由车载设备和地面设备组成。地面设备主要有地面应答器、LEU。基本结构如图 3.2 所示。

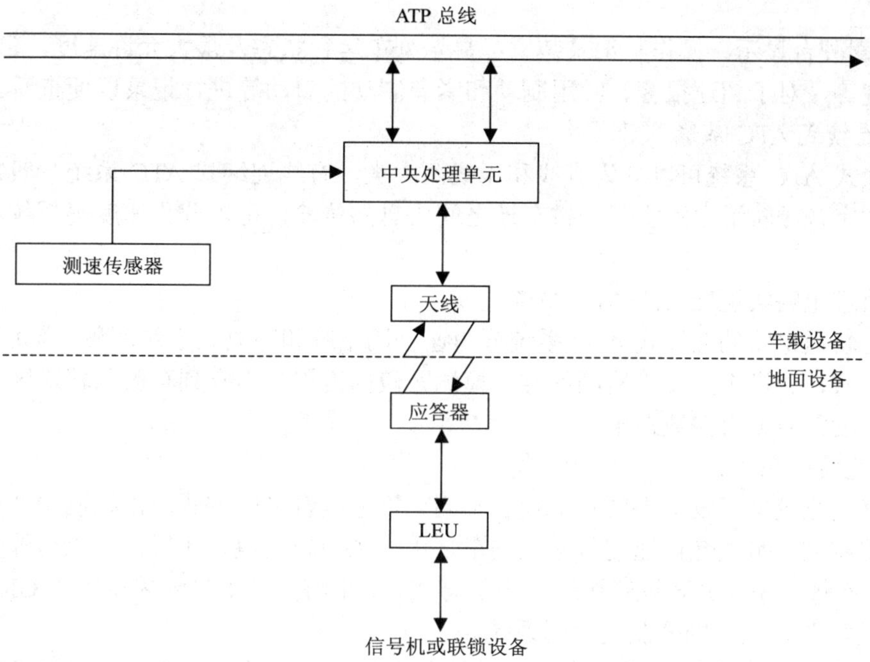

图 3.2　点式 ATC 系统的基本结构

①地面设备。

地面应答器：设置在信号机旁或者需要降速行驶区间的始、终端。当有列车驶过时，地面应答器接收车载设备发射的能量，激活该地面应答器，将存储的信息发送给列车。地面应答器分为有源应答器和无源应答器，一般来说，置于线路上的地面应答器一般存放固定的数据，使用无源应答器；置于信号机旁的应答器，用于向列车传递信号显示信息，应答器内所存储的数据会受信号显示的控制，根据实际情况发生变化，所以采用有源应答器。

LEU：地面应答器和信号机之间的电子接口设备，用于将不同的信号显示转换为约定的数码形式传输给应答器，LEU 是一块电子印制板，根据不同类型的输入电流产生不同的数码输出。

②车载设备。

车载设备主要由车载应答器、测速传感器、中央处理单元、驾驶台显示、操作与记录装置等组成。

(a) 车载应答器：完成和地面应答器的耦合联系，将能量发送给地面应答器，接收地面应答器发送的数据，并将这些数据传送给中央处理单元。

(b) 测速传感器：配置在轮轴上，用于检测列车运行速度，根据列车车轮每分钟的转数和车轮直径在中央处理单元中换算成列车运行速度。

(c) 中央处理单元：核心是安全计算机，负责对接收到的数据加工处理，计算列车当前允许的最大速度，并将该速度与计算出来的列车实际运行速度进行对比，以决定运行策略。

(d) 驾驶台显示、操作与记录装置：显示列车运行状态及最大允许速度、目标距离、目标速度等，对于超速报警、常用制动和紧急制动的启动等进行记录以便查看。

2. 连续式 ATC 系统

连续式 ATC 系统可以分为有线和无线两大类，有线连续式 ATC 系统一般常用轨间电缆或数字音频轨道电路实现。按车地之间信息的传输，可以分为速度码系统和距离码系统。

用轨道电路实现连续式 ATC 系统。

采用轨道电路的连续式 ATC 系统分为速度码系统和距离码系统两种。当轨道电路区段上无车时，轨道电路发送检测信号，检测区段的占用，当有列车驶入轨道区段时，立即转发速度信号或有关数据电码。

(1) 速度码系统。

速度码系统采用发送不同频率代表不同允许速度含义的方式。由控制中心通过数据传输系统将列车最大允许速度传送至列车。由于利用轨道电路实现，所以传输信息非常有限，对应每个闭塞分区只能传送一个信息代码，上海地铁 1 号线采用美国 GRS 公司的 ATC 系统，就是采用频分制速度码系统。

速度码系统从控制方式可分为入口控制和出口控制两种。以出口防护方式为例，轨道电路传输的信息即该区段所允许的出口速度命令码，在区段出口处检测，当列车实际运行速度大于本区段出口命令码所规定的速度时，车载设备便对列车实施制动，以保证列车运行的安全。对于列车监控采用出口检测方式的控制系统，为保证列车安全追踪运行，需要一个完整的闭塞分区作为列车的安全保护距离，因此，降低了线路通过能力。同时，对于速度码系统，从地面传递给列车的允许速度是阶梯分级的，在轨道区段分界处的限速值是跳跃式的(图 3.3)，对于乘客舒适度、节能运行及提高行车效率都是非常不利的。因此，速度码系统已逐渐被能实时计算限速值的距离码系统所取代。

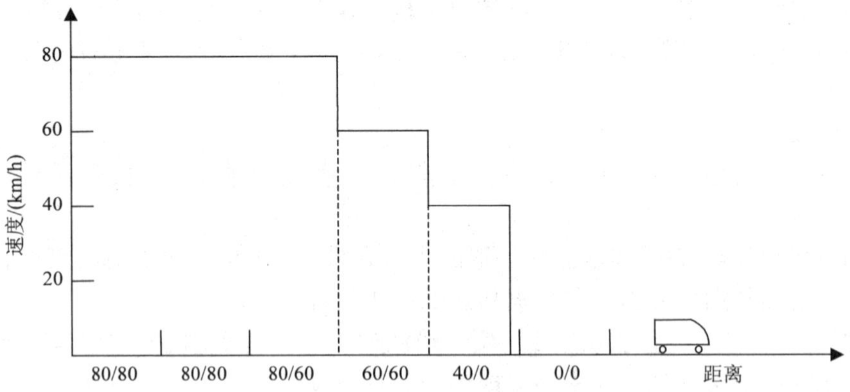

图 3.3　阶梯式限速曲线

图中“80/80”是区段“入口/出口”限制速度，其他类同

(2)距离码系统。

我国大多数城市轨道交通的 ATC 系统采用距离码系统。距离码系统相对于速度码系统具有较大的信息传输量和较强的抗干扰能力。由于其信息电码的多样性和复杂性，所以必须使用时分制数字电码方式，按协议来组成各种信息，通过轨道电路发送设备或应答器发送给列车车载设备，车载安全计算机根据地面传来的信息，包括目标速度、目标距离、线路状态(曲线半径、坡道等数据)等，结合列车自身性能(如列车长度、常用制动率、紧急制动率、牵引力等)实时计算出目标距离速度曲线，并按照该曲线控制列车安全有序运行。这种控制方式不仅增强了列车运行的舒适度，而且将列车追踪运行的最小安全间隔缩短为安全保护距离，提高了线路的通过能力。

二、闭塞及不同闭塞制式的 ATC 系统

闭塞就是用信号或凭证保证列车按照空间间隔制运行的技术方法。空间间隔就是前行列车和追踪列车之间必须保持一定距离的行车方法。

在城市轨道交通内，列车间隔控制即闭塞均由列车自动完成。由于采用了 ATC 系统，各个轨道电路区段，即闭塞分区均不设通过信号机，而由车载 ATP 系统予以显示。没有铁路那样专用的闭塞设备的概念，闭塞作用由 ATP 系统完成。

1. 固定闭塞 ATC 系统

固定闭塞的 ATC 系统通常采用轨道电路或计轴设备来检测列车位置和列车间距。固定闭塞将线路划分为固定的闭塞分区，闭塞分区按线路条件经牵引计算来确定，一旦划定将固定不变。固定闭塞模式下的追踪目标点为前行列车所占用闭塞分区的始端，后行列车从最高速度开始制动的计算点为要求开始减速的闭塞分区的始端，这两个点都是固定的，空间间隔长度也是固定的，所以称为固定闭塞。

固定闭塞 ATC 系统中，系统只能判断列车所在区段，却无法知道具体位置，列车以闭塞分区为最小行车间隔，列车制动的起点和终点都是闭塞分区的边界，实现的速度控制必然是分级的，即阶梯式的(图 3.4)。传输的信息量小，对应于每个闭塞分区只能传送一个信息码，即该区段所规定的最大速度码或入口/出口速度命令码。列车速度监控采用的是闭塞分区入口/出口检查方式，当列车的出口速度大于本区段的入口/出口速度命令码所规定速度时，车载设备便启动常规制动系统，使列车速度降低到限速以下，若仍未达到减速的要求，则实施紧急制动停车，实现列车超速防护。且为保证安全，必须在两列车之间增加一个防护区段，使得列车运行的安全间隔较大。该技术属于 20 世纪 80 年代水平，如英国的西屋公司、美国的 GRS 公司分别为北京地铁 1 号线和上海地铁 1 号线提供 ATC 系统。

在固定闭塞设计中，要求运行间隔越短，闭塞分区数也越多，列车最小行车间隔为 100~105s。

对于固定闭塞方式，虽然实现技术简单，但是该种闭塞需要铺设大量的轨旁设备，运营维护工作量大，且只能实现信息的单向传输(即地对车，无法实现车对地信息传输)，传输信息量少，对列车运行控制精度不高，列车通过能力较低，同时，列

车舒适度控制不好，司机劳动强度大，无法满足提高系统能力、安全性和互用性的要求。

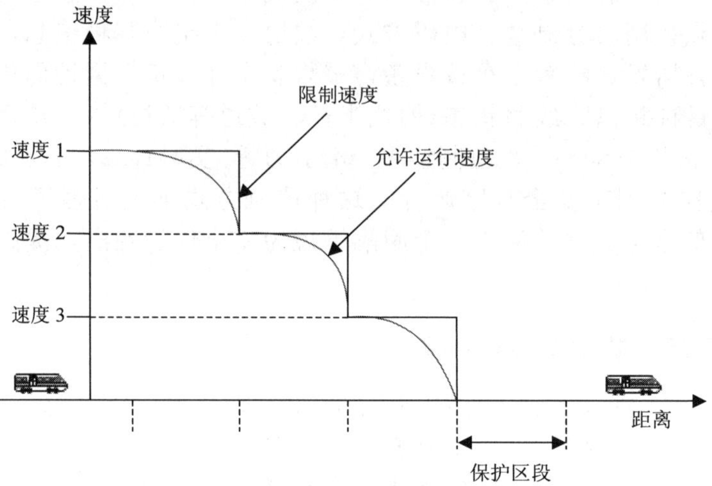

图 3.4　阶梯式速度控制示意图

2. 准移动闭塞 ATC 系统

对于准移动闭塞可以解释为“预先设定列车的安全追踪间隔距离，根据前方目标状态设定列车的可行走距离和运行速度、介于固定闭塞和移动闭塞之间的一种闭塞方式”。相对于固定闭塞的区别就是，准移动闭塞中前行列车定位与固定闭塞相同，可以定位至区段，但是对于后行列车则根据列车自身测定定位至其具体所处位置。对于后行列车的定位是连续、移动的，因此称为准移动闭塞。

准移动闭塞在控制列车的安全间隔上优于固定闭塞，它通过数字音频轨道电路、环线或应答器来判断分区占用并传输信息，信息量大；可以告知后续列车继续前行的距离，后续列车根据这一距离合理地采取减速或制动，列车制动的起点可延伸至保证其安全制动的地点，从而改善列车速度控制，缩小列车安全间隔，提高线路利用率。为了保证后行列车的定位精度，需要在地面每隔一段距离设置一个定位标志，提供绝对位置给列车，消除累积误差。

准移动信号系统采用一次模式曲线控制方式，并可以根据地面信号设备提供的目标速度、目标距离、线路状态等信息，车载设备计算出适合于本列车运行的模式速度曲线。如图 3.5 所示为准移动闭塞速度控制模式。

准移动闭塞 ATC 系统减少了阶梯式控制的安全保护距离对列车运行间隔的影响，提高了列车控制的精度和行车效率，降低了司机工作强度，且由于不需要频繁的制动、牵引，所以可以实现较好的节能性和乘坐舒适度。在设计中，要求的运行间隔越短，闭塞分区数也越多，列车最小运行间隔为 85~90s。准移动闭塞 ATC 系统在我国也有广泛的应用，例如，广州地铁 1 号线和 2 号线、上海地铁 2 号线和 3 号线、深圳地铁 1 号线和 4 号线等。

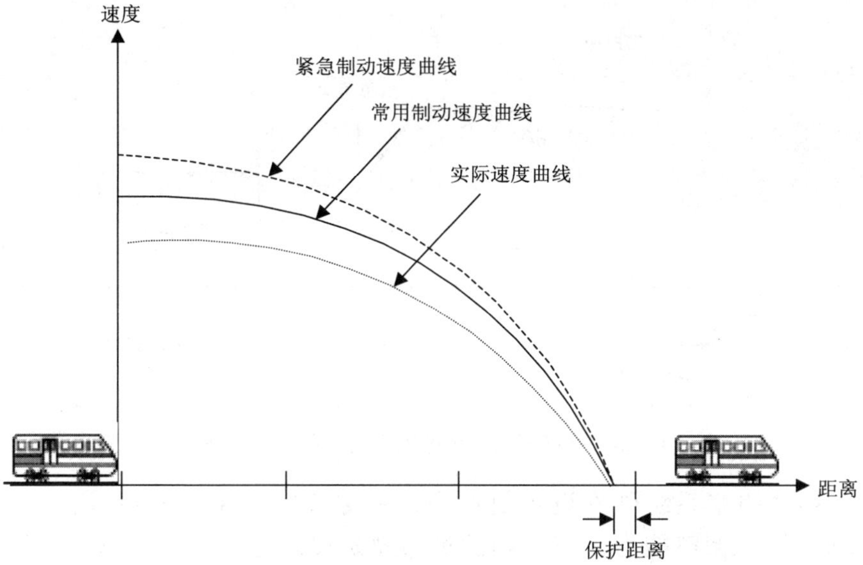

图 3.5　准移动闭塞速度控制

准移动闭塞实现了比固定闭塞小的安全间隔，列车制动的起点可延伸至保证其安全制动的地点，因此改善了列车的速度控制，缩小了列车安全间隔，提高了线路利用率。但在准移动闭塞中，后行列车的停车点仍然必须在先行列车所占用闭塞分区的外方。

虚拟闭塞是准移动闭塞的一种特殊方式，它不设轨道占用检查设备，采取无线定位方式(或轨道电缆定位方式)来实现列车定位和轨道占用的检查功能，闭塞分区以计算机技术虚拟设定。

3. *移动闭塞 ATC 系统*

移动闭塞模式为列车安全追踪间隔距离不预先设定，而是随着列车的移动不断移动并变化的闭塞方式。在移动闭塞中，前、后两列车都采用移动式的定位方式，不存在固定的闭塞分区。移动闭塞根据目标速度和目标距离随时调整的列车可行距离是始终连续的，后行列车的速度控制曲线不会像固定闭塞和准移动闭塞那样产生跳跃。因此，列车的追踪间隔和列车控制精度只取决于线路特性、停站时分、车辆参数，使系统相比于准移动闭塞系统具有较大的运用灵活性和较小的行车间隔。

移动闭塞系统即采用感应环线或无线扩频等通信方式实现列车定位和车地之间双向大容量信息数据传输的信号系统，列车定位采用独立于轨道电路的高精度定位系统，线路上的前行列车经 ATP/ATO 车载设备将本车的实际位置通过输出系统传送给轨旁的移动闭塞处理器，并将此信息经系统处理生成后续列车的运行权限，传送给后续列车的 ATP/ATO 车载设备。由于后续列车可以连续知道距前车尾部的实际距离，所以可以保持比准移动闭塞更小的追踪间隔运行。

在移动闭塞系统中，列车控制采用实时速度-距离模式曲线控制方式，后行列车的追踪点为前行列车的尾部预留一定的保护距离，其速度曲线随着目标点的移动而实时计算，后行列车到先行列车的保护段后部之间的距离等于列车制动距离加上列车制动反应时间内驶过的距离。如图 3.6 所示为移动闭塞系统的安全行车间隔示意图。

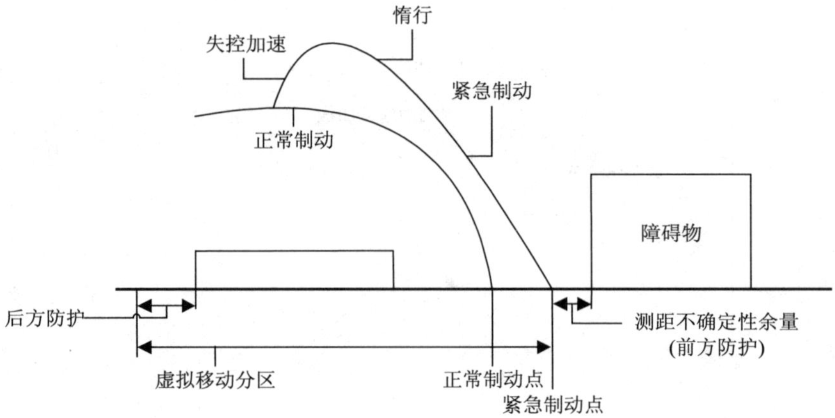

图 3.6　移动闭塞系统的安全行车间隔示意图

同时，移动闭塞系统硬件设备数量少，有更高的可用性和可靠性，并且能实现更好的列车运行调整能力。在我国的城市轨道交通建设中，武汉 1 号线、广州地铁 3 号线及 4、5、6 号线的信号系统均采用移动闭塞 ATC 系统。典型的移动闭塞系统为利用无线通信技术实现各子系统的通信，构成基于通信的列车控制系统，通过车载设备、现场的通信设备与车站或控制中心实现信息交换完成速度控制，因此能够实现高速度、大容量的车地双向通信。CBTC 系统可以根据列车的实际速度和相对速度来调整闭塞分区的长度，实现较小的列车运行间隔，提高线路行车效率。

4. 三种闭塞制式的比较

移动闭塞、传统的固定闭塞与准移动闭塞三种技术的控制方式比较如图 3.7 所示。

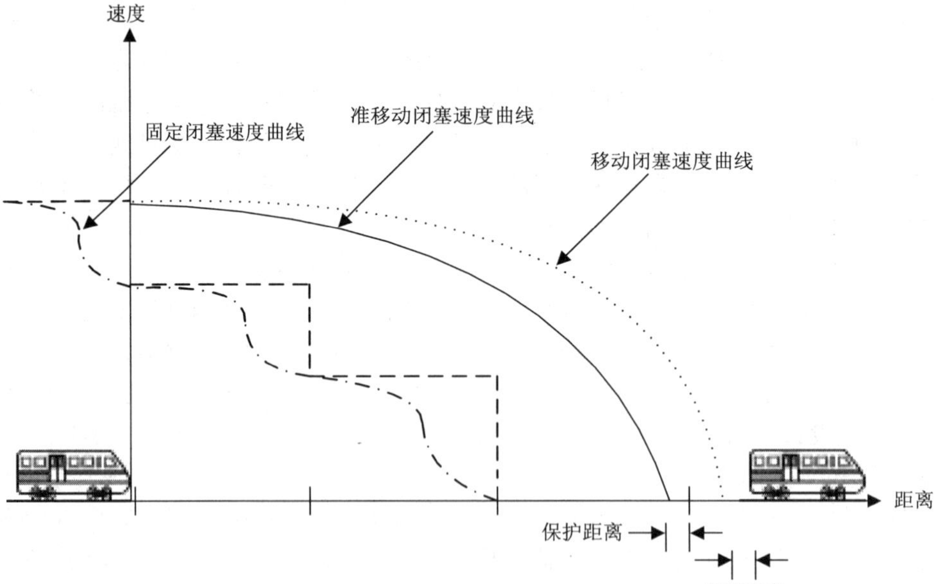

图 3.7　三种制式的 ATC 系统速度曲线比较

三种闭塞技术相比较，移动闭塞具有明显的技术优势。

①移动闭塞没有固定的闭塞分区，列车间隔随列车移动而移动。

②实现较小的列车运行间隔，有条件实现“小编组，高密度”。

③实现车地之间信息的双向传输，传输信息量大，易于实现无人驾驶。

移动闭塞克服了固定闭塞的缺点，相比于传统系统，大大地减少了沿线设备，车载设备和轨旁设备的安装也比较容易，减轻了维护工作，有利于运营成本的降低；同时移动闭塞系统通过车地之间信息的双向传输，实现了列车运行速度的动态控制，有效地缩小了列车运行间隔；对于移动闭塞的系统则采用模块化的设计，核心部分均通过软件实现，因此减少了系统硬件需求，降低了维护费用；无线移动闭塞系统采用开放的国际标准，可以实现子系统间逻辑接口的标准化，有利于实现整个路网的互联互通。

在城市轨道交通中，虽然固定闭塞式 ATC 系统技术水平相对较低，但由于可满足 2min 通过能力的行车要求，且价格相对低廉，所以也宜选用。准移动闭塞式 ATC 系统和移动闭塞式 ATC 系统可以实现较大的通过能力，对于客运量变化具有较强的适应性，可以提高线路利用率，具有高效、节能等优点，并且控制模式与列车运行特性相近，能较好地适应不同列车的技术状态，具有较大的发展前景。对于不同制式 ATC 系统的选用，应该根据实际情况，因地制宜地选择最适合的系统。

第四节 ATC 系统实例——西门子 ATC 系统

西门子交通技术集团研制 VICOS(车辆和基础集中操作控制系统)OC 系列自动操作控制系统用于监控联锁设备和控制列车运行。VICOS OC 101 系统用于中小型系统，VICOS OC 501 是一个高可靠性的控制系统，它具有很多自动化功能，自动化水平较高，用于城市轨道交通中复杂的控制过程，可以监控任何类型采用远程控制的继电联锁和计算机联锁。

1. 系统构成

西门子 ATC 系统框图如图 3.8 所示。设备安装在现场线路上和机械室、站台、车载及控制中心内。

其中，ATP 设备包括轨旁设备、车载设备、同步环线。

ATO 设备包括轨旁设备、车载设备、车地通信环线。

ATS 设备包括系统管理器(ADM)、通信服务器(COM)、人机接口、打印服务器、打印机、维护操作台(SO)、过程耦合单元(PCU)、模拟表示盘、演示系统(DS)、时刻表编辑器(TTE)、局域网(LAN)、不间断电源(UPS)、乘客向导信息系统(PIIS)、列车到达时刻显示器(ATI)、列车发车时刻显示器等。

2. 体系结构

西门子 ATC 系统功能可以划分为 4 个层次，中央层、车站层、轨道层以及车载层。各个层次功能如下。

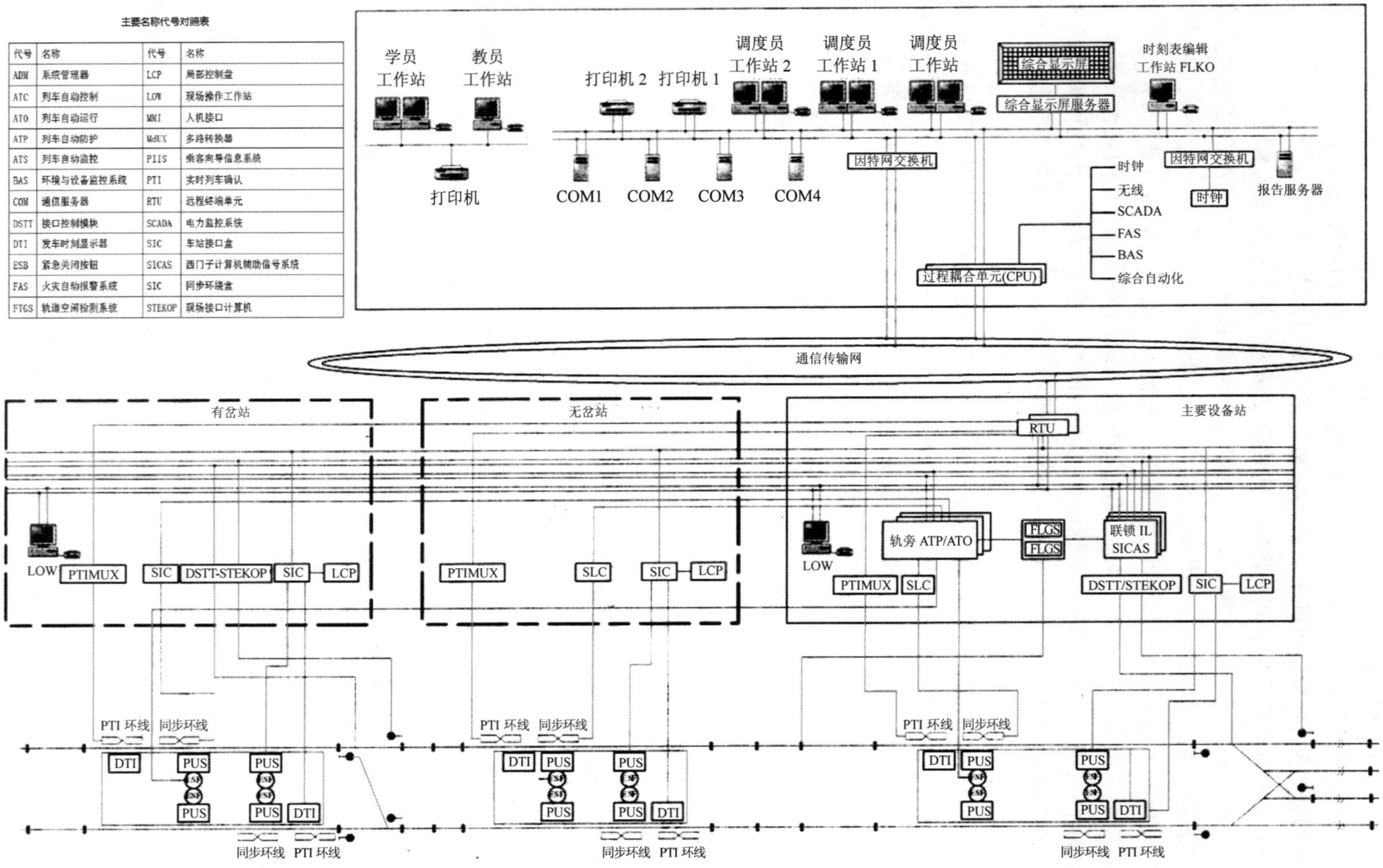

主要名称代号对照表

代号	名称	代号	名称
ADM	系统管理器	LCP	局部控制盘
ATC	列车自动控制	LOW	现场操作工作站
ATO	列车自动运行	MMI	人机接口
ATP	列车自动防护	MdUX	多路转换器
ATS	列车自动监控	PIIS	乘客向导信息系统
BAS	环境与设备监控系统	PTI	实时列车确认
COM	通信服务器	RTU	远程终端单元
DSTT	接口控制模块	SCADA	电力监控系统
DTI	发车时刻显示器	SIC	车站接口盒
ESB	紧急关闭按钮	SICAS	西门子计算机辅助信号系统
FAS	火灾自动报警系统	SIC	同步环绕盒
FTGS	轨道空闲检测系统	STEKOP	现场接口计算机

图 3.8　西门子 ATC 系统框图

(1)中央层：分布在控制中心及正线各个设备集中站的车站控制室、车辆段信号楼控制室。由控制中心的计算机实现全线运营的集中监控与管理，由设备集中站车站控制室的 VICOS OC 101 执行本地控制功能。

(2)轨旁层(车站层)：分布在沿线的轨旁层，由 SICAS 和 LZB700M 系统组成，它们执行全部的联锁和轨旁 ATP 功能。

正线区段室内的联锁设备和接口单元、ATP/ATO 室内设备、轨道电路室内设备、ATS 车站设备、室内终端架、电源设备等主要集中设置于联锁区设备集中站信号设备室和电源室，它们执行全部联锁和 ATP/ATO 轨旁功能。在站控室，放置操作工作站 LOW。

非设备集中站的现场设备由设于本站信号设备室内的接口及驱动设备控制，这些接口及驱动设备由相应设备集中站监控。

全线分若干个联锁区域，设备分别设于各个设备集中站，每个设备集中站管辖 1~3 个车站。

(3)轨道层：包括转辙机和信号机、FTGS 轨道电路、PTI 环线及站台精确停车环线，实现近路的防护与控制、列车检测，以及车地信息传输、列车位置识别。列车运行监督由列车位置识别系统实现。

(4)车载层：包括 LZB700M 和车载 ATP/ATO 设备，实现列车自动防护和列车自动运行的功能。其中，ATP/ATO 轨旁计算机设备、计算机联锁设备采用 3 取 2 结构，ATP/ATO 车载设备采用 2 取 2 结构，符合铁路信号故障-安全原则，并提高了系统的安全性、可靠性和可用性。

3. LZB700M 系统

LZB700M 系统是 ATC 系统的一个子系统，用在 ATP 和 ATO 中，LZB700M 中的两个子系统结合在一起，用于增加系统的安全性和有效性。LZB700M 连续式 ATP 系统利用 FTGS 数字无绝缘轨道电路连续地向列车传输数据，连续地监督、控制列车的运行。ATP 在轨旁不需要添加另外的传输设备。ATP 轨旁单元连续地从联锁、计划数据和监测系统中得到驾驶命令，并传输到 ATP 车载单元。

在全线正线区段(包括折返线和存车线)、出入车辆段线及段内试车线均装备 LZB700M ATP/ATO 地面设备并采用 3 取 2 配置，同时运营列车均装备车载 LZB700M ATP/ATO 设备并采用 2 取 2 配置，提高系统安全性。

(1)LZB700M 组成。

LZB700M 设备由车载设备和轨旁设备组成。轨旁设备由 ATP 轨旁单元、FTGS、数字式无绝缘轨道电路、同步定位单元和 PTI 轨旁单元组成，此外，还包括旅客向导牌和发车计时器。车载设备有 ATP 车载单元、ATO/PTI 单元和司机人机接口 MMI 等。其系统配置如图 3.9 所示。

ATP 轨旁单元是 LZB 700M 系统同整个列车防护系统其他要素的主要接口。ATP 轨旁设备完成安全功能，由基于故障-安全的微机系统构成，且微机系统采用 3 取 2 的结构，提高系统的安全性和可靠性。ATP 轨旁单元执行其功能，需要来自联锁、相邻 ATP 轨旁单元和紧急停车单元的一些数据，以及恒定的线路参数，具体包括线路的设计、临时限速区段、设计的速度限制和安全区段、轨道空闲检测等。具体执行的 ATP 轨旁单元的主要功能包括：①摘录司机命令；②储存线路参数；③同相邻设备集中站轨旁单元的通信(故障-安全总线系统)；④接口功能，包括与计算机联锁接口以及与 FTGS 轨道电路的接口；ATP 轨旁和车载设备之间的数据传输是将数据以固定的长度分配到报文中，这些报文被周期地传送，并综合各种方法来防止传输的误码。ATP 车载设备能够识别数据传输时引起的错误，并将错误传输的数据作为非法数据而拒绝。

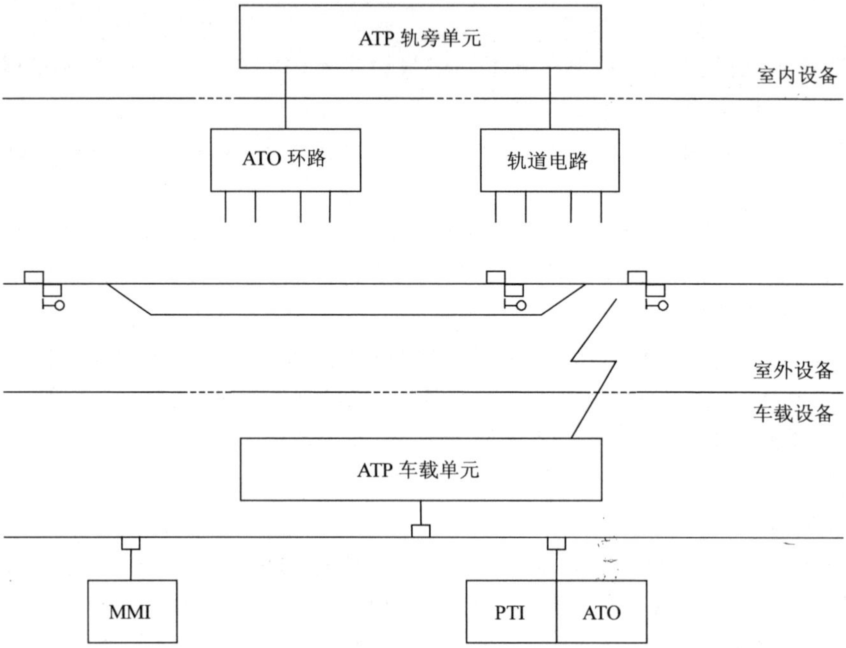

图 3.9　LZB700M 系统配置图

(2) FTGS 轨道电路。

FTGS 轨道电路用于 LZB700M 的发送设备，从钢轨向列车发送信息以及作为列车占用轨道的检测设备，一个 LZB700M 轨旁单元最多能带 40 个轨道电路区段。

(3) ATP/ATO 车载设备。

ATP/ATO 车载设备由 ATP 车载单元、ATO 车载单元、ATP/ATO 天线、人机接口 MMI、测速电机和服务/自诊断等设备组成。LZB 的轨旁设备通过钢轨连续不断地向 ATP 车载设备传送列车运行指令，供 ATP 和 ATO 车载单元共享使用。车载 LZB700M 单元接收来自 LZB700M 轨旁设备的数据。两个司机室中的 LZB700M 设备之间用数据通道连接。列车每端要两套天线和一套人机接口(MMI)。

①ATP 车载单元。

ATP 车载单元遵循铁路信号故障-安全原则，用来保证列车安全，检查列车运行与限制条件的一致性。列车超速运行时，触发 ATP 车载单元执行紧急制动，直至列车停稳。

②ATO 车载单元

ATO 子系统是在 ATP 监督下运行的非安全系统，完成列车自动运行、列车速度调整、列车目标制动、车门控制等任务。

ATO 能够计算出列车至下一站运营停车点的距离轨迹，同时对速度距离曲线进行优化。采用综合控制加速、巡航速度及惰行起点的办法，对列车在区间运行进行控制。列车接近车站时，ATO 借助于车站内定位系统，对列车实施制动，并保证列车停车精度控制在±1m 的范围内。

ATO 根据计划时刻表或调整后的时刻表，控制列车的巡航/惰行运行状态，按规定的时间控制列车在站间的运行。区间运行时间以秒为可控精度，以此作为 ATS 子系统对列车运行调整的基础之一。同时 ATO 把收集到的列车数据，传送给 PTI 再传送给 ATS，ATS 利用这些信息优化列车的运行控制。

③天线。

ATP 天线能够感知通过轨道电路发出的信号，一列车装备两对天线，每个司机室装备一对天线，当司机室在使用时 ATP 天线才被选用。ATP 天线安装在列车下部走行轨上方，最前端转向架的车轮前面，与车辆运行方向一致，水平地或同一高度安装。ATC 天线中心位于轨道中心。天线与列车第一轮轴间的距离在 0.8~1m 范围内。钢轨与天线底缘间的距离保持在 100~150mm 范围内。另外，每列车配置一个 PTI 天线，安装在列车下面，在车下最前轴的前面。

④MMI 显示器。

驾驶室内的控制台上安装 MMI 显示器，用于显示列车运行模式、速度、目标距离等。

⑤故障条件下的运行。

ATP 轨旁故障：在 ATP 轨旁故障时，要继续运行必须满足条件，ATC 电源打开、ATP 开关在 ON 的位置、启动前按下 RM 按钮。按下 RM 按钮后，列车在 ATP 限制模式下运行，按钮中的指示灯点亮。

与 ATP 轨旁设备连接故障：如果 ATP 车载设备与 ATP 轨旁设备没有数据连接，且满足 ATC 有效和 ATP ON/OFF 开关在“ON”位置的条件下，则系统自动切换到 ATP 限制模式，不用人为按下 RM 按钮。万一 ATP 轨旁设备出现故障，线路上的列车就如同在车辆段内一样运行。

ATP 车载设备故障：ATP 将打断驾驶命令，并启动紧急制动。

定位丢失：当 ATP 丢失列车的定位时，列车将启动紧急制动。驾驶员需要按下 RM 按钮才能继续运行。

如果列车丢失所有车门关闭的指示，ATP 不认可所有车门都关闭，而不能继续运行，此时，需要司机按下“允许车门”按钮，连接 ATP 启动的车门锁闭。

4. ATS 子系统

(1) 系统组成。

在正常运营条件下，全线列车的控制和监视由控制中心的 VICOS OC 501 系统实现。VICOS 是一个用于实现 ATS 功能的计算机设备网络，主要包括控制中心的 VICOS OC

501 和车站控制室的 VICOS OC 101。

控制中心设备包括 MMI 服务器(人机接口)和 TTE 服务器(时刻表编辑器)、COM 服务器(通信服务器)、ADM 服务器(系统管理服务器)、PCU(过程耦合单元)、车站远程终端 RTU 和车站控制室 VICOS OC 101。

(2) ATS 软件。

VICOS OC 501 系统的软件基于 UNIX 操作系统。服务和帮助程序，例如，编辑器或输入/输出系统都在操作系统上直接运行。基本系统包括 SOFT BUS、数据库变更系统和多计算机系统等。SOFT BUS 是一个控制系统各部件间数据交换的软件；数据库变更系统用于完成过程数据的配置；多计算机系统确保服务器之间的通信。该系统主要管理各部件的故障监视。

软件最上层提供操作控制功能，如操作员控制和显示的功能、自动办理进路及列车自动追踪等。

(3) 培训和演示系统。

培训和演示系统包括一个模拟 MMI(DS)和一个模拟 PC(S-PC)。其中，DS 在培训和演示系统中模拟 ATS 部分。所以 DS 中包括 VICOS OC 501 系统的 ADM、COM 和 MMI 功能。DS 为一个工作站，带有两台监视器和一台打印机(用于打印操作日记和报警表格)；S-PC 在培训和演示系统中模拟外部设备和处理过程，是一个标准的 PC，操作系统采用 MS Windows-NT，该 PC 机的性能足以保证能模拟要求的行车间隔内的 20 列列车。

S-PC 和 DS 是通过以太网连接的，它们之间的通信与 COM 服务器和 PCU 的通信完全一样。

(4) 接口。

接口部分包括：①车站设备接口，车站设备(本地控制盘、停站时间表示器和乘客信息盘)通过数据总线连接；②时钟系统接口，主时钟系统向 VICOS-ATS 提供接口，VICOS OC 501 系统内部时钟将与主时钟系统同步，并向 SICAS 联锁、LZB700M 传递时间信息；③无线通信接口，信号系统同无线通信系统之间传送有关列车构成和位置信息，通过使用 4 线 RS422，以半双工方式，数据接口可以完成两者之间的数据传输；④数据传输接口，通信系统提供的单模式双界面 6 芯光缆用于各个车站信号设备室与 VICOS OC 501 的信息传输；⑤电力监控系统接口，电力监控系统的牵引动力状态与 ATS 之间的数据交换接口，用于 ATS 显示牵引动力的状态。电力监控系统与控制中心的 PCU 连接，数据通过 4 线 RS422 传输，以异步全双工的方式运行。

5. 正线联锁系统(SICAS)

(1) 系统组成。

SICAS 联锁系统配置如图 3.10 所示。

SICAS 系统按故障–安全、高可靠性的 SIMIS 原则进行设计，基本部件包括工作站、3 取 2 联锁计算机、2 取 2 联锁执行计算机、电子接口模块和相关的现场元件，如转辙机、信号机、数字轨道电路设备等。

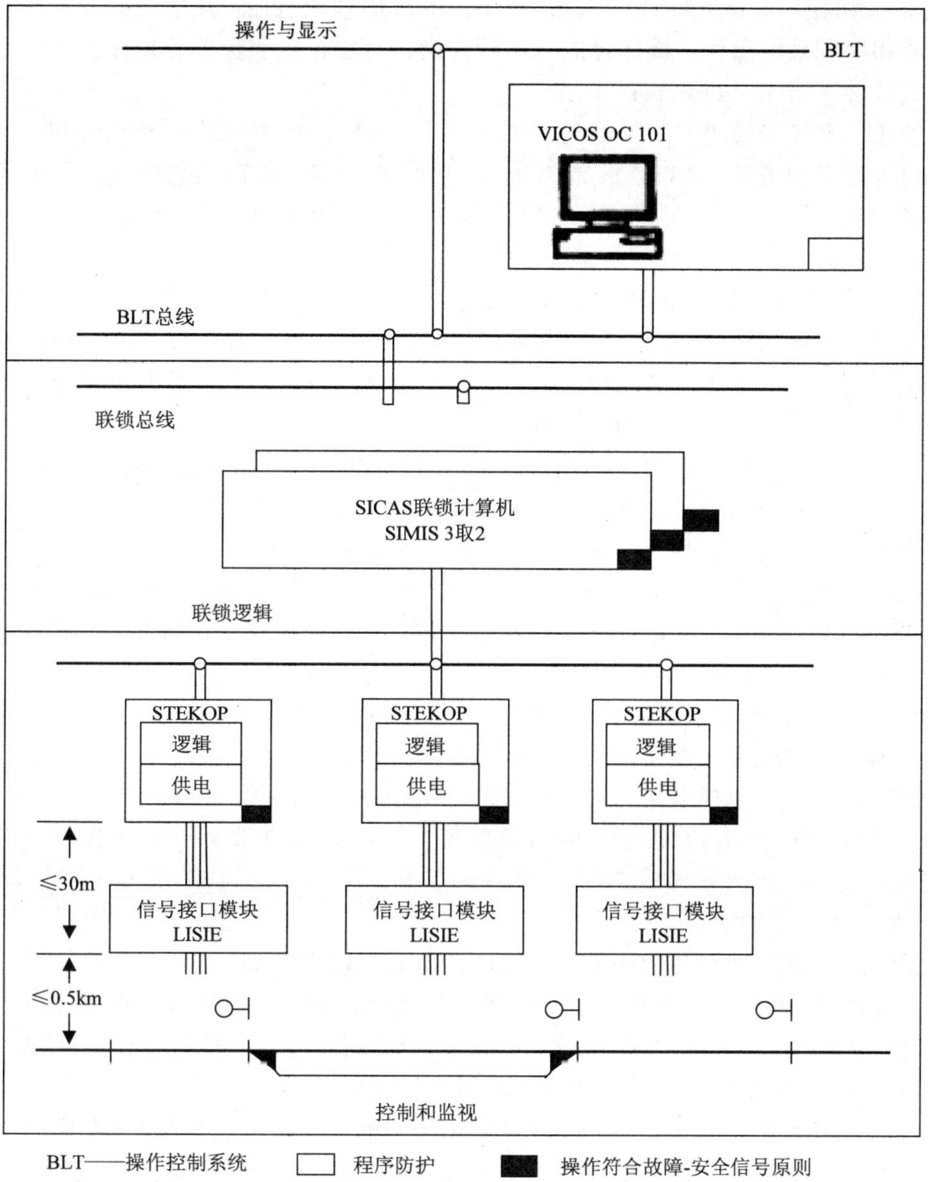

图 3.10　联锁系统组成图

联锁计算机执行常规的联锁功能，通过 STEKOP 和 DSTT 电子接口模块直接控制和监督室外设备，完成轨道空闲检测、进路控制、道岔控制和信号机控制功能。SICAS 联锁系统包括 3 个逻辑层，分别为操作层和显示层、联锁逻辑层以及控制和监视层。

联锁计算机采用西门子故障–安全计算机系统 SIMIS-3216，核心构成为同步和比较板 VESUV3、处理器板 VENUS2 和中断板 VESIN。

根据应用情况，剩余位置会安装接口或输入和输出板：BUMA（总线控制模块），COS

OC 101 的人机接口系统来完成。VIOS OC 101 的应用领域包括现场联锁的简单操作以及显示系统和控制系统操作。操作台的基本硬件由带有键盘、监控器和鼠标的 PC 组成，操作系统软件采用 Windows NT。

分散式元素接口模块 DSTT 与元素接口模块(ST-EKOP)共同实现对轨旁和现场设备控制和现场信息的采集。DSTT 系统分为下列功能单元：①DSTT 道岔，道岔元素接口模块 DEWEMO；②DSTT 信号机，信号机元素接口模块 DESIMO。

(2) 系统的结构。

从设备构成角度来分，一般可以分为 5 层：操作层、逻辑层、执行表示层、设备驱动层以及现场设备层。对应西门子的联锁设备分为现场操作工作站(LOW)、联锁计算机(SICAS)、现场接口计算机(STEKOP)、接口控制模块(DSTT)以及现场的道岔、信号机和轨道电路。各层的主要功能如下所示。

①操作层为人机操作界面，将设备和列车的运行情况以图形化显示，接收操作员的操作指令并传给逻辑层进行处理。

②逻辑层是系统的核心层，主要进行联锁逻辑的处理。

③执行表示层是逻辑层与设备驱动层之间的接口，根据联锁层给出的命令和设备驱动层的结构，分解联锁层的命令输出，控制设备驱动层驱动现场设备，采集设备驱动层的表示信号并传给逻辑层。

④设备驱动层为现场设备的驱动设备，与 6502 继电联锁中的定位表示继电器、反位表示继电器、定位操作继电器、反位操作继电器类似。

⑤现场设备层主要指道岔、转辙机、信号机和轨道电路等。

西门子的逻辑层和执行表示层应用了 2 取 2 安全技术、2 取 2 热备技术、3 取 2 安全冗余技术。

(3) 与相关系统的接口。

正线联锁系统需要与其他相关系统接口，主要有以下几类。

①与 LZB700M 接口。SICAS 联锁与 LZB700M 系统连接时通过数据通道实施，LZB700M 设备之间以及 LZB700M 设备和 SICAS 联锁之间的逻辑相连，是经过联锁总线实施的。故障–安全数据传输由数据缓冲通信协议保证。

②与相邻联锁系统的接口。SICAS 联锁系统间的连接是由联锁总线(故障–安全配置的标准通信总线 PROFI BUS)通过连接中央逻辑层实现的。各个联锁区是配合的，整个区域可以由一个联锁系统操作。

③与防淹门接口。需要对防淹门状态进行实时监督，确保列车运行安全，并确定关闭防淹门的时机。

④与 ATC 接口。ATC 与 SICAS 联锁通过逻辑的连接来实现，联锁系统与 ATP/ATO 室内设备间的传输将通过一对 2×2 光缆含后备模式实现。后备模式用光缆与主用光缆相同。故障–安全数据传输则通过一个信息缓冲器协议来保证。

⑤与车辆段之间的联锁接口。车辆段与相邻正线车站之间的联锁接口电路按出、入段线的敌对检查条件进行设置。出、入段联络线均纳入正线控制范围，并按双线双方向运行、列车作业方式设计。

6. 辅助设备

ATC 系统中的辅助设备主要包括车–地通信设备和精确停车设备等。前者用于降级模式下列车运行的控制及提供屏蔽门与车门联动的通信，后者用于控制列车的站台精确停车。

(1)车–地通信设备。

通常在站台区域、折返线及出入车辆段的转换轨安装有车–地通信接收设备，在列车运行过程中，车载车–地通信单元向地面连续发送包括目的地号、车次号、车组号、乘务号的列车信息及屏蔽门开关门指令，数据传输是以电报的形式进行的，此类电报以数字流的形式连续不断地输出。当列车运行在装有轨旁车–地通信接收设备上方时，由电磁感应原理环线将产生感应信号，经轨旁放大单元放大感应信号，传输至室内接收单元——PTI 多路接收器进行信息报文识别处理。

车载报文所传输的报文信息一般包含的内容有乘务组号、车次号、目的地号、列车状态、行驶方向、车组号、列车识别码、里程以及屏蔽门开关指令等信息。

(2)精确定位停车设备。

在 ATC 系统中，对列车停车精度要求很高，尤其是安装屏蔽门的展台，停车精度要求更高(±0.3m)。因此，需要在站台区域设置列车定位装置，一般采用同步环线、信标、传感器等列车定位设备。

①西门子采用 LZB700M 型同步环线实现精确停车，在列车进站时，同步环线设备辅助列车能准确判断当前所在位置，直至停稳在准确位置上。一般的技术要求：ATP 站台停车窗±0.5m；ATO 站台设计停车精度在±0.5m 范围内，正确率为 99.9998%，停车精度在±0.3m 范围内，正确率为 99.99%；同步环线设备不能与其他设备相互干扰。

②LZB700M 同步环线主要包括以下几个方面。

(a)发送控制单元。发送控制单元安装在设备室内，每个发送控制单元可控制 2 个同步环线，向环线发送一定频率的信号。

(b)调谐单元。由电容、电感构成，可通过调谐使环线中的电流达到 1.5~2A。

(c)同步环线。同步环线有一定数量的交叉点，交叉点按照一定规律设置。同时每列车都设置接收器，以便读取站台同步环线的准确停车位置信息，实现车站精确停车。

③同步环线定位停车原理。

西门子 ATC 系统在广州地铁 1、2 号线都采用 SYN 环线实现精确停车。采用的具体方法为在车站范围内，采用特殊的同步环线进行附加的局部同步，使列车能在站台上精确地停车，如图 3.11 所示。

SYN 环线的始端和终端是所谓的“环线边界”，与车站区中央对称；导线按确定的距离交叉，SYN 环线一共 36 个交叉点，每个交叉点都会在靠近钢轨的两侧产生两个感应磁场。ATP 车载单元通过车头两侧的两个 ATP 天线，接收每个交叉点的信息；只要其中一个天线接收到信息，ATP 车载单元就判定为交叉点存在。这样，ATP 车载单元就可靠地读出每个交叉点的位置。如果丢失一个交叉点的位置，会造成停车不准确。

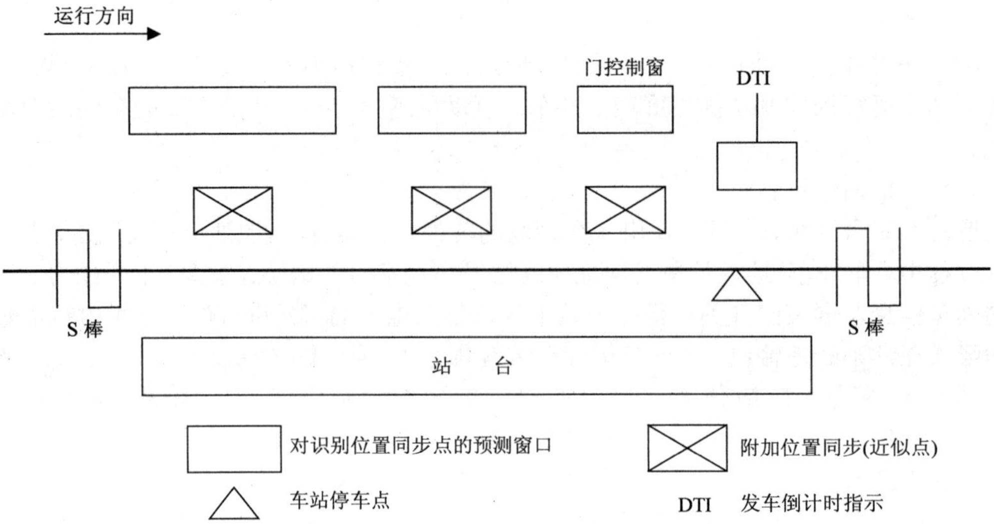

图 3.11 车站内附加位置同步原理

当列车驶入站台前一个轨道电路区段时，ATP 车载单元通过 ATP 天线接收到前方站台轨道区段的报文，打开同步环线的功能，准备接收同步环线的信息，并初步产生一个站台的停车点，计算目标距离，控制列车的速度。列车驶入站台后，当 ATP 天线接收到第一个 SYN 环线交叉点的信息，ATP 车载单元就更新一次目标距离，并计算接收到环线交叉点的个数，ATP 车载单元在接收到第 14 个交叉点信息时，列车再次更新一次目标距离来调整列车的速度。列车经过第 20 个交叉点时，列车再一次更新目标距离；由于速度比在上一次更新点要慢，所以距离的预测比上一个更新点精确，车速的控制也更精确。在经过第 32 个交叉点时，列车最后一次更新目标距离，这时列车速度已经很低了，所以这个距离的预测会越来越准确。最后，列车就会精确地停在预定的停车窗内。SYN 环线上的第 14、20、32 个交叉点通常称为近似点，列车自动驾驶系统车载单元就是利用这几个近似点的预定位置修正当前的位置，从而产生了新的当前精确局部同步。

SYN 环线使列车准确地停在预定的位置上，停车精确达到±0.5m，如果 SYN 环线出现故障，ATP 车载单元不再用安全方式监控车站停车窗。因此，故障下的 ATP 车载单元将不再解锁车门，只有通过驾驶员按压“强行开门”按钮来给出车门允许信号。SYN 环线在站台上对称设计，所以列车从两个方向进入站台都能精确地停在预定的停车窗内。

第四章　列车自动防护系统

城市轨道交通列车自动防护(ATP)系统是列车自动控制系统中的安全核心。ATP系统检测列车位置并向列车车载设备传送行车信息，如目标速度信息，列车收到地面信息后，自动实现速度控制，确保列车在目标距离内不超过目标速度，保证列车安全运行。ATP是城市轨道交通列车控制系统中一个重要的安全关键子系统，必须符合铁路信号故障-安全原则。

ATP承担着防止列车冒进信号、实现列车运行安全间隔防护和超速防护等功能，确保列车安全运行，完成列车安全相关的各种任务，涉及车地通信、信号联锁、行车指挥、机车车辆、线路条件等多方面因素。ATP对保障城市轨道交通行车安全，提高运输效率、运输密度、舒适性等目标来说必不可少。

第一节　ATP系统功能

目前，世界各国研发了不同型号的ATP并得到了广泛的应用。ATP车载设备接收地面限速信息，经过信息处理后与实际速度比较，当列车实际速度超过限速后，由制动装置控制列车制动系统制动，以达到列车在停车点前停车或在限速点前将列车实际速度限制在限速值以下的目的。ATP主要功能包括列车测速定位、速度监督与超速防护、停车点防护、列车追踪间隔控制、后溜防护、车门及屏蔽门防护等。

一、列车测速定位

列车实际运行速度是施行超速防护及速度控制的依据，速度测量的准确性直接影响到速度控制效果；列车位置直接关系到列车的运行安全，通过检测列车实际位置才能保证列车的运行间隔，以及能够在抵达障碍物或限制区之前停车或减速。

ATC系统需要实时掌握列车及前车的速度和位置信息，计算列车的最大允许速度，从而有效地控制列车，动态地保持安全追踪间隔和实施超速防护，保证行车安全及效率。在城市轨道交通系统中，列车可能需要交替地运行于地下和地上，运行环境比较复杂，而且随着城市轨道交通的快速发展，列车自动控制技术正向移动闭塞方向发展，列控系统对测速定位的准确度和精度要求也越来越高。

国内外常用的测速方法有速度传感器法、多普勒雷达法、惯性加速度传感器法等，定位方法有计轴器法、应答器法、测速定位法、交叉感应环线法、GPS法、无线扩频法、惯性导航系统及航迹推算法等。如法国AS-TREE系统采用多普勒雷达测速定位，而欧洲ETCS系统采用应答器和速度传感器方式，德国LZB系统采用交叉感应环线的方式。

目前，城市轨道交通测速定位系统的常用方式是利用列车上的传感器测量并计算列车的行驶速度和走行距离，当列车通过地面定位设备时，读取存储在设备中的绝对位置信息，校正走行距离，消除误差。凭借单一传感器进行测速定位的各项技术存在着各自的不足，缺乏抗干扰性，偶然的故障可能会导致整个系统无法工作，而多传感器组合的方式能够通过优势互补，克服各自的缺点，利用更多的信息提高测速定位的精度和可靠度，保证列控系统的故障-安全特性，如图 4.1 所示。

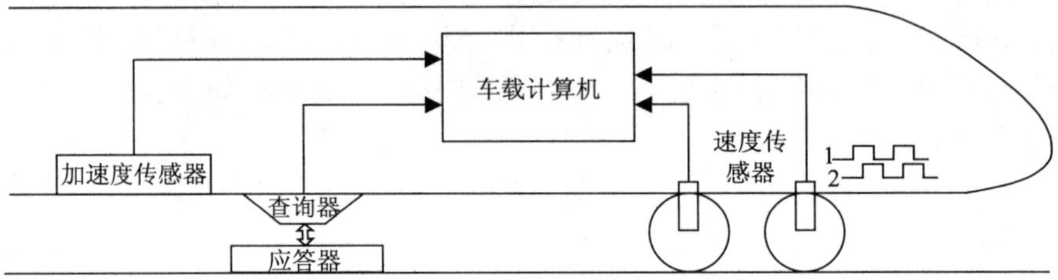

图 4.1　测速定位系统结构

二、速度监督与超速防护

城市轨道交通中，ATP 的速度限制分为两种：一种是固定限速，如线路设计的最大允许速度、列车车辆自身物理性能的最大允许速度等，固定限速一般是在设计阶段形成的；另一种是临时限速，如设备故障、线路维修、施工、自然灾害等引起的突发性限速，临时限速具有时效性。ATP 防护曲线是这些速度中的最具限制速度曲线，即线路速度、临时限速及模式限速等速度中的最小值，是各种限速中的最限制部分。

ATP 系统实时监督列车运行速度，并将实际速度与允许的运行速度比较，一旦列车实际行驶速度超过 ATP 允许速度，车载 ATP 系统发出警告并对列车实施常用制动，保证列车在限速点前将速度降低到允许值以内，并记录相关信息。如果列车已经实施满常制动，且在规定时间内列车的速度仍然超过允许速度，ATP 对列车实施紧急制动，将列车停在安全位置。

三、停车点防护

停车点又是危险点，是列车在任何情况下都不能越过的信号点，通常在停车点前方还需要设置一段防护距离。ATP 系统根据线路数据及列车运行状况计算列车制动曲线，监督列车运行速度，保证列车在停车点前安全停车。有时也可在停车信号点设置列车滑行速度(如 5km/h)，一旦需要，列车可在此基础上加速或者在停车点前停车。

四、列车追踪间隔控制

城市轨道交通行车密度高，列车间隔控制既能保证行车安全(防止列车追尾)，又能提高运行效率(列车间隔最短)。在固定闭塞信号系统下，列车间隔以闭塞分区为单位，依靠自动闭塞系统来保证；在准移动闭塞或移动闭塞信号系统下，闭塞分区长度与位置不是固定的，其随着前行的列车位置、后续列车运行速度以及线路参数(如坡度)而变化。

ATP系统实时计算列车的移动授权，在计算紧急制动触发曲线和移动授权时，需要考虑前行列车的位置，确保后续列车能在前行列车尾部的停车点前安全停车，从而保证系统内所有列车之间的安全间隔。

五、列车车门防护

列车运行或车站停车时，ATP系统监控车门的开启、关闭及锁闭状态。ATP系统检查打开车门所需的安全条件，只有所有条件都符合要求时才会发出打开车门命令，以保证乘客的上下车安全。ATP车门防护功能主要包括：防止列车在移动中打开车门；列车停稳后，防止司机或ATO错误打开车门；站台停车时，防止列车没有停在规定范围内而打开车门；防止列车在车门开启状态下启动。

六、站台屏蔽门控制

ATP轨旁设备连续监测屏蔽门的状态，只有在屏蔽门关闭且锁闭情况下才允许列车进入站台区域。如果屏蔽门状态不再为关闭且锁闭，则ATP轨旁设备将站台区域作为封锁处理，在封锁区域边界处设置防护点。接近列车从ATP轨旁设备得到仅至该防护点的移动许可，如果此时列车已经进入了站台区域，屏蔽门状态从关闭且锁闭发生了变化，ATP车载设备将触发紧急制动。

七、停稳监督

列车停稳是打开车门及站台屏蔽门的安全前提。为了确认列车已停稳，ATP车载设备利用测速传感器(如速度脉冲传感器、加速度传感器)的检测信息监控列车是否停稳。

八、后溜防护

ATP车载子系统监督与列车运行方向相反的任何移动，如果此方向的移动距离及次数超过规定值，车载ATP将触发紧急制动直到列车停止后溜。

九、其他功能

除上述主要功能外，ATP子系统还可具有其他一些功能。

(1)与ATO、ATS系统进行信息交换和处理。

(2)ATP子系统车载设备日检、事件记录和统计等。

(3)紧急停车功能。在特殊紧急情况下按压设在车站上的紧急停车按钮使列车启动紧急制动直到停止运行。

(4)给出发车命令。ATP系统检查有关安全条件(如车门是否关闭、司机操作手柄是否置于零位、ATO系统是否处于正常工作状态)，确认符合安全要求后给出发车信号。在人工驾驶模式下，司机在得到显示后即可进行人工发车；在自动驾驶模式下，ATO系统得到ATP系统发车确认信息后即可操纵列车自动启动。

第二节 ATP 系统结构

按车载设备及地面信息的交换方式，ATP 系统主要分为连续式和点式两类。

连续式 ATP 系统利用轨道电路或沿轨道铺设感应电缆，在列车与轨道间连续进行信息通信。由于连续式 ATP 系统时刻保持信息的传输，所以更接近司机操作的灵活性。装备连续式 ATP 系统的列车接近停车信号时，信号显示连续传递到车载设备，司机可以在某个适当的距离开始制动，一旦司机发现信号变化时可以灵活控制。随着无线通信技术的发展，基于无线局域网通信技术使得 ATP 系统能够双向连续通信，提高了 ATP 系统的准确率。

点式 ATP 系统只在特定的信号点进行地面和列车之间的数据通信，主要方式有地面应答器或感应环形。列车安装有接受天线，当列车通过信号点时，车载设备接收地面信号点发送的地面数据，完成列车运行控制。

点式 ATP 系统不如连续式 ATP 系统灵活。如列车通过地面信号点，接收到地面传送的停车信号，车载计算机立即计算制动起点；但如果地面信号发生变化，点式 ATP 不能及时得到新的信息，车载计算机数据不能及时更新，列车仍然保持之前计算结果，直到通过下一个信号点接收到新的数据才重新开始计算。

一、典型的基于无线 CBTC 信号系统的 ATP 子系统

在 CBTC 信号系统下，ATP 系统主要由车载子系统和地面子系统构成。

1. ATP 车载子系统

ATP 车载子系统是 ATP 系统中保障行车安全的关键设备，安全等级需要达到 SIL4 级。ATP 接收目标速度、目标距离、线路条件以及临时限速等信息，根据地面信息和机车信息，通过一系列运算计算出列车速度防护曲线，并与列车实际的运行速度比较，实时监督列车的运行情况，防止列车超速运行，保证行车安全。同时车载 ATP 设备根据地面区域控制中心传来的命令监督列车运行，控制列车制动，防止列车超速和冒进。车载 ATP 设备具有一系列输入输出接口，与 ATO、牵引制动装置等联系。

车载 ATP 与地面 ATP 设备相配合，完成速度、距离信息的接收和翻译，实现速度防护曲线计算、超速防护、列车定位、驾驶模式转换、车门监督、制动保证等功能。ATP 车载设备组成如图 4.2 所示。

ATP 车载子系统主要包括车载控制器、测速测距单元、地面信息接收单元、列车司机显示屏等。

(1) 车载控制器。

车载控制器(CC)是 ATP 车载子系统的核心，用于从 ATP 各个模块获取关键信息，确定列车的位置，根据轨旁提供的信息生成制动曲线，实时监控列车的运行速度，并与制动曲线的允许速度比较，如果超速则向列车输出制动命令，从而控制列车安全运行。

车载 ATP 系统属于安全苛求系统，需要达到 SIL4 级的安全等级。由于较高的安全性要求，在列车两端各安装一套独立的 ATP 设备，关键设备采用冗余结构，核心设备采用 3 取 2 或 2 乘 2 取 2 结构。

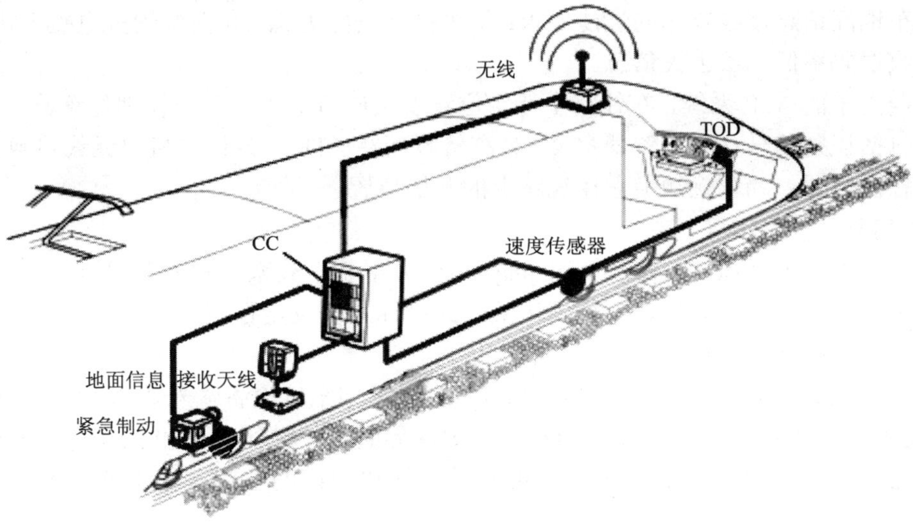

图 4.2　ATP 车载子系统设备结构

(2)测速测距单元。

速度和位置信息是保证列车安全运行的关键因素，测速测距的准确度和精度从根本上影响着城市轨道交通控制能力的安全和效率。ATC 系统必须时刻准确地掌握列车运行的即时速度和当前位置，以准确计算行车间距及最高允许速度，从而在保证安全的前提下，缩短行车间隔，提高运输效率。

常用的测速方法有速度传感器法、多普勒雷达法、加速度传感器法等。

速度传感器安装在轮轴上，轮轴每转动一周，传感器输出一定数目的脉冲。因此，脉冲频率和轮轴转速成正比，速度传感器将车轮的旋转转换为速度信号。速度传感器输出两个正交编码脉冲，利用相位偏差 90°可以检测行车方向，脉冲中连续两个上升沿间隔为一个脉冲计数，在此脉冲内列车走行距离为 d。速度传感器输出脉冲经滤波、整形后，输入车载计算机进行频率测量，进而计算列车的走行距离。速度传感器技术成熟、精度较高、安装使用简单方便，一般作为基准速度信息。但由于该方式以轮轴为采集对象间接获取列车的运行速度，所以运行过程中空转、打滑及轮径磨损会导致较大的测量误差，轮径也需要定期校准。

加速度传感器能够测量列车行驶过程中的加速度信息，车载计算机以此能够计算出列车的行驶速度与走行距离。加速度传感器安装在列车内部，工作精度不如速度传感器高，但不易受外界干扰，测量与轮轴状态无关。所以，当车轮空转或打滑时，可以利用加速度传感器作为测量源，轮轴工作正常后再以速度传感器为测量源。

(3)地面信息接收单元。

列车地面信息接收单元安装在列车底部，用于接收从地面传来的信息，校核后将正确的信息传输至安全计算机。根据所接收的信息格式、容量和处理速度等因素，列车信息接收单元可以设计为感应线圈或应答器等其他形式，以保证列车在一定的运行速度下能及时接收和处理收到的信息。

列车地面信息接收单元的性能要求：抗机械冲击能力强，有很好的抗电磁干扰能力，信息接收误码率低，不丢失信息。

如西门子的 ATP 系统，在线路上特定位置安装应答器用于列车物理位置检测，应答器发送包括识别编号(ID)应答器报文，列车接收后在 ATP 车载计算机单元线路数据库里存有应答器位置，列车就知道它在线路上的确切位置。

(4)列车司机显示屏。

列车司机显示屏(train operator display，TOD)用于车载系统和列车司机之间的交互，可以显示列车当前运行速度、列车到达某点的目标速度及走行距离、列车驾驶模式及有关设备的运行状况等与行车直接相关的信息。

列车司机显示屏由屏幕(输出显示)、按键(司机向车载设备输入数据/命令)、音响发生器(提供声音信息)等部分组成。司机可通过在界面上按键切换 ATP 的运行模式或设置相关信息。列车司机显示屏安装在司机便于操作和观察的位置，提供驾驶过程的参考信息。

车载控制器向其他车载模块传输司机号、车次号和列车运行状态，输出制动命令，向列车司机显示屏显示速度、状态、报警等信息，同时向记录单元传输列车故障信息和控制动作等信息。而应答器信息接收单元向安全计算机传输位置等信息，列车输入接口接收列车状态等信息。由此可见，安全计算机是车载 ATP 的中心处理模块，担负着最重要的处理过程。ATP 车载子系统各个模块之间的交互如图 4.3 所示。

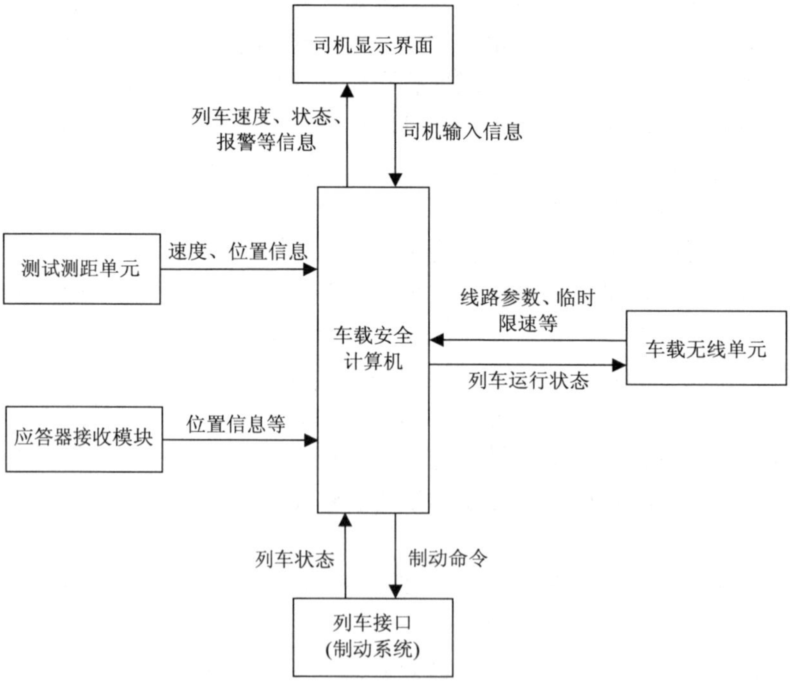

图 4.3　ATP 车载子系统结构

2. ATP 地面子系统

ATP 地面子系统的主要功能有列车安全间隔和生成报文功能。列车安全间隔功能负责保证列车之间的最小安全距离，报文生成功能负责从各个 ATP 轨旁设备中获取信息、整理数据并形成要传送到 ATP 车载设备的报文。

(1) 点式应答器。

在基于无线的 CBTC 信号系统中，在线路上间隔一定距离设置点式应答器，主要用于列车定位。

(2) 区域控制器。

区域控制中心是整个 ATP 地面系统的核心，其从信号机、道岔等处实时采集状态信息，包括列车位置、道岔状态等，并与列车自动监控系统进行信息交换，完成联锁的安全逻辑处理，为管辖范围内的列车计算并发送移动授权，保证列车在管辖范围内安全运行。

区域控制器(ZC)的核心任务是通过为管辖范围内的列车提供移动授权来保证列车的运行安全。当受控列车在区域内正常运行时，ZC 通过与车载设备通信获取列车的位置、运行速度及方向等信息，联锁将所排进路上的信号设备的状态信息及时地发送给 ZC，结合前方列车的位置、前方进路、临时限速及其他障碍物的条件等信息，ZC 周期性地为控制区域内的所有列车计算 MA，列车在 MA 的范围内按照移动闭塞原理控车。当列车运行到 ZC 的边界时，ZC 实现与前方 ZC 切换，为列车发送新的 MA，控制列车无间断运行。

二、基于环线传输的 CBTC 系统的 ATP 子系统

感应环线通信是基于数据的电磁传输，通常设于两钢轨之间，作为发送和接收天线。结合车载天线，感应环线能够实现车载设备和轨旁设备之间的双向通信。

交叉式感应环线通过交叉点可以作为列车的定位信息。列车经过交叉点时，接收信号的相位产生交换，列车根据此变换进行计数，进而计算出线路位置信息，这样就可以利用这个信息对列车定位数据进行误差修正。

从地面向列车传输的信息包括速度信息、线路条件、目标速度、目标距离、定位等；列车向地面传递的信息有列车位置确认信息、列车长度、速度、机车类型等。基于环线传输的 CBTC 系统实现了车地双向数据通信，通过地面控制中心和车载列控设备可以实现列车运行的闭环控制。

德国连续式列车自动控制系统 LZB 即采用环线的 CBTC 系统，LZB 地面设备配置图如图 4.4 所示。LZB 系统由轨旁设备 LZB L72 和车载设备 LZB 80 构成，车地通信采用基于感应环线的方式，车地之间信息传输的重复周期为每秒 14 次。地面设备由控制中心和环线系统构成。控制中心与调度中心、微机联锁、相邻控制中心交换数据，并通过环线与列车交换数据，控制列车运行。所有固定数据如线路参数、固定限速等都储存在 LZB 中心。联锁系统向控制中心发送信息显示、道岔设置及其他数据的同时，列车也向控制中心发送车载设备的数据，如列车位置、列车长度、运行速度等。区间列车占用检查是通过区间轨道电路或计轴设备等完成的。根据上述数据，控制中心确

定每列列车的最大速度，指挥列车运行。德国 LZB 系统列车速度–距离方式示意图如图 4.5 所示。

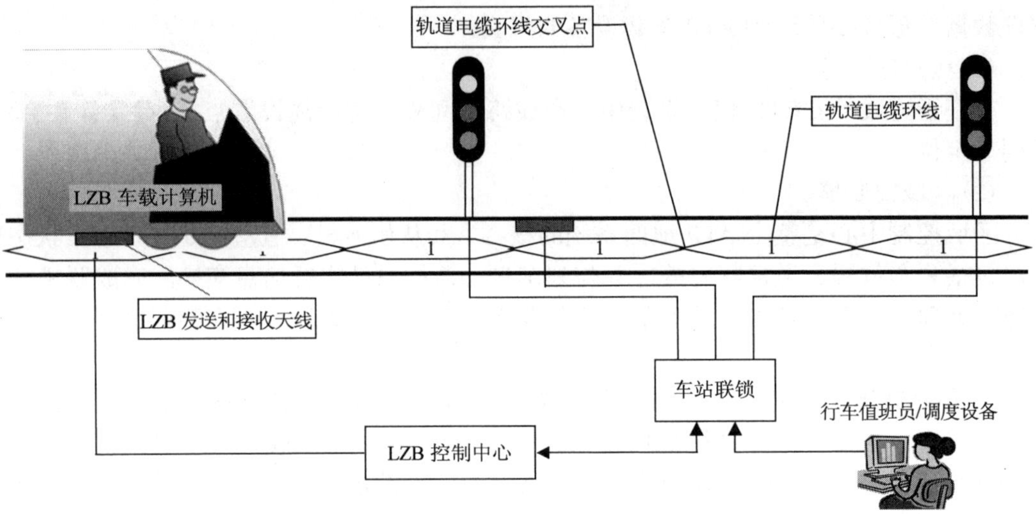

图 4.4 LZB 地面设备配置示意图

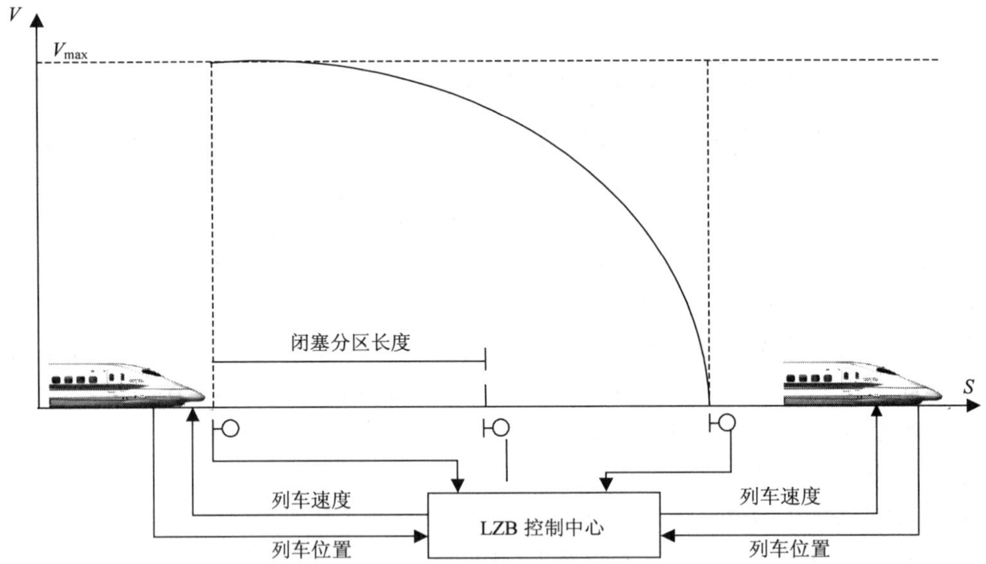

图 4.5 德国 LZB 系统列车速度–距离方式示意图

在 LZB 系统中，每个 LZB 地面控制中心最长可以控制 12.7km 的环线，每个短回线发送接收单元的环线长度为左右各 300m，环线每 100m 交叉一次，进行电气补偿，同时车载设备经过交叉点时信号相位产生变化，以此可以确定列车的实际位置。

三、基于应答器的点式 ATP 系统

基于应答器的点式 ATP 系统是一种在特定位置点传递行车信息，车载控制器对接收到的地面信息进行处理，控制列车安全运行的系统。

点式 ATP 系统由地面设备和车载设备组成，地面设备包括地面应答器及 LEU 等，车载设备包括测速传感器、应答器接收天线等。

地面应答器通常设置在信号点旁或设置在一段需要降速的缓行区域始端和终端，应答器内部按协议储存列车需要的行车信息，当列车驶过应答器时，车载应答器接收天线接收地面应答器中储存的地面数据。LEU 是地面应答器与信号点之间的电子接口设备，其将不同的信号转换为约定的数据形式并传递给应答器。车载设备根据地面应答器传递给列车的信息(如目标距离、线路条件等)，结合列车自身的性能，计算两个信息点之间的速度控制曲线，对列车实施超速防护。

点式 ATP 能够有效实施超速防护，控制列车运行，满足铁路信号故障-安全原则，且点式 ATP 系统结构简单，成本低廉，而且安装灵活，安全可靠，使用及维修方便。

第三节　ATP 安全制动模型

列车车载 ATP 安全制动模型是实现列车自动防护功能的核心，通过安全制动模型，车载 ATP 能够实时监控列车的运行速度，保证列车能够在防护点的前方安全停车。

IEEE 标准 1474.1 分析了一个典型的 CBTC 系统安全制动模型，如图 4.6 所示。(注：该图并不是按比例绘制，只是为了便于理解，而且安全制动级数也需要根据具体轨道线路情况进行调整。)

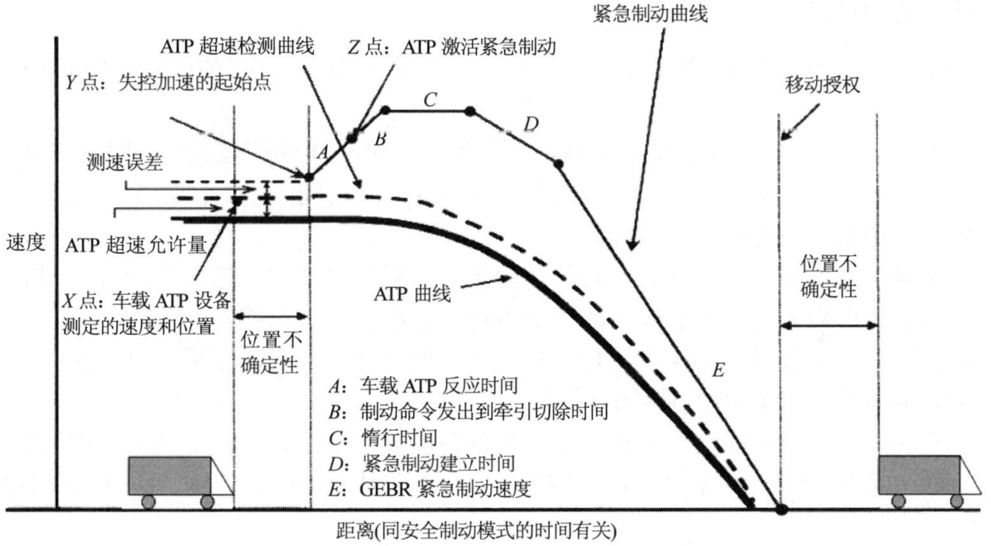

图 4.6　典型的 CBTC 安全制动模型

一、安全制动模型

安全制动模型由紧急制动曲线、ATP 超速检测曲线、ATP 曲线构成。

在图中紧急制动曲线是以最坏的情况进行绘制的，为开环速度/距离曲线。列车速度在 ATP 的防护下，一旦启动紧急制动，列车需要遵守此曲线。紧急制动曲线的目的是使列车的速度快速降为零，其需要考虑列车紧急制动的减速度、列车当前防护点、线路条件和最具限制的速度曲线等。紧急制动曲线必须小于或等于安全速度曲线。安全速度是指超过该速度可能会发生危急情况的速度，如脱轨或碰撞。

在该模型中，紧急制动曲线是根据保障性紧急制动率(guaranteed emergency brake rate，GEBR)计算得出的。GEBR 是指综合一系列环境条件和列车在最坏行驶条件下制动设备失效时，列车在正线行驶所达到的最小紧急制动水平，其中包括了对最大载客量(合理的冰雪路面条件)、最小黏着力和最大顺风等因素的考虑。在此模型中，绘制紧急制动曲线时考虑了安全因素，CBTC 系统设计中也包含了列车的位置不确定性和其他的测量误差，所以不再需要额外的安全裕量。

ATP 超速检测曲线是速度-距离曲线，是根据紧急制动曲线计算得到的。如果 ATP 子系统检测到当前位置的列车速度超过了该曲线的允许速度，ATP 子系统立刻启动紧急制动，并使列车能够在紧急制动曲线以下制动运行，保障列车的运行安全。一旦启动紧急制动，ATP 子系统就不再存在于控制回路中，列车将沿紧急制动曲线或在其下进行紧急制动。在牵引力撤销之前，紧急制动曲线还包括一段撤销牵引力时间。ATP 超速检测曲线需要考虑 ATP 的反应延迟时间、紧急制动触发后的牵引切断时间和紧急制动生效时间等。

ATP 曲线也是速度–距离曲线，它是位于 ATP 超速检测曲线下面的 ATP 超速允许曲线，是 ATP 子系统所使用的基本曲线。

二、紧急制动过程

列车紧急制动分为 3 个阶段：牵引阶段、惰行阶段和制动阶段，如图 4.6 中 *A-B-C-D-E* 所示。

A-B 阶段：列车在启动紧急制动前，由于车载 ATP 设备响应延迟，同时 ATP 检测到列车超速后发出取消牵引命令，但该命令响应需要一定时间，*A-B* 阶段表示列车在此段时间内继续牵引、加速运行的过程。

C 阶段：在牵引力得到抑制、紧急制动之前，列车设备由于延迟不能立即制动，该阶段是牵引力由最大到零的过程，即牵引力切断过程和惰行过程。

D-E 阶段：紧急制动率从 0 到 GEBR 需要一定时间，*D* 阶段是紧急制动建立过程，而 *E* 阶段则是列车以 GEBR 制动的过程。

安全制动曲线是根据列车制动性能、线路条件等因素，采用列车牵引计算得到的。通过列车安全制动曲线，车载 ATP 能够实时地监控列车的运行速度，保障列车的安全运行。

(1) 车载 CBTC 系统反应时间(*A*)。

车载 CBTC 系统反应时间是指列车从输出制动到设备真正输出控制命令之间的一定

时间延迟。

每隔 A 秒(最坏情况下)，CBTC 将检测列车的速度和位置(与其移动授权相关的)，并将检测到的速度与在 ATP 曲线上该位置的速度相比较。

如图 4.6 所示，点 X 表示 CBTC 检测到的列车运行速度低于 ATP 超速检测曲线在 ATP 列车定位处的速度的情况。也就是，即使 ATP 检测的速度超过了 ATP 曲线允许的速度，但该速度仍在 ATP 超速允许范围之内，即列车运行速度没有超过该位置上 ATP 允许的最大超速速度，CBTC 系统就不会启动紧急制动。然而，由于最不利情况下的速度和位置检测的误差(位置不确定性)，真实的列车速度和位置可能在点 Y 处。在这个点，司机或 ATO 子系统试图将列车的速度降到 ATP 曲线速度之下，然而发生了故障导致列车加速而不是制动。A 秒后，这种情况就可被 CBTC 系统(图 4.6 中点 Z)检测到，此时系统检测到的列车运行速度很明显超过 ATP 超速检测曲线，CBTC 系统将立即启动开环的紧急制动。因此，点 Z 处的速度代表了列车在受 CBTC 系统最不利情况的反应时间和检测误差的影响而能够达到的超出 ATP 曲线的最大速度。在这一点，安全制动模型的剩余影响仅取决于车载特性。

(2)牵引取消反应时间(B)。

该过程是一个失控加速过程，列控系统输出制动命令到完全切除牵引力之间有一定的延续时间。在最不利情况下，列车在这个过程中以最大加速度运行。

在此期间(图 4.6 中标记为 B)，由于牵引还在，列车继续加速，直到牵引系统无效，以准备系统紧急制动。

(3)惰行时间(C)。

在安全制动模型中的 C 段，假设列车在牵引力撤销前一直加速运行达到最高速度，列车以此最高速度惰行。当紧急制动开始生效时，该部分结束。此部分是牵引力切断过程和惰行过程，是牵引力由最大到零的过程。

(4)紧急制动建立时间(D)。

该部分是制动建立的过程，是制动由开始制动到完全实施制动的过程。在紧急制动模型中的 D 段，紧急制动率从 0 至少上升到 GEBR。

(5)以 GEBR 制动率紧急制动(E)。

该部分是制动实施过程。列车在 GEBR 制动曲线的控制下制动，直至减速到零。在紧急制动模型中的 E 段，列车继续在 GEBR 下减速，直到列车速度降为零。

三、ATP 防护原理

由于紧急制动的目的是使列车尽快停车，其会利用列车全部的制动能力，作用比较迅猛，所以紧急制动会损害机车车辆，加速轮轨间的磨损，不利于司机及乘客的安全，对整个系统造成不利的影响。在具体实施时，通常在 ATP 超速检测曲线与紧急制动曲线之间增加常用制动功能。相比紧急制动，常用制动比较缓和，制动时产生的冲击也比紧急制动小，而且制动力可以调节。通常常用制动用于调节或控制列车速度，包括进站停车。

列车自动防护的基本原则是保证列车行驶速度不超过最大允许速度，并在此基础上尽量减少对司机驾驶过程的干扰。车载 ATP 系统根据收到的移动授权信息计算列车的常用制动曲线和紧急制动曲线，根据收到的临时限速信息并结合车载线路数据库计算列车运行的最大允许速度，提供列车间隔保护及速度防护，满足正向行车的设计行车间隔和折返间隔。

在列车运行过程中，ATP 车载计算机动态计算并连续地监控列车运行速度并和最大允许速度比较，当列车的行驶速度接近允许速度时，ATP 触发减速警告；当列车速度达到或超过允许速度时，列车由 ATP 控车并根据计算判断当前应该实施常用制动还是紧急制动。采取常用制动模式时，列车速度低于允许速度，ATP 发出缓解信号，允许司机缓解；如果实施常用制动一段时间后，列车行驶速度仍等于或高于允许速度，ATP 实施紧急制动。当采用紧急制动时，ATP 采用紧急制动率将列车速度降至零，使列车在安全点之前停车。列车停稳后发出缓解信号，允许司机缓解。

四、位置不确定性

安全制动模型必须包括在 CBTC 系统对前行列车和追踪列车测量存在误差的情况下的最大距离。

列车速度防护是一个十分复杂的过程，速度调整时需要考虑列车运行的安全性、旅客的舒适性、准点性、节能性等要求。

第四节　ATP 速度防护模式

列车速度防护模式指为了保障列车行车安全，对列车运行速度进行安全监控的一种方式，其与行车安全、列车驾驶、运营效率、运输组织模式等密切相关。

按照列车速度防护模式，列控 ATP 可以分为阶梯速度防护模式和曲线速度防护模式两种类型。阶梯速度防护模式又可以分为入口速度检查方式(日本早期新干线 ATC 系统)和出口速度检查方式(法国 TVM300 系统)，曲线速度防护模式又可以分为分级曲线防护模式(法国 TVM430 系统)和目标-距离防护模式(日本新干线数字 ATC、德国 LZB 系统)。

在不同的闭塞制式下，列控系统采用的 ATP 防护模式也可能各不相同。

一、固定闭塞信号系统下 ATP 防护模式

固定闭塞信号系统下，ATP 系统使用分级速度防护模式。分级速度防护模式是将闭塞分区的速度分级，每个闭塞分区都设定一个固定的目标速度，相邻两个闭塞分区之间的限速存在一个速度差值，其对应的信号显示表达了这个速差意义。列车速度防护模式采用阶梯速度防护模式或分级曲线防护模式。

1. *阶梯速度防护模式*

阶梯速度防护模式中，每个闭塞分区都设定一个固定的目标速度，即列车的最大允许速度。列车在区间运行时，接收的是当前闭塞分区的目标速度，无论列车处于闭塞分区何处都以此固定速度值判定列车是否超速。

阶梯速度防护模式可不需要距离信息，只要在停车信号与最高速度间增加若干中间速度信号，即可实现阶梯速度控制方式，其所需信息量少，设备也相对比较简单，是早

期传统的控制方式。

当列车进入下一个闭塞分区时，如果接收到的目标速度小于当前速度，列车实际运行速度超过了闭塞分区的目标速度，阶梯速度防护曲线产生突降，列车撞墙，需要减速或停车。但此时采用紧急制动将列车停下来是不合理的，因为列车距离停车点或闭塞分区出口还有一段距离，属于正常运行工况，所以这种情况属于假撞墙，如图 4.7 所示。

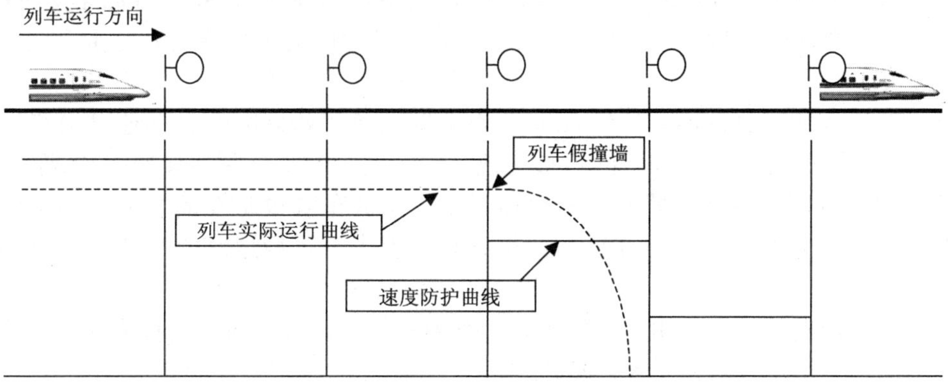

图 4.7　阶梯速度防护的假撞墙

解决假撞墙常用的方式有入口速度检查方式和出口速度检查方式。入口速度是指进入闭塞分区的速度，出口速度是指离开闭塞分区的速度。

(1) 入口速度检查方式。

入口速度检查方式是一种速度分级、入口制动、自动缓解的控制方式。列车进入闭塞分区时，接收当前闭塞分区的目标速度，车载 ATP 根据此速度值生成速度防护曲线，并立即以此速度检查列车是否超速，一旦列车超速，则系统立即进行制动使列车速度降低到目标速度以下。在该种控制方式下，需要在列车停车点前设置一个地面环线或应答器设备，用于防止列车冒进信号。入口速度检查方式要求列车制动系统连续多次制动后制动力不衰竭，其原理示意图如图 4.8 所示。

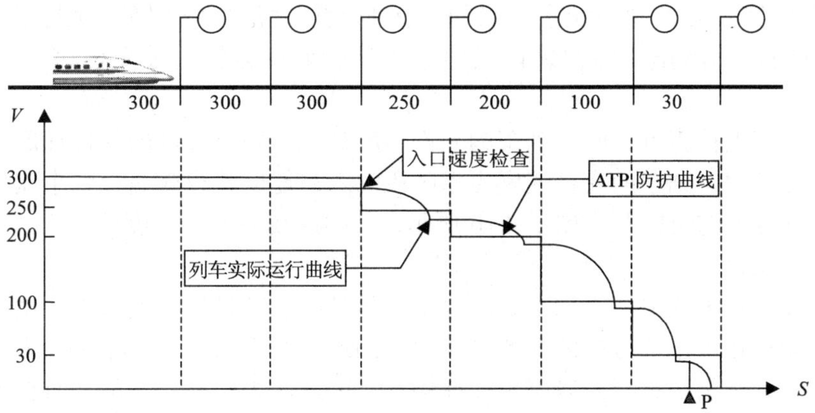

图 4.8　入口速度检查方式

日本新干线传统 ATC 系统采用这种方式。列车离开每个闭塞分区前必须把速度降至目标速度以下，不然设备自动引发紧急制动，所以入口速度检查方式对出口速度进行了控制，不会冒出闭塞分区。

(2) 出口速度检查方式。

同入口速度检查方式一样，出口速度检查方式也为每个闭塞分区设定了一个固定的目标速度值。出口速度检查方式中，每个闭塞区段的速度有允许速度/目标速度的意义，本闭塞分区的允许速度为该分区的入口速度，本闭塞分区的出口速度则是下个闭塞分区的允许速度。

当列车进入闭塞分区时，车载 ATP 并不根据当前闭塞分区的目标速度设置速度防护曲线，而是依据上一闭塞分区的目标速度；列车进入闭塞分区后按照允许速度运行，但必须在闭塞分区内将速度降到目标速度以下，ATP 车载设备在闭塞分区的出口处检查列车运行速度是否大于允许速度。如果列车速度大于目标速度，车载设备自动进行制动。

出口速度检查方式是在闭塞分区末端检查列车运行是否超速，又称为滞后速度控制方式。出口速度检查方式如图 4.9 所示。

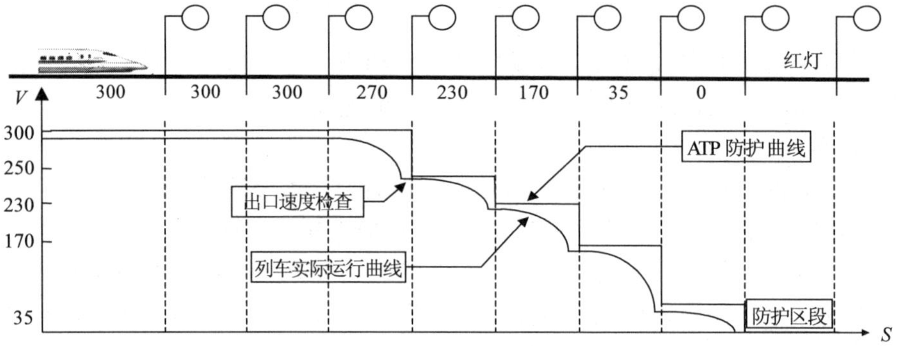

图 4.9　出口速度检查方式

法国 TVM300 列控系统采用此种防护模式。TVM300 是早期产品，系统结构简单，是以人控优先的控制系统。如果司机按照允许速度操纵列车，ATP 车载设备不会干预司机的正常操作；但如果司机违章操作或列车运行超过允许速度，设备将自动实施制动。

采用入口速度检查方式时，列车的允许速度是当前闭塞分区的目标速度；而采用出口速度检查方式时，列车的允许速度为本区段的入口速度，也就是上一个闭塞分区的目标速度。两种方式的防护曲线如图 4.10 所示，其中虚线为入口速度检查方式，实线为出口速度检查方式。

出口速度检查方式中，当列车到达停车信号处时，其目标速度为零，由于出口检查的滞后性，列车在停车信号处才开始检查实际的速度是否为零。如果不为零，设备进行制动，此时，列车需要走行一段距离才能停车。因此，为保证列车能在目标停车点前安全停车，出口速度检查方式需要在停车信号处增加一个闭塞分区作为保护区段，俗称双红灯防护。而采用入口速度检查方式时，则不需要增加此闭塞分区。保护区段对线路的通过能力有一定的影响，降低了运输效率。

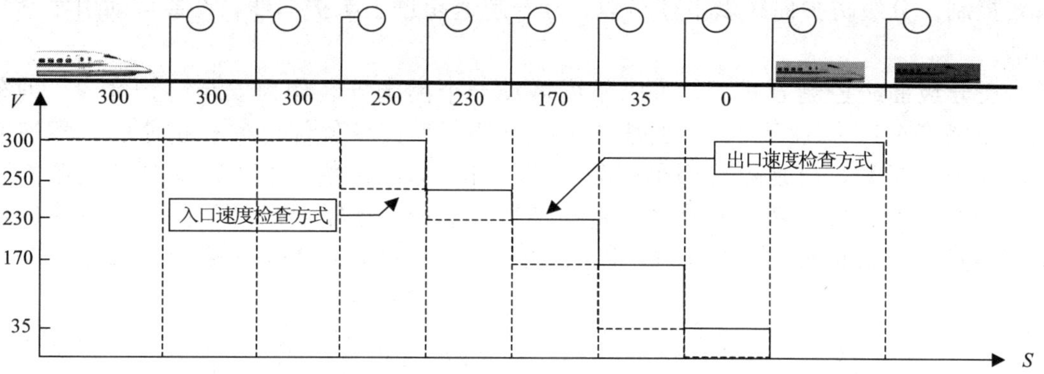

图 4.10　阶梯速度防护模式比较

2. 阶梯速度防护模式的特点

阶梯速度防护模式的主要优点是结构简单、地车传输的信息量小、不需要知道列车的准确位置、只需要知道列车占用的区段即可。

阶梯速度防护模式有以下特点。

(1) 前后列车均以闭塞分区作为列车定位的基本单位。

(2) 在一个闭塞分区内，车载设备以一个固定的速度判定列车是否超速。

(3) 闭塞分区长度按照制动性能最差的列车设计。

阶梯速度制动模式主要存在以下问题。

(1) 制动距离。由于线路上运行的行车制动性能各异，为了确保运行安全，系统以制动性能最差的列车来确定制动距离，这对于制动性能好的列车来说是个损失，影响提高行车密度。

(2) 舒适度。ATP 制动控制时，只进行制动和缓解两种操作，不调整制动力大小。列车减速度变化大，旅行舒适度差。

(3) 追踪间隔。多段制动时，每个闭塞分区都要考虑列车从入口速度降低到出口速度的制动距离。列车实际的减速过程包括列车在接收信号设备信息的反应时间及制动动作的空走时间中的走行距离，此外还要在防护点之前设置一定的安全距离。如果列车从当前速度分四段降到零速，则存在四个空走距离和四个安全距离。而如果采用一次制动，则只需要一个空走距离和一个安全距离。所以分段制动方式增加了列车追踪间隔。

3. 分级曲线防护模式

分级曲线防护模式和阶梯防护模式一样，每个闭塞分区规定一个目标速度。地面设备传送给车载设备的信息是下一个闭塞分区的速度、距离和线路条件。每个闭塞分区入口速度（上一个闭塞分区的目标速度）和出口速度（本闭塞分区目标速度）用曲线连接起来，形成一段连续的控制曲线，即为每个闭塞分区计算出一条速度防护曲线。因为曲线代替了阶梯控制线，所以闭塞分区允许速度的变化变得连续，这种方式没有提供至目标点的全部数据，所以系统生成的数据是分级连续制动模式曲线，列车从最高速到零速的列车控制减速线由一条条不连贯的分段曲线组成。列车实际的运行曲线只要控制在分级防护曲线以下就可以，万一超速超过了防护曲线，设备自动引发紧急制动。

在分级曲线控制方式下，可以不用增加一个闭塞分区作为安全防护区段。列车在一个闭塞分区中运行时，在曲线控制方式下，列控设备判定列车超速的目标速度不再是一个常数，而是随着列车行驶不断变化，即距离的函数。因此列控设备需要进行列车牵引计算，除了需要接收目标速度信息外，还需要闭塞分区长度及换算坡度等信息。分级曲线防护模式如图 4.11 所示。如法国 TVM430 采用分级曲线防护模式。

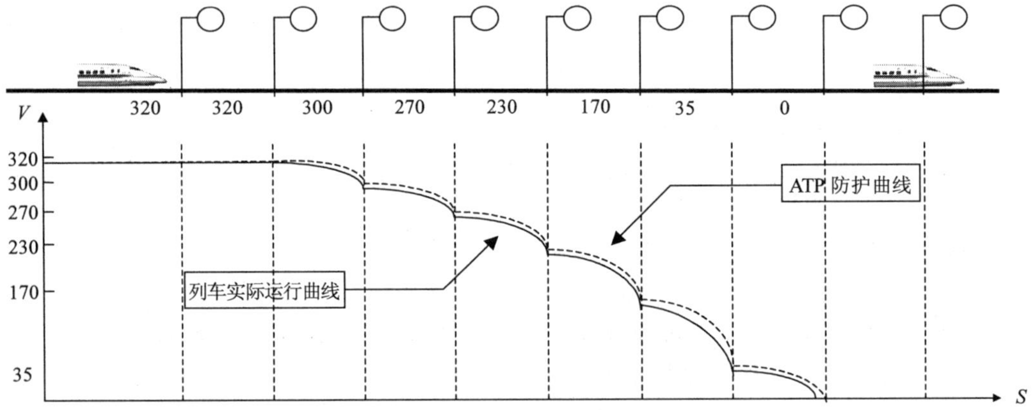

图 4.11 分级曲线防护模式

二、准移动闭塞信号系统下 ATP 防护模式

在准移动闭塞信号系统下，ATP 系统采用目标–距离控制模式，即连续式一次制动速度防护模式，如图 4.12 所示。目标–距离控制模式不再为每个闭塞分区设定固定的目标速度，地面设备向列车发送前方列车的位置、临时限速等动态数据，以及线路条件等固定数据，车载 ATP 根据目标距离、线路条件及列车自身的性能确定列车的防护曲线，实行一次制动控制方式。

准移动闭塞信号系统中，列车追踪的目标点是前行列车所占用闭塞分区的入口(不论列车在闭塞分区何处)。在同一闭塞分区内，安全停车点相对固定，不随前行列车的走行而变化。但制动的起始点随着线路参数及列车自身性能的不同而变化。由于目标点相对固定，所以当前行列车在同一闭塞分区内走行时，一次制动控制曲线相对稳定。当前行列车出闭塞分区时，由于目标点瞬间前移，目标距离突然改变，需要重新计算控制曲线，一次制动曲线会产生一个跳变。

目标–距离控制模式需要大量的信息来进行列车定位和确定线路情况，也不需增加一个闭塞分区作为安全防护区段，其缩短了运行间隔，提高了线路的通过能力及运输效率，增加了旅行舒适度，是一种更理想的运行控制模式。

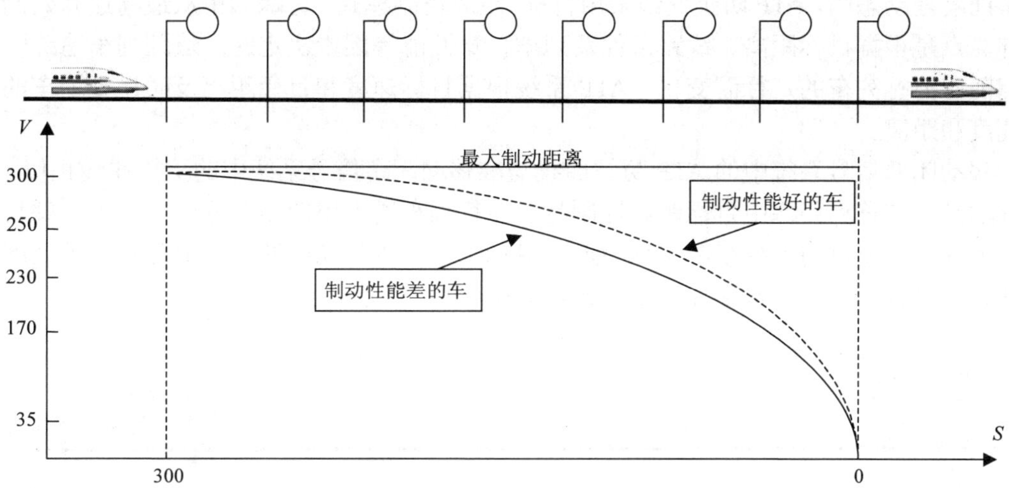

图 4.12　准移动闭塞信号系统下 ATP 防护曲线

欧洲 ETCS1~2 级、日本数字 ATC、中国 CTCS1~3 级列控系统和德国 LZB 系统都采用目标-距离控制模式。

连续式一次制动过程中，列车制动过程需要考虑的最大安全制动距离 S 包括：车载设备接收地面信号的反映时间内列车的走行距离 S_1；列车制动响应时间内列车的走行距离 S_2；制动距离 S_3；防护点之前留有的安全距离 S_4。所以，$S=(S_1+S_2+S_3+S_4)$。分级曲线防护模式中，每个闭塞分区内的制动可以看成是一个一次制动过程，$S=(S_1+S_2+S_3+S_4)\times n$，$n$ 为列车从最高速度停车制动所需分区数。两种防护模式如图 4.13 所示。

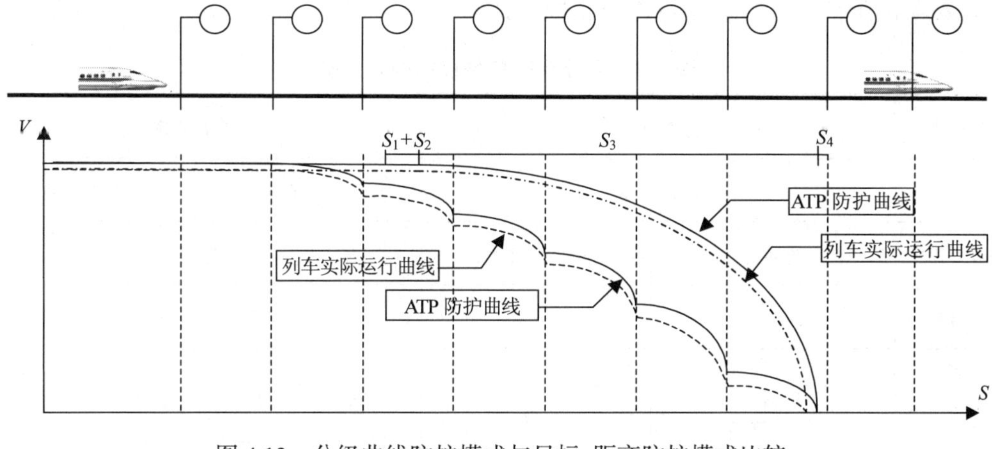

图 4.13　分级曲线防护模式与目标-距离防护模式比较

三、移动闭塞信号系统下 ATP 防护曲线

在移动闭塞中，追踪列车追踪的目标点是前行列车的尾部(留有一定的安全距离)，

列车间隔是动态的，ATP 防护曲线采用目标–距离控制模式。追踪列车从最高速开始制动的计算点是根据目标距离、线路条件及列车自身性能等因素决定的。追踪列车追踪的目标点随着前行列车的走行而变化，ATP 系统根据目标速度和目标距离及时调整列车的行车速度和距离。

移动闭塞信号系统中的 ATP 防护曲线与准移动闭塞信号系统中的防护曲线相似。但不同的是，准移动闭塞中目标距离控制是以前行列车所占用的闭塞分区入口为追踪目标点，而移动闭塞以前方列车的尾部为追踪目标点，所以移动闭塞中，追踪列车的速度控制曲线不会像准移动闭塞那样产生跳跃，如图 4.14 所示。

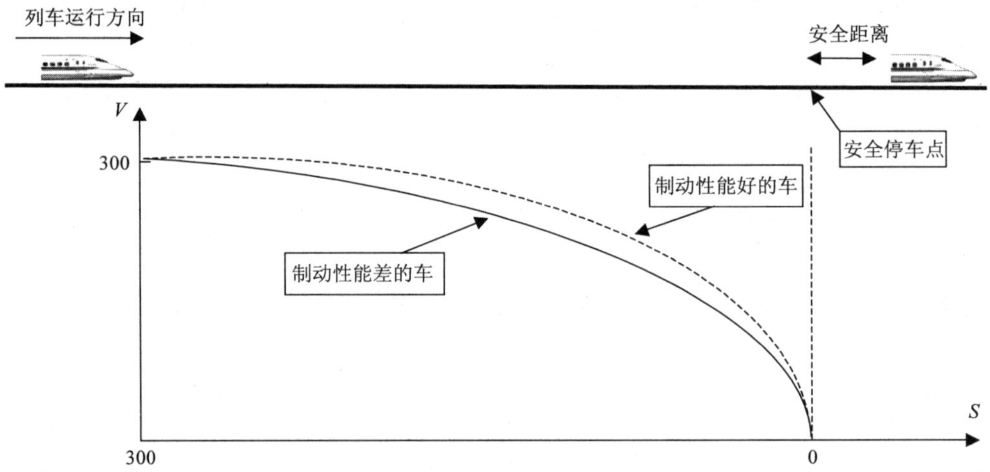

图 4.14　移动闭塞信号系统下的 ATP 防护曲线

如表 4.1 所示为列控系统各种控制模式比较。

表 4.1　列控系统各种控制模式比较

防护模式	分级速度		目标-距离	
闭塞制式	固定闭塞		准移动闭塞	移动闭塞
控制方式	阶梯式	分级曲线式	一次连续式	
信号显示	速差式	速差式	速度式(连续式)	
制动模式图示	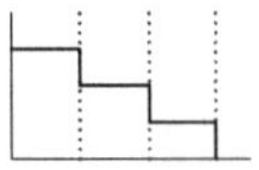	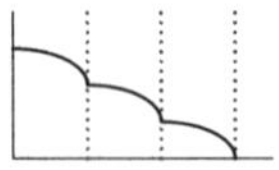	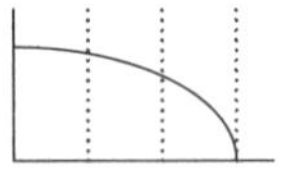	
列车运行间隔	出口检查 XL+1L 入口检查 XL	设为对照值 XL	一次连续制动始点可变 小于 XL	移动闭塞更小于 XL

注：表中 XL 为若干个闭塞分区

第五节　ATP 实例——成都地铁 1 号线 ATP 系统

成都地铁 1 号线是成都第一条地铁线路，也是中国中西部地区第一条开通运营的城市地铁线路。1 号线一期工程为成都地铁 1 号线初期建设线路，全长 18.5km，共设 17 座地下车站，较大程度地减少了地面交通压力，缓解了沿线区域交通紧张的矛盾，改善了居民出行条件和乘车环境。

成都地铁 1 号线采用了浙大网新与美国 USSI 公司提供的无线 CBTC 信号系统和设备，其保留了信号系统积累百年的安全内核和机制，同时又引入了新的技术。1 号线信号系统采用移动闭塞的制式，具备 ATP 防护、ATO 驾驶和后备的点式 ATP 防护功能。

一、ATP 设备结构

ATP 设备主要包括车载 ATP 及轨旁。其中车载设备配置如图 4.15 所示。ATP 信号设备主要由 3 取 2 冗余结构的轨旁分布式区域控制器(ZC)和车载控制器(CC)组成，同时还包括轨旁应答器、速度传感器、加速度计、TOD、移动无线电台(MR)及应答器读取天线等。其中区域控制器，全线配置 2 台；车载控制器，列车每端配置一套。

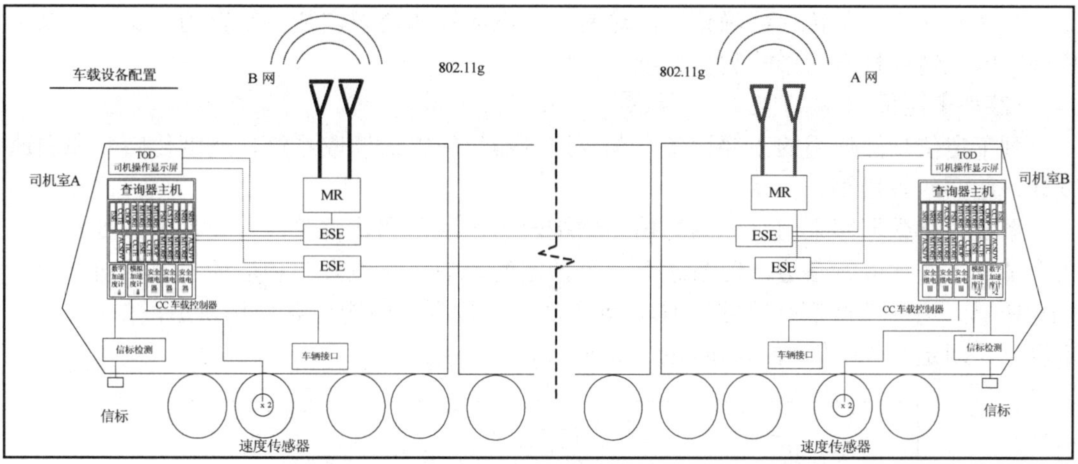

图 4.15　成都地铁 1 号线车载设备配置

车载设备主要负责：①报文的接收；②速度监督；③故障模式处理；④距离测量；⑤速度测量；⑥诊断、记录；⑦同诊断、服务 PC 进行通信、交换数据；⑧同 ATO 车载单元进行通信、交换数据；⑨具有故障–安全特性的列车数据的输入；⑩具有故障–安全特性的输入、输出；⑪运营模式；⑫倒退车辆的监督；⑬报文传输故障时间及走行距离的监督等。

二、ATP 功能

ATP 作为整个 ATC 系统的安全核心，负责整个 ATC 系统安全相关的所有工作，成都地铁 1 号线 ATP 子系统功能主要包括：①负责列车间的安全间隔和超速防护，包括速度测量、列车定位、计算移动授权并执行速度监督；②车门、屏蔽门的监督检查和开启授权；③列车完整性监督；④前溜和后溜防护；⑤防淹门的防护；⑥停车保证功能。

(1) 速度测量。

在成都地铁 1 号线中，速度测量功能使用的主要设备有车载控制器(CC)、速度传感器和加速度计。CC 根据速度传感器检测到的车轮转动信息以及加速度计的补偿信息，实时计算列车的速度。其中，速度传感器安装在车轴上，实时测量车轮的转动，进而计算列车的运行速度；加速度计安装于 CC 机柜的底部，用于对列车的空转、打滑进行监督和补偿，包括两个数字加速度计和两个模拟加速度计，以避免共模故障。

①空转和打滑。CC 会对速度传感器和加速计输入数据的一致性进行检测。当发现空转/打滑现象时，CC 会根据加速计上的实际加速率或减速率计算速度值，并作为列车实际运行速度。在经过并检测到应答器时，列车的位置将得到校正。

②轮径补偿。CC 通过在静态线路数据库中定义的两个静态应答器，从速度传感器得到的车轮走行的距离(车轮转动的圈数)和数据库中这两个静态应答器的固定间距进行比较，从而计算出车轮的精确轮径。这两个静态应答器要求安装在平直的轨道上，以避免列车的空转或打滑而影响测量精度。

(2) 列车定位。

列车定位功能使用的主要设备有车载控制器、应答器读取系统、速度传感器和加速度计、地面应答器等。

系统线路数据库采用有向图的拓扑结构表示。道岔和轨道等信号设备用节点表示，两个节点之间形成一条边，每条边有一个预定的方向，轨道方向和边的方向相同，如图 4.16 所示。边和节点都有单独的 ID，列车所在的位置和轨旁设备使用轨道段 ID 和偏移量表示，即定义为<边，偏移量>的向量形式。

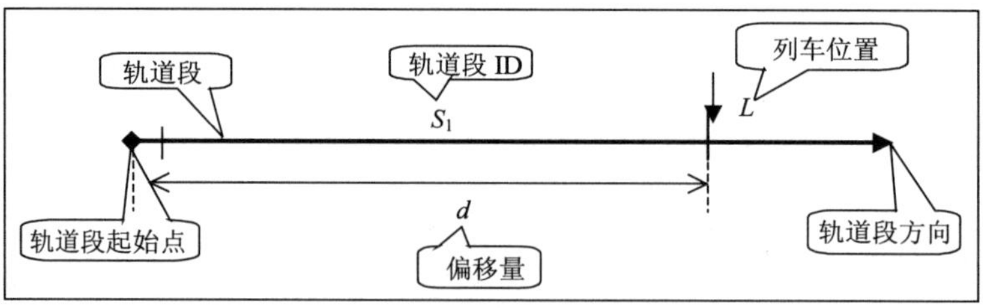

图 4.16　轨道段的有向图结构

如图 4.17 所示，从成都地铁 1 号线文殊院站到骡马市站，列车 1 和列车 2 可以分别用<+e4，156>和<–e2，236>表示。

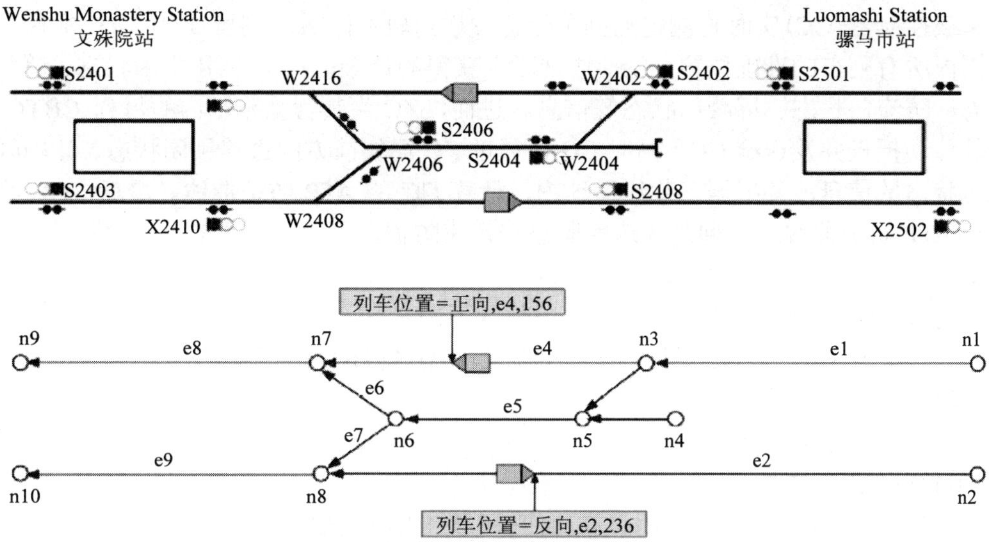

图 4.17　有向图拓扑结构

CC 根据列车的实时运行速度和运行时间确定偏移量 d，并根据地面定位应答器的信息修正位置偏差。具体方式如下。

①车载控制器通过初始化定位应答器，确定进入系统时的位置。

②根据实时检测的列车速度及时间，计算列车的走行距离，并在通过地面定位应答器时，对列车的位置进行校正。

③列车顺序通过连续、至少间隔 34m、无岔区段上的两个静态应答器完成列车的初始化定位。

列车定位过程不依靠车地无线通信、ZC 以及联锁子系统。

由于传感器测量等误差，车载 CC 计算的列车走行距离也存在误差，计算得到的当前位置属于非安全位置。安全位置需要在车头、车尾加上一段安全距离，如图 4.18 所示，这样列车的虚拟长度增加。其中，安全位置用于 ATP 功能，非安全位置(列车最有可能的位置)用于 ATO 功能。

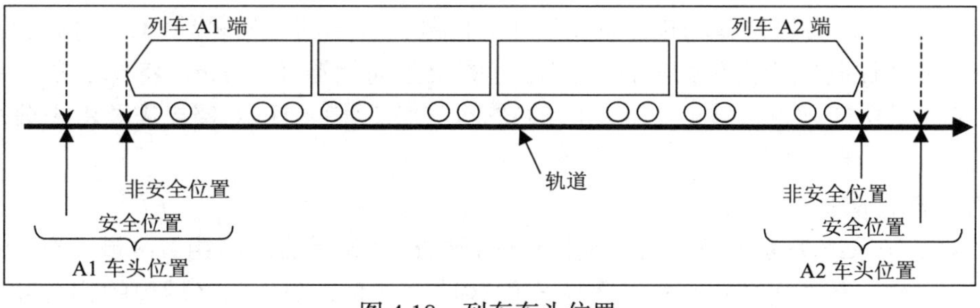

图 4.18　列车车头位置

CC 计算上述位置及位置的不确定性，并发给 ZC 和 ATS，用于 ZC 为后续列车计算移动授权和 ATS 追踪。

(3) 移动授权、速度监督和防护。

车载控制器(CC)实时将测定的列车位置发送给轨旁区域控制器(ZC)，ZC 掌握其管辖范围内所有列车的准确位置，包括通过联锁获得的计轴区段的占用/空闲状态、道岔锁闭状态、防淹门状态、屏蔽门状态等信息。进而，ZC 为其管辖范围内的每列 CBTC 列车计算移动授权并发送给 CC。同时 CC 也通过 ZC 得知前方的进路锁闭状态、计轴区段等轨旁状态的信息，并根据车载线路地图，计算 CC 的 ATP 防护曲线。最后，CC 将根据这个 ATP 防护曲线进行列车的速度监督和超速防护。

确定移动授权时，需要考虑以下因素。

①前方 CBTC 列车的末端，需要考虑位置不确定性。

②前方非 CBTC 列车占用计轴区段的后方空闲区段的末端。

③轨道终点。

④未锁闭进路的始端。

⑤封锁区段的边界。

⑥其他禁行区域(如紧急关闭、安全门打开时的站台区域)。

(4)车门、屏蔽门的监督检查和开启授权。

通过与车辆的接口，CC 实时检查车门的状态。如果在列车运行中，车门关闭信号丢失，列车将施加 FSB。如果 CC 发现前方车站的屏蔽门未处于关锁状态，将不允许列车进入车站。列车停站时，当未检查到屏蔽门关闭之前，CC 将不允许列车启动。

CC 发送车门和屏蔽门开门允许信号前，需检查以下条件。

①列车处于零速状态。

②列车已对准站台的正确位置。

③列车已切除牵引。

④列车已实施常用制动。

如果所有条件都满足，正确侧的列车车门将会接收到开门指令并打开。

(5)列车完整性监督。

通过与车辆接口，CC 实时检查列车完整性信号。当 CC 检测到列车完整性丢失信号时，将立即实施紧急制动。一旦列车完整性丢失，CC 还将禁止所有 CBTC 运行模式。

(6)前溜和后溜防护。

如果 CC 在没有任何移动指令的情况下，检测到列车的任何移动，CC 将施加紧急制动。如果车载控制器检查到列车向当前运行的反方向倒溜超过 1m，将施加紧急制动，这样也是为了保证列车在坡道上启动时的安全，追踪列车的移动授权需要考虑前车后溜的距离。

(7)防淹门防护。

当 ATP 子系统失去防淹门的关锁信息时，ATP 将关闭防淹门相关区域。当防淹门请求关闭时，ATP 系统将禁止列车驶入防淹门区域，并允许防淹门区域内的列车驶出。在确认防淹门区域没有任何列车时，向防淹门系统发出允许关闭信号。

(8)停车保证。

用于在 CBTC 运行模式下，当联锁请求取消进路时，加快进路取消的进程。即 ZC 获知进路取消命令后，告知 CC，CC 根据当前列车的位置和速度计算能否在信号机前停车。如果可以，则通过 ZC 告知联锁，则进路可立即解锁；否则联锁将继续执行延时解锁，如图 4.19、图 4.20 所示。

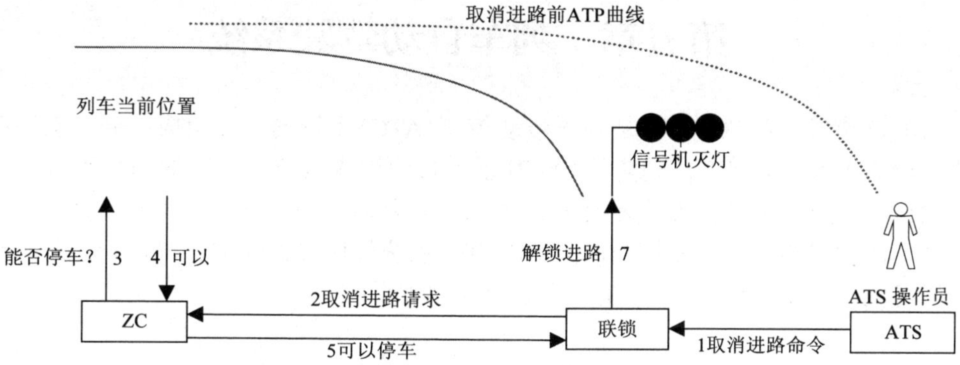

图 4.19　进路可以取消

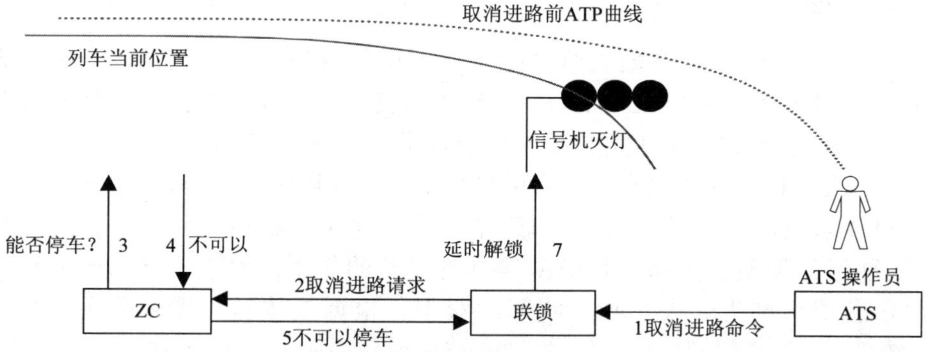

图 4.20　进路不能取消

成都地铁 1 号线支持 CBTC 列车及非 CBTC 列车的运行，非 CBTC 列车的运行以地面信号作为主体信号，其位置检测由辅助列车位置检测系统(计轴器)完成，位置信息传输给区域控制器，用于 CBTC 列车的移动授权计算。

第五章　列车自动驾驶系统

列车自动驾驶(ATO)系统是列车自动控制(ATC)系统的重要组成部分，它和列车自动监控(ATS)系统、列车自动防护(ATP)系统共同构成城市轨道交通信号系统。顾名思义，ATO 系统就是实现列车自动运行的子系统，基本上可以替代“司机”的操作功能，完成列车在站间的运行速度控制，但是，ATO 系统替代司机的部分操作功能并不是说可以取消司机，也就是说 ATO 系统并不是无人驾驶系统。

第一节　ATO 系统概述

一、ATO 系统的选用

为确保行车安全和线路最大通过能力，根据国内外的运营经验，一般最大通过能力小于 30 对/h 的线路宜采用 ATS 和 ATP 系统，实现行车指挥自动化及列车的超速防护。在最大通过能力较低的线路，行车指挥可采用以调度员人工控制为主的 CTC 系统。最大通过能力大于 30 对/h 的路线，应采用完整的 ATC 系统(包括 ATS、ATP 和 ATO 系统)，实现行车指挥和列车运行自动化。ATO 系统对节能、规范运行秩序、实现运行调整、提高运行效率等具有重要的作用，对于不同信号系统，配备 ATO 对运营费用产生较大影响，实际运营中，根据具体运营需求来决定是否选用 ATO 系统。

二、ATO 与 ATP、ATS 的关系

ATO 系统是提高城市轨道交通列车运行水平(准点、舒适、节能)的重要技术，而它的功能要依靠 ATC 各子系统协调工作共同完成。在 ATP 系统的基础上安装 ATO 系统，可以使列车实现由手动方式驾驶向自动方式驾驶转换。在选择自动驾驶时，ATO 系统代替驾驶员操作，诸如列车启动加速、匀速惰行、制动等基本功能均能自动进行。但是，无论由驾驶员手动驾驶还是由 ATO 系统自动驾驶，ATP 系统始终具有执行速度监督和超速防护的功能。可这样认为：

驾驶员人工驾驶+ATP 系统=手动驾驶

ATO 系统自动驾驶+ATP 系统=自动驾驶

ATO 系统的运行速度始终低于 ATP 的防护速度，而它的运行任务是由 ATS 根据需求实时给出的，缺少 ATP 和 ATS 子系统，ATO 将无法正常工作。图 5.1 为 ATO、ATP、ATS 的关系图。ATO 从 ATS 处得到列车运行任务命令，命令信息是通过轨道电路或轨旁通信器传送到列车上的。信息经过处理后传给 ATO，并显示相关信息。ATO 获得有用信

息后，结合线路情况开始计算运行速度，得出控制量，并执行控制命令，同时显示有关信息。到站并满足开门条件允许后，ATO 打开车门。停站期间，列车通过车-地通信系统把列车信息传送给地面通信器，然后传到 ATS。ATS 根据列车信息，把运行信息传给车载 ATO。

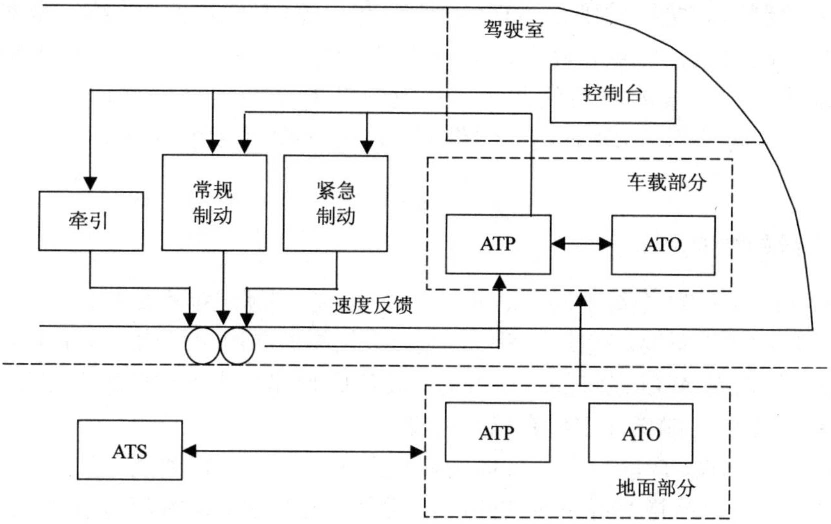

图 5.1 ATO、ATP、ATS 的关系

三、ATO 系统与 ATP 系统的速度曲线控制关系

如图 5.2 所示为 ATP 系统与 ATO 系统的速度曲线控制关系。

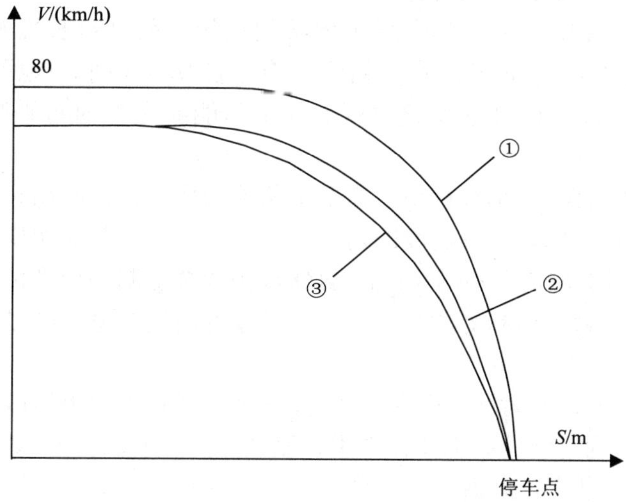

图 5.2 ATP/ATO 制动控制曲线

曲线①表示列车的紧急制动曲线，由 ATP 系统生成并监控。一旦列车速度触及该制动曲线，会立即启动紧急制动，以保证列车的运行安全。曲线①对应于列车的最大减速度，紧急制动一旦启用，列车必须停稳后经过一定时间才能重新启动。曲线②为最大常用制动曲线，也是由 ATP 系统产生并监控的。曲线②的速度和减速度都略低于曲线①。当列车的运行速度达到曲线②时，ATP 系统将启用最大常用制动，但不启用紧急制动。曲线③则是 ATO 系统动态计算的命令速度曲线，是对列车运行控制的理想制动曲线，即正常运行情况下的理想停车制动曲线，实际的 ATO 运行曲线应该是围绕理想曲线的波浪状曲线。由这三条制动控制曲线可以看出：ATP 系统主要负责“超速防护”，起保证安全的作用；ATO 系统主要负责正常情况下列车高质量地运行。

四、ATO 系统的性能指标

由于不同厂家 ATO 系统的功能、硬件、软件、控制算法都不尽相同，如何评价一个 ATO 系统的优劣非常重要。确定了评价原则，不仅能够向用户提供一个验收或选择 ATO 系统的准则，同时对 ATO 系统的发展方向、设计原则都有非常重要的引领作用。城市轨道交通 ATO 系统的性能指标主要有以下几点。

(1) 高效性。ATO 应能提高通过能力，在采用一定的车辆类型、信号设备和行车组织方法条件下，提高轨道交通系统线路的各项固定设备在单位时间内(通常是小时)所能通过的列车数。

(2) 准时性。准时性是指列车从起点列车启动到终点列车停车的这段运行过程中，实际运行时间与计划运行时间的差应该小于一个允许的误差范围，不能晚点也不能早点。城市轨道交通是按照一定的时刻表(即计划运行时间)运行的，每一列车都有其运行时分，若误点运行，将会打乱整个地铁系统的运行作业。这就要求 ATO 能自动快速地调整列车的运行时分，使整个系统有序地运行。

(3) 停车精度。现在的车站都配置了屏蔽门系统，而站台长度是固定的，停车位置不准确将影响乘客的上下车。停车精度还有可能影响列车与地面的通信。这就要求 ATO 在停车前能快速精确地调整速度，使车门能够完整地对乘客开放，实现精确停车作业。

(4) 舒适性。在 ATO 控车过程中，需要不断地切换牵引、制动和惰行，保证列车准确、舒适地运行到目的地。从舒适度的角度来看，降低牵引制动切换的频率有利于舒适度的提高，并且有利于延长设备寿命；而 ATO 过快的牵引制动切换可能会导致车辆对指令的误判断。所以，为了提高舒适性，列车加减速度的绝对值不能过大，加减速度的变化不能过分频繁。

(5) 节能。在列车载客运行过程中，牵引、制动、照明、空调等因素都会对能耗产生影响。由于 ATO 对列车的控制主要在牵引、制动方面，所以要求 ATO 系统在驾驶过程中对动力系统实现最优节能运行。

第二节　ATO 系统的结构及功能

一、ATO 系统结构

ATO 系统包括 ATO 地面设备和 ATO 车载设备两部分，如图 5.3 所示为 ATO 系统设备构成图。

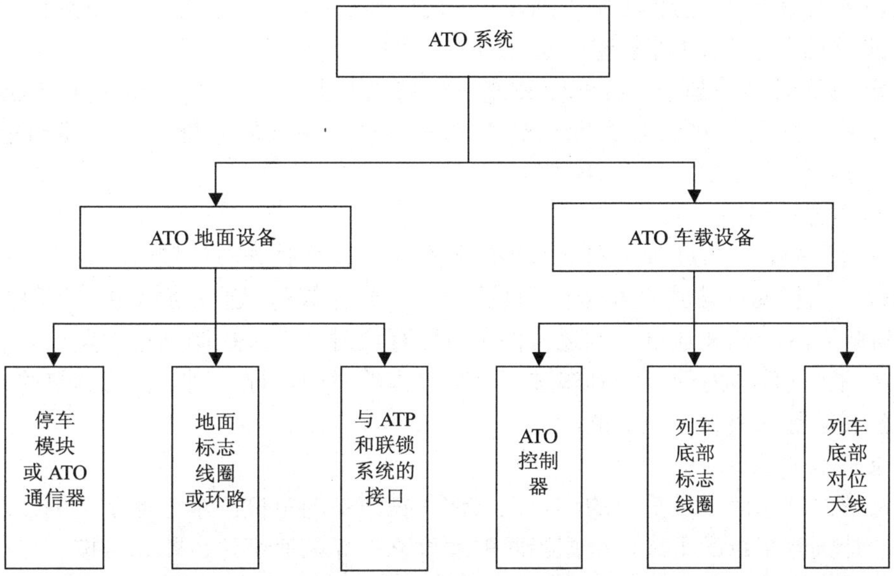

图 5.3　ATO 系统构成图

ATO 地面设备由设在每个车站 ATC 设备室内的车站停车模块或 ATO 通信器、沿每个站台设置的一组地面标志线圈或环路以及与 ATP、联锁系统的接口设备组成。ATO 地面设备通常兼用 ATP 地面设备，接收与列车自动运行有关的信息。

ATO 车载设备由设在列车每一端司机室内的 ATO 控制器、安装在列车两端车辆底部用于接收和检测地面标志线圈信息的标志器检测线圈以及安装在列车两端车辆底部用于接收对位停车点的对位天线组成。ATO 车载设备通常和 ATP 车载设备安装在一个机架内。

ATO 系统通过车载 ATO 天线和地面 ATO 环线允许列车直接与车站内的 ATS 连接，可以实现最佳的运营控制，完成下列 ATO 功能：程序停车、运行图和时刻表调整、轨旁/列车数据交换、目的地和进路控制功能。

ATO 还具有定位停车系统，为列车提供精确的位置信息。包括车底部的标志线圈和对位天线，以及每个车站 ATC 设备室内的车站停车模块和沿每个站台设置的一组地面标志线圈。

二、ATO 系统功能

ATO 的主要功能包括以下几点。

1. 站间运行控制

这是 ATO 系统最主要的功能。它可生成牵引速度调节功能和制动控制信号，其模块调速器以渐进和恒定的速率加速列车到达由限速设定的运行速度，列车到达限定速度后，ATO 根据站间距离和站间运行时间自动计算出速度–距离曲线，通过连续比较实际速度和限速以控制列车的牵引和制动系统，应用闭环控制技术达到速度调节的目的，它控制列车速度达到 ATP 速度命令、ATS 运行等级或车站停车曲线所决定的最低参考速度，列车行驶速度一般被保持在上述参考速度 0~5km/h 的范围内。在高峰期间，按照最大允许速度驾驶列车，在低峰期间，按照最节能的方式驾驶列车。

2. 列车自动调整

列车运行期间，ATO 列车自动调整对列车实际运行时分与计划时刻表内的运行时分进行比较，用报文的形式把相应的信息(运行时分计算值)通过轨道电路传给列车车载 ATO。与此同时，ATS 通过控制运营停车点的释放时间，来控制列车的发车时刻从而调整列车在站内的停留时间，使列车按照时刻表内的时间运行。列车自动调整的原则是列车按时刻表运行和最大可能节能。

3. 定位停车控制

对运行的列车而言最重要的作业之一便是在车站的定位停车，通常司机在制动时全凭直觉估计到停车点的距离，根据当时的速度来推算减速度，也即完全按“记忆模式”来操作制动阀，要做到定位停车是相当困难的，所以必须研究列车自动定位停车，对于设置站台屏蔽门的城市轨道交通这点尤为重要。

定位停车控制一般采用距离控制方式居多，所谓距离控制方式是根据制动起始点到定位停车点之间的距离以及列车速度、列车重量、天气情况、空走时间、线路条件计算出制动模式。在定位停车点的附近进行阶段缓解，以不断修正停车位置的误差，来保证定点停车。

4. 自动控制车门开闭

由 ATP 系统监督开门条件，当 ATP 系统给出开门命令时，可以按事前的设定由 ATO 系统自动地打开车门，也可由司机手动打开正确一侧的车门。车门的关闭只能由司机完成。当列车空车运行时，从 ATS 接收到的指定目的地号阻止车门的打开。车门打开功能的输入来自 ATP 功能的车门释放、运行方向和打开车门的数据，以及来自 ATS 功能的确定目的地号。车门打开功能的输出将车门打开命令发给负责控制车门的列车系统。

5. 自动折返

列车在端站(设有折返轨道的终端)调转行车方向或使用折返轨道进行折返操作，就要求能进入自动折返驾驶模式即 AR 模式。列车自动折返可以由 ATO 控制并受 ATP 的监督。无人驾驶的列车自动地从站台线驶入折返线并停下，在换端之后列车转回车站进入另一站台线。无人自动折返功能的输入来自车载速度/距离功能的列车当前的速度和位置以及 ATP 速度曲线；输出至列车制动和牵引控制系统的命令。

6. PTI 支持功能

PTI 支持功能是通过多种渠道传输和接收各种数据，在特定的位置(通常设在列车进入正线的入口处)传给 ATS，向 ATS 报告列车的识别信息、目的号码和乘务组号以及列车位置数据(例如，当前轨道电路的识别和速度表的读数)，以优化列车运行。PTI 功能是由车载设备和轨旁设备实现的。由 ATC 车载设备提供的数据，通过 ATO 功能，传输到 PTI 的轨旁设备，进而传给 ATS。在将信息传输至轨旁设备之前，ATO/PTI 功能收集数据，完成合理检查。编辑信息必需的数据从 ATS、ATC 轨旁功能、司机 MMI 功能发送至 ATO。PTI 是一个非安全功能。

第三节 ATO 系统的工作原理

一、列车自动驾驶

ATO 系统和 ATP 系统一样，也存储了轨道和坡度等信息，能够优化列车控制命令。ATO 中有一套最大安全速度数据，与 ATP 的最大安全速度数据互相独立。这样，为了保证乘坐的舒适性，ATO 可按照最大速度行驶，不过这一速度要小于 ATP 的最大安全速度。ATO 的最大速度可以任意设置，梯进精度为 1km/h。

ATO 利用通过地面 ATP 设备传来的编码得知前方未被占用的轨道电路数目或者前行列车的位置，知道当前本次列车的位置，列车就可以在到达安全停车点之前，综合考虑安全因素，尽量以全速行驶。

ATO 系统的自动驾驶功能是通过 ATO 车载设备控制列车牵引和制动系统而实现的。为此，ATO 需要 ATP 的数据：从 ATP 轨旁单元接收到的全部 ATP 运行命令、测速单元提供的当前列车位置和实际速度信息、位置识别和定位系统的信息、列车长度、ATS 通过向 ATP 轨旁单元发送的出站命令和下一站的计划时间。

如果 ATO 自检测成功完成，且 ATP 设备释放了自动驾驶，信号显示“ATO 启动”，可以实施 ATO 驾驶。

由 ATO 系统执行的自动驾驶过程是一个闭环反馈控制过程，其基本关系框图如图 5.4 所示。测速单元通过 ATP 向 ATO 发送列车的实际位置信息。反馈环路的基准输入是从 ATP 数据和运营控制数据中得到的。ATO 向牵引和制动控制设备提供数据输出。

ATO 模式在以下条件下被激活。

(1) ATP 在 SM 模式中。

(2) 已过了车站停车时间。

(3) 联锁系统排列进路。

(4) 车门关闭。

(5) 驾驶手柄处于零位。

于是，司机通过按压启动按钮开始 ATO 模式，列车加速达到计算的速度曲线。假如其中一项条件不能满足，启动无效，ATP 关闭 ATO 至牵引的控制信号。

在达到计算速度时，系统根据这个速度曲线控制列车的运行。当接近制动启动点时，ATO 设备将自动控制常用制动使列车运行跟随制动曲线。

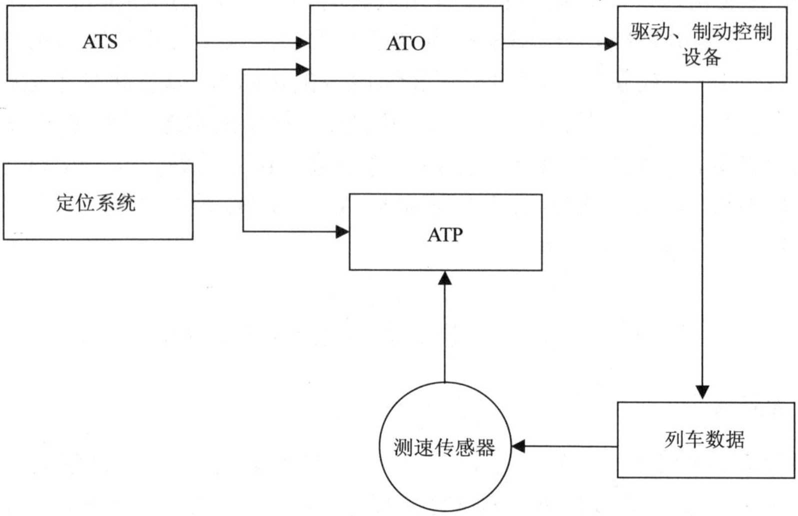

图 5.4　自动驾驶的闭环控制

二、车站程序停车

线路上的车站都有预先确定的停站时间间隔。控制中心 ATS 监督列车时刻表，计算需要的停站时间以保证列车正点到达下一个站。由集中站 ATS 通过 ATO 环线传送给 ATO 车载设备。

控制中心能通过集中站 ATS 缩短或延长车站停站时间。如果控制中心离线，集中站 ATS 预置一个缺省的停站时间，该时间是可编程的。

在控制中心要求下，列车可跳过某车站。这一跳停命令由控制中心通过集中站 ATS 传给列车。

三、车站定点停车

通常车站定点停车技术采用的方式：靠一组地面标志线圈（或者环线）提供至停车点的距离信息，标志线圈设置的多少可视线路所要求的定位停车精度而异，一般设置 3~4 个。地面标志器设于正线离站台的确定距离内，当列车标志天线置于地面标志器作用范围内时，使列车接受滤波-放大电路开始振荡，振荡频率通过调谐标志线圈来确定，每个标志线圈根据站台的距离调在不同的频率上。

如上海地铁即采用上述方式，在不同位置设置地面标志器，具体为：离停车点 350m 处设置外方标志器对；离 150m 处设中间标志器对；离 25m 处设内方标志器；离 8m 处设站台标志器，如图 5.5 所示。350m 和 150m 标志线圈成对布置，具有方向性。无源标志线圈具有固定的谐振频率，列车经过时与车载线圈产生谐振。有源标志线圈能发送特定的频率信号。

当列车正向运行经过 350m 标志线圈时，启动定点停车程序，列车按定点停车曲线运行。150m、25m 标志线圈的作用是根据停车曲线对实际车速进行校正。当列车通过 8m 标志线圈时，收到一个频率信号，即转入停车模式，减速率进一步降低。当车载定位天线与地面定位天线对齐时，又收到一个频率信号，立即实施全常用制动，将车停住。若列车停准(误差为±0.25m)，地面定位天线会收到车载定位天线发送的停稳信号，然后才能进行开关车门和屏蔽门的操作。

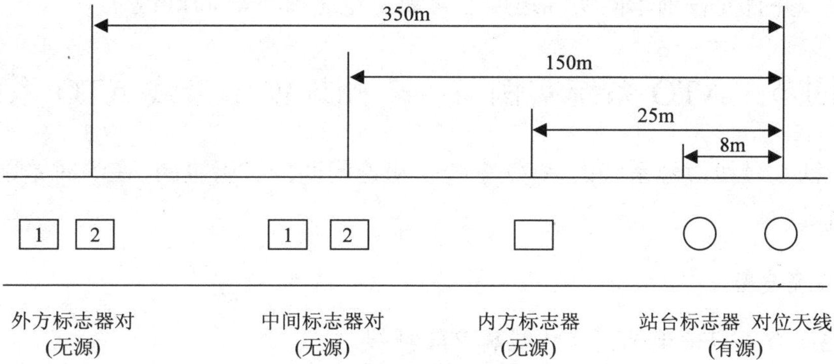

图 5.5　标志器布置图

四、车门和屏蔽门控制

在通常的运行中，当列车停在车站的预定停车区域以内时，车从 ATP 轨旁设备收到车门开启命令，并且确定其速度为零后，ATO 自动打开车门，不用司机操作。有了车门开启命令后，使 ATP 轨旁设备改发打开屏蔽门信号，当站台定位接收器收到此信号，使与列车车门相对应的屏蔽门打开。

列车停站时间结束(或人工终止)，地面停站控制单元启动 ATP 轨旁设备，停发开门信号，由司机关闭车门，同时关闭屏蔽门。车站在检查了屏蔽门已关闭好以后，才允许 ATP 子系统向列车发送运行速度命令信息，列车收到速度命令，同时检查了车门已关闭后，可按车载 ATP 收到的速度命令出发。

五、轨旁/列车数据交换

列车发到轨旁的数据：分配列车号、目的地、车门状态、车轮磨损表示(从 ATP 到控制中心)、在接近车站时制动产生的过量车轮滑动、紧急情况或异常情况(如不正确开门)。

轨旁发到列车的数据：车辆车门开启命令、列车号的确认、列车的长度、性能修改数据、出发测试指令、车门循环测试、主时钟参考信号、跳停指令、搁置命令、申请车载系统和报警状态。

六、性能等级

性能等级是列车标识的一部分，可以被中央 ATC 修改。列车从轨旁接收到由中央 ATC 所确定的性能等级。性能等级由速度限制、命令的加速、预定的减速构成。为了减少数据的传输量，可采用离线方式，将性能等级表存放于列车。修改当前性能等级时，由中央 ATC 发送单数字命令，即可实现性能等级的切换。

七、滑行模式

列车在制动时，会产生滑行。滑行模式是一种额外的性能等级，其要求级别 1~5 处于有效状态，并且当申请滑行时，目标速度大于 40km/h。滑行模式会使列车在上电的间隙进行滑行，并且允许列车的实际速度在重新上电之前下降 11km/h。

第四节　ATO 系统实例——广州地铁 1 号线 ATO 系统

广州地铁 1 号线信号系统的 ATO 系统是从德国西门子引进的，在当时是国内最先进的地铁线路之一。

一、ATO 系统设备

ATO 地面设备包括车站交叉环线和 PTI 环线。

ATO 车载设备主要包括 ATC 设备机架、速度表、控制台、ATP 接收天线、PTI 发送天线。

每列列车都装备了两套 ATO 车载单元，它与其他车载单元和设备的连接关系如图 5.6 所示。

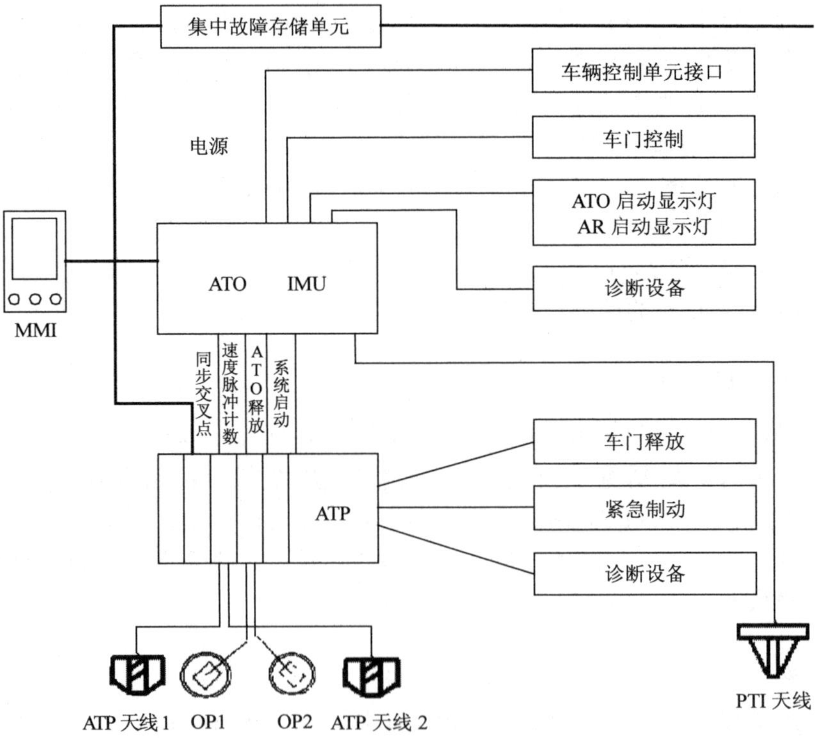

图 5.6　车载单元系统结构

轨旁 ATP 利用轨道电路传递 ATP 报文信息，车载 ATP 单元通过 ATP 天线接收报文，并将报文分成两部分传送给 ATO 车载单元：一部分 ATO 报文直接送给 ATO 车载单元；另一部分报文经车载 ATP 单元处理后再将有关信息送给 ATO 车载单元。ATO 车载单元的信息一方面来自 ATP 车载单元，另一方面来自 MMI 的输入信息。ATO 车载单元将一部分信息用做列车的驾驶和制动控制，另一部分信息通过感应信息单元 IMU 和 PTI 天线传到控制中心 OCC 的 ATS 设备。ATO 车载单元与集中故障存储单元不进行数据交换。ATO 车载单元通过下列接口进行工作。

(1) PS485DIN 总线：MMI 与 ATO 和 ATP 之间的通信链接。

(2) 数字输出：继电器控制和车辆接口的灯光显示。

(3) 里程脉冲发生器(OPG)：距离测量和计算。

(4) 局部同步：利用在轨道上分布的同步标志来提高停车的准确性。

(5) TTY 串行诊断接口：至车辆训练器的接口。

(6) PTI 系统天线：连接传输列车数据的 PTI 天线至轨道通信接口。

二、ATO 车载单元功能

1. 速度控制

速度控制是 ATO 的主要功能。有 3 个指标对速度控制很重要，它们是列车当前位置、所需速度和当前速度。考虑滑动因素，在车站范围内需要一个精确同步。

(1) 当前速度确定。

列车实际速度从里程脉冲发生器一个扫描周期内的不同系数、所覆盖的部分距离和相关的扫描时间中确定。(注：车轮转动一周发 54 个脉冲)。由于里程脉冲发生器两个脉冲间的部分距离取决于车轮轮径，所以计算时将考虑轮径值。

(2) 列车运行分布。

ATP 车载单元通过当前实际的位置和速度值，来增补、完善运行分布，并在每个 ATP–ATO 报文中按 4 个重启点的记录传输 ATP 速度分布给 ATO 车载单元。从这些重启点中，ATO 车载单元计算并确定用于控制列车的推荐速度分布。

(3) 当前列车位置。

ATO 和 ATP 车载单元使用相同的当前列车位置，这个列车位置由 ATP 测量并与时间标记一起传给 ATO 车载单元。用这种方法，ATO 车载单元按照延迟时间修正当前列车的位置。

另外，ATO 车载单元与里程表接口连接，这样，ATO 可获得一个较高的测量精度用于控制目的位置。

列车位置近似同步。位置近似同步的任务是在一个有效信息段变化后重新确定当前列车的实际位置。ATP 发送的所有运行分布内的位置都与最后通过的轨道信息段变化点有关，ATP 车载单元接收到 3 个有效的简短报文(处理该信息并以 ATP–ATO 报文显示新段)后，ATO 车载单元通知列车已进入新的轨道信息段。在这期间，列车通过的距离取决于列车的实际速度和通过轨道信息段变化点与 ATO 车载单元的信息处理之间的时间差。通过近似同步在轨道信息段变化点的里程表脉冲达到的距离测量精度不能满足车站区域所需的停车精度。因此，在正线车站区域采用位置局部同步。

列车精确位置局部同步。ATO 车载单元在车站区内的一种附加的同步环线能满足±0.5s 的停车精度。同步点通过环线的交叉点来提供。同步环线的始端和终端称为“环线边界”，与车站区中央对称，环线按一定的距离交叉(交叉点点距为 4.7s)，在同步点处的交叉则较密(交叉点点距为 2.35s)且连续分布 4 个。ATP 车载单元可以接收这些交叉点的信息并传给 ATO 车载单元。ATO 车载单元计算每次接收到的交叉点间的距离并保存最后 5 个距离值。所有交叉点的位置都在 ATO 车载单元内预先设定，当列车识别到同步点时，ATO 车载单元用交叉点的预定位置改写当前位置，这样，就产生了新的当前精确位置局部同步。

2. 机车信号

通过车载显示器产生机车信号表示，并给出 ATO 车载单元表示灯信息。在驾驶室中，ATO 车载单元根据 ATP 车载单元传输的当前驾驶模式，在 ATO 模式和自动折返模式下分别点亮两个灯：ATO 启动按钮灯和 AR 按钮灯。

3. 与 ATS 的通信

ATP 车载单元接收到轨旁 ATP 报文后，将这些数据打包成常规的 ATP–ATO 报文。通常 ATP 车载单元接收到的轨旁 ATP 报文顺序表示为 $KKKKBBC_1BBBC_2BBBC_3BBBC_1BBBC_2\cdots$，其中“K、B、$C_1$、$C_2$、$C_3$”表示不同的报文类型。报文 C_1、C_2 和 C_3 是给 ATO 车载单元用的数据，而报文 C_1 则是从 ATS 至 ATO 的数据通道。报文 C_1 包含：①从一个车站至另一个车站的巡航/惰行运行时间；②车站区传输的行程号；③在车站前方两个轨道电路中传输的车站号；④目的地号。

ATO 车载单元通过感应信息单元(IMU)和 PTI 天线将列车数据经站内轨道(或转换轨)传输给 ATS 系统。该数据按时分复用的方法，以一个高调制率的报文传输。ATO 车载单元传输给 ATS 的报文信息如表 5.1 所示。

表 5.1　报文信息表

编号	报文内容
1	乘务员
2	行程号
3	目的地号
4	列车状态(停车、发车)
5	驾驶方向
6	故障
7	车组号 1
8	车组号 2
9	里程(千米数)

4. 自动折返

列车自动折返也是 ATO 车载单元的主要功能之一。按操作方式的不同，自动折返又可分为有人折返和无人折返(DTRO)两种模式。

5. 车门控制

原则上，检查相关条件以后，ATP 将释放车门开命令，车门控制由 ATO 启动，ATO 车载单元通过监视运行方向的 ATP/ATS 传输方式打开车门。ATO 车载单元打开车门有下列选择。

(1)开左边门。

(2)开右边门。

(3)开两边门(有时延)。

开两边门时，先开右边或左边门取决于运行方向，先开的车门是下车门，上车门经过一设定时间延时打开。延时开门需要接收到 C_2 报文，若此报文不是通过 ATP 车载单元传输，则 ATO 车载单元打开车门时只考虑 ATP 车门释放而无任何延时。

第六章　列车自动监控系统

列车自动监控(ATS)子系统是指挥列车运行的控制、监督设备。主要实现列车的调度和跟踪，运行时刻表的调整控制和监督，列车进路的控制和表示，系统状况、报警信息的显示和记录，统计汇编、系统仿真和诊断等，辅助调度人员对全线列车进行管理，同时，ATS 系统通过与外部系统的接口，实现对这些系统的监控或信息的交换。

ATS 系统为基于现代数据通信网络的分布式实时计算机控制系统，是非安全系统，通过与列车自动防护和列车自动驾驶子系统的协调配合，完成对城市高密度轨道交通信号系统的自动化管理和全自动行车调度指挥控制。ATS 系统可看成是整个城市轨道交通系统的运营核心，负责监视和控制线路中所有列车的运行状态。

第一节　ATS 系统结构

ATS 系统配置为多层体系结构，控制中心(OCC)的中央 ATS 处于结构的高层，车站的本地 ATS 则处于结构的底层，与处于本地的前置机、联锁机及 ATP/ATO 地面设备进行通信。

当中央 ATS 故障时，本地 ATS 能够接管中央 ATS 的部分工作，并能实现联锁系统上位机(MMI)的全部功能。位于控制中心的 ATS 系统可完成对全线列车的控制功能，实现列车时刻表管理、列车运行调整以及列车故障记录和报警等功能，还可对列车进行识别和跟踪，并在大屏幕上显示。本地的 ATS 系统可接收控制中心 ATS 的信息编码，而后译码来控制列车的停站时间等，还可完成旅客向导、列车目的地显示等功能。列车 ATS 系统负责接收、存储、发送列车信息，实现列车的跳停、运行等级和车门开关控制等作用。

ATS 系统组成包括控制中心、车站控制室、车辆段、列车识别系统及列车发车计时器等。如图 6.1 所示为典型的 ATS 系统组成。

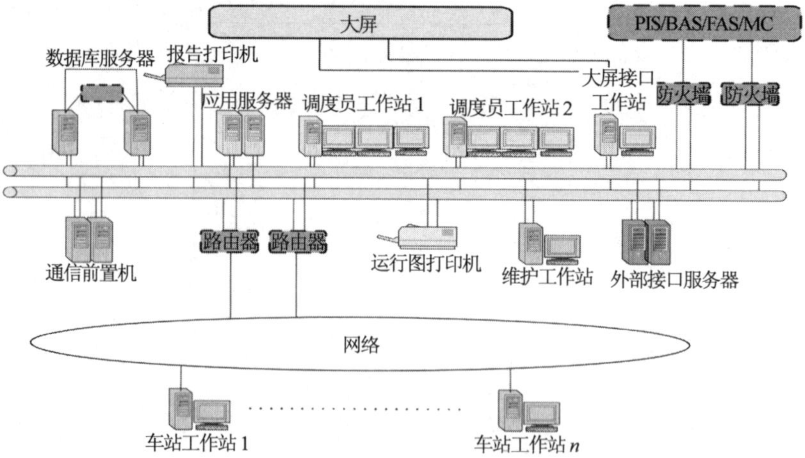

图 6.1　ATS 系统组成

一、控制中心

控制中心是 ATC 的核心。用于状态表示、运行控制、运行调整、车次追踪、时刻表编制及运行图绘制、运行报告、调度员培训、与其他系统的接口等。列车自动监控系统在控制中心的设备主要有网络设备、服务器、存储设备、显示设备、打印设备等，可以分为系统硬件和系统软件两部分。

1. ATS 控制中心硬件设备

ATS 硬件系统包括不同的操作工作站、中央冗余 ATS 服务器、培训设备及必要的通信设备。系统是基于一套分散式处理网络，在相互独立的处理器上处理多种功能。LAN 局域网包括了冗余的 10BaseT/100 BaseTX 以太网转换。每一处理器与两个网络连接，并能直接访问其他处理器数据。中心 ATS 系统与现地的通信是通过两个以在线/备用形式连接的以太网 LAN 来实现的。LAN 到每个现地的辐射是通过远端光缆及安装在控制中心、车辆段和现地的容错网络光端机来实现的，LAN 与位于信号室的在线/备用计算机连接，LAN 也与每一现地控制点的车站控制计算机连接。

(1)控制中心计算机系统。

①系统主服务器。系统服务器是列车自动监控系统的核心设备，为冗余配置。由主机、显示器、键盘、鼠标、网络接口等组成，它完成列车运行管理和列车运行图管理、储存列车数据，并通过转换接口与控制表示盘相连，通过数据传输系统与网络上的其他设备实现数据交换。

系统主服务器的具体作用如下。

(a)列车运行控制。按时刻表的要求或调度员操作指令，产生相应的进路控制命令、调度指令，通过联锁集中站信号设备室的联锁设备及轨旁设备，来控制列车运行进路和调整全线的列车运行。

(b)处理全线的表示信息。将控制中心接收到的信息和列车运行相关的表示信息进行处理，然后在表示盘或 CRT 上显示全线的线路开通状态和相关信号设备(包括信号机、轨道电路及道岔)状态，以及列车运行信息和各种报警信息。

(c)采集并存储运行记录，以及产生各种运行报告。

(d)计算机系统的管理和维护，也用于整个 ATS 系统的管理和维护。

②数据库服务器。数据库服务器用来存储控制中心接收到的数据，控制请求、报警等列车运行的相关数据信息，并且自动生成包含这些数据的报告。

③通信服务器。系统设有两台 ATS 通信服务器，完成控制中心与各联锁集中站以及与车辆段远程终端数据传输单元之间控制和表示信息的交换。

通信服务器为冗余配置，装配有通过接口服务器与外部接口系统通信的应用软件。服务器处理所有从外部系统(通过接口服务器)接收到的数据，并且通过接口服务器发送所有需要的数据给外部系统。

④接口服务器。与通信服务器及系统主服务器类似，接口服务器也为冗余配置，接口服务器提供各个子系统和外部系统之间的接口和协议转换功能，接口服务器独立于外

部接口和网络。

(2)工作站系统。

控制中心 ATS 系统设置不同需求的工作站。提供系统与行车调度相关人员的人–机对话接口，主要包括调度员及调度长工作站、维护和培训工作站等。

①调度工作站。调度工作站用于调度人员完成调度和运营作业，是控制中心的重要设备。调度人员通过调度终端屏幕，实时了解和掌握列车的实际运行情况，可以在调度工作站上发出指令，用于直接指挥列车运行。

每套调度工作站一般都有主机、显示器、键盘、鼠标、网络接口等。调度工作站主机数据处理能力强，一般为工作站级别；配置高分辨率的显示器，以便清晰地观看屏幕上线路和运行列车的状态信息。

调度工作站根据运营需求，可以设置多个。调度长和普通调度员分别在不同的调度工作台上操作，调度台的硬件结构配置完全相同，但管理权限不同，因而软件配置不同。

调度长是全线列车运行控制的负责人，指挥全线的调度控制，调度长工作站可以纵观全线的列车运行，指挥相关的调度员进行调度控制。

②培训工作站。培训工作站，用于培训作业，其硬件结构和组成与调度工作站相同，但软件配置不同。培训工作站具有调度工作站的相关功能，用于调度员的培训，一般情况下，培训工作站放置于调度室，它运行于“固定的列车运行图仿真程序”状态，可以模拟系统的控制，也具备录放功能。

③维护工作站。维护工作站用于设备维护和检修人员对全线信号系统设备和列车进行监督，对信号系统中所检测到的故障及时处理，以保证信号系统设备稳定可靠运行。维护工作站的硬件结构和组成与调度工作站相同，但维护工作站上的作业一般不允许对列车进行控制，主要发挥维护工作站的监督和故障诊断作用。

④时刻表编辑工作站。时刻表编辑工作站用于编辑某天或某一时段内所有运营列车的运营计划。列车运行计划编辑完成后，列车自动监控系统将控制列车按照所确定的运行计划运行。通过人机对话可以实现对运行时刻表的编辑、修改及管理。列车运行计划工作站的硬件结构和组成与调度工作站相同。如图 6.2 所示为单线运行图。

(3)计算机局域网。

在城市轨道交通中，网络一般为冗余的双网结构，提高系统的可靠性和可用性。采用两个冗余的以太网络将系统服务器、通信服务器、工作站以及打印机和绘图仪等连接起来，每个网络设有以太网转换器，当其中一个网络故障，或网络更换设置时，冗余网络可以继续工作。两个互为冗余的网络，对工作站而言都是有效的，它们始终处于工作状态。

(4)其他设备。

①电源设备，控制中心的电源设备为以上工作站、服务器等设备提供可靠的不间断电源，保证控制中心列车自动监控系统可靠运行，不丢失数据。

②运行图绘图仪，用于绘制计划运行图和实际运行图。

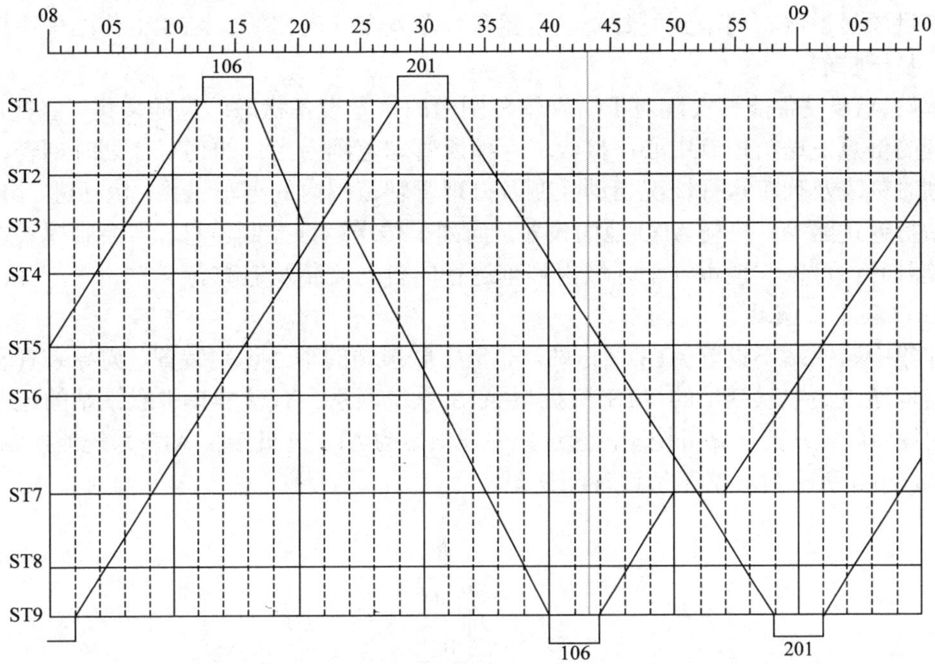

图 6.2　单线运行图

③命令记录打印机，实时打印调度员输入的控制命令和告警信息。

④报告打印机和维护打印机，用于打印时刻表、各种运行报告及数据文件等。

(5)综合显示屏。

综合显示屏设置于控制中心、行车调度员正面。用于显示全线的线路及车站布置，它可以监视全线范围内的列车运行轨迹、信号设备的状态(道岔位置、信号机的开放及轨道电路正常与否)，除此之外，还可以显示站控、遥控状态、终端折返站的折返模式等，监视整条线路的列车运行状态。静态信息通过绘于模块的图形、字符来表示，与行车相关的动态信息用单个或多个组合的彩色 LEDS 显示。

2. ATS 控制中心软件设备

控制中心软件设备一般包括系统软件和应用软件两部分。系统软件通常采用 UNXI 操作系统，减少系统对设备制造商的依赖性，利于设备维护和升级。

二、车站控制室

车站 ATS 工作站，用于特殊情况下人工调整在线列车的运行，车站值班员完成对本站所管辖范围的列车运行状态监督、进路排列、道岔控制、信号开放等作业，是车站的重要设备。对于集中联锁站和非集中联锁站来说，车站设备有所不同。

1. 集中联锁站

集中联锁站设有一台 ATS 工作站，是 ATS 与地面 ATP 及地面 ATO 设备的接口，连接联锁设备和其他外部系统，采集车站设备的信息，传送控制命令，使车站联锁设备能接收 ATS 系统的控制，以实现车站进路的自动控制。此外，还控制站台上的向导装置(PIIS)

的列车目的显示器、列车到发时间显示器和列车发车计时器等。ATS 工作站采用模块化设计，易于扩展。

车站 ATS 设备能够实现对于所管辖范围内的信号设备状态信息的采集、监视，并将采集到的信息发送给控制中心；接收、存储所管辖范围内当日的列车计划时刻表，并根据计划时刻表及列车运行情况自动控制及办理管辖范围内的列车进路，包括进、出正线，终端站折返进路等；控制 ATO 地面设备，向列车传送运行控制信息。当控制模式选择为车站控制时，可以实现本管辖区域内列车运行的自动控制及追踪。

2. 非集中联锁站

非集中联锁站不设置 ATS 工作站。非集中联锁站的车号识别装置、向导装置和发车计时器均通过集中联锁站的 ATS 分机与 ATS 系统联系。有岔非集中联锁站的道岔和信号机由集中联锁站的计算机控制，通过集中联锁站的 ATS 分机接收 ATS 系统的控制命令。

如图 6.3 所示为典型车站设备配置图。

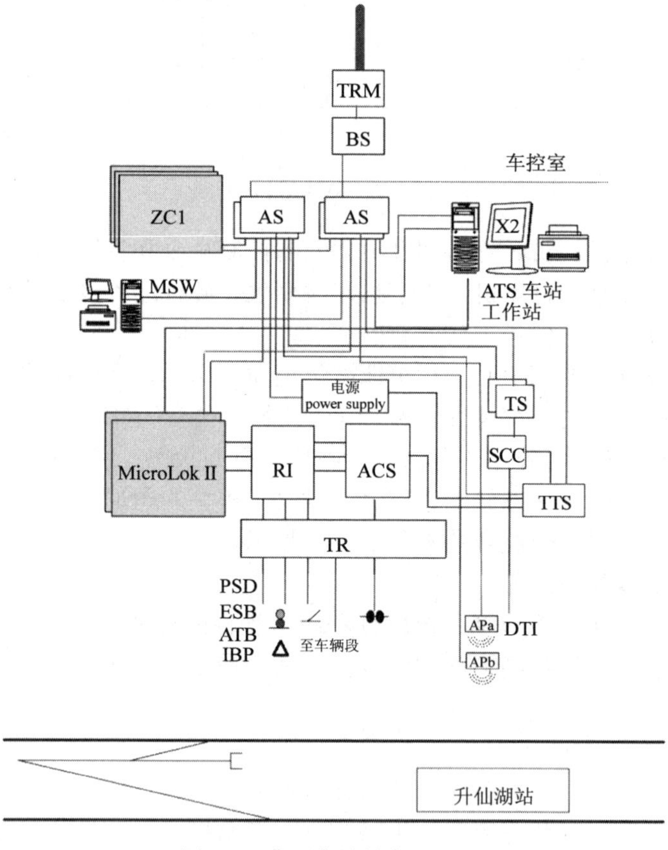

图 6.3　典型车站设备配置图

三、车辆段监视工作站

1. ATS 分机

在车辆段信号楼控制室设置一台 ATS 行调工作站。用于采集车辆段内存车库线的列车占用及进/出车辆段的列车信号机的状态，该工作站也用来监控车辆段的占用、车辆段及主线路之间转换区线路的占用情况以及车辆段和转换区之间线路，以在控制中心显示屏上给出以上信息的显示，便于控制中心及车辆段值班员及车辆管理人员了解段内停车库线列车的车次及车组运用情况，正确控制列车出段。

2. 车辆段终端

在车辆段派班室和信号楼控制室各设置一台终端，与车辆段 ATS 分机相连，根据控制中心的实际时刻表建立车辆段的作业计划。

车辆段联锁设备通过 ATS 分机与控制中心交换信息，实现段内运行列车的追踪监视，车辆段与控制中心间提供有效的传输通道。

四、列车识别系统

列车识别系统（PTI）是 ATS 车次识别机车辆管理的辅助设备，其由地面查询器环路和车载应答器组成。PTI 设备用于校核列车车次号。当列车经过地面查询器时，地面查询器可采集到车载应答器中设定的列车车次号，并经车站 ATS 设备送至控制中心，校核是否与中心计算机列车计划中的车次号一致，若不相同则报警并进行修正。

五、列车发车计时器

列车发车计时器（TDT）设于各站，为列车运行提供车站发车时机、列车到站晚点情况的时间指示，提示列车按计划时刻表运行。正常情况下，在列车整列进入站台后，按系统给定停站时间倒计时显示距计划时刻表的发车时间，为零时指示列车发车；若列车晚点发车，则 TDT 增加停站时间的计时。在特殊情况下，若实施了站台扣车控制，TDT 给出“H”显示；如有提前发车命令，TDT 立即显示零；列车通过车站时 TDT 显示“=”。

第二节　ATS 系统功能

一、系统功能要求

对于 ATS 系统来说，其设备的组成及功能应能满足运营需求：①系统网络应具有通用性、可扩展性，网络通信协议应采用国际标准协议；②应具有网络安全措施，对外部入侵及病毒等具有完备的防范功能；③应具有使整个系统同步的时钟信号，采用通信时钟系统提供的标准 GPS（全球定位系统）时钟；④无论处于哪种控制模式，人工控制权限都应高于系统自动控制的权限；⑤正常监控模式应为控制中心自动监控模式，在各种控制模式转换过程中以及在新的控制模式转换成功并实现控制之前，原控制模式保持不变。

对于 ATS 中央设备及车站设备有不同的要求。

1. ATS 中央设备要求

ATS 中央设备中的各工作站均应具有相同的硬件和软件配置，满足系统安全、稳定、高效运行的要求。同时对于供电设备要求除保证设备稳定、可靠工作之外，在停电 30min 内，UPS 设备必须保证 ATS 设备连续正常工作。

2. 车站 ATS 设备要求

车站 ATS 设备接收和发送各种运行命令、数据和设备状态信息，确保 ATC 系统的正常工作。除此之外，还必须能够对旅客向导显示信息进行实时的控制。

3. 其他要求

(1) 当各个子系统的提供商不同时，ATS 必须满足 ATP、ATO 以及计算机联锁子系统的接口要求，其设备组成及功能应满足线路运营组织的功能需求。

(2) ATS 的计算机及网络系统应采用冗余技术。ATS 局域网采用 100M 双网冗余结构；对通信骨干网要求提供冗余双传输通道；关键网络设备，如管理、通信、数据等服务器采用热备冗余结构；中央至车站的通信通道采用双通道冗余热备方式。主机故障时，主备切换应确保显示及控制功能的连续性。

(3) ATS 系统应满足列车运行交路的需求，凡有道岔的车站均应设计具有折返作业能力。

(4) ATS 系统应具有良好的实时控制性能，系统处理能力、设备空间等应留有余量，信息采集周期小于 2.0s。系统宜从时钟系统获取标准时钟信号。

(5) 系统故障或车站作业需要时，控制中心调度员和车站值班员按照手续办理控制权转移，实现站控和遥控的转换，且转换过程中，不应影响列车的正常运行。车站值班员也可强行办理站控作业。

(6) ATS 系统应设计与计算机联锁系统或继电联锁设备之间的接口，系统的进路控制方式应与联锁设备的进路控制方式相适应，控制命令的输出持续时间应保证继电联锁设备的可靠动作，系统与安全相关的接口应具有可靠的隔离措施。

二、ATS 的基本功能

由列车自动监控系统的名称可看出，它的作用有两部分，一是监视功能，二是控制功能。监视功能是对全线的列车和设备进行监控，监控的重点是列车运行状态、设备是否正常等；控制功能主要是列车控制，使列车按时刻表运行，对列车偏离时刻表的情况进行调整，并记录列车运行数据，以备日后查询。可以概括归纳为以下四个部分。

1. 集中控制功能

ATS 系统通过调整列车的停站时间实现对列车运行的调整，在装备有 ATO 子系统的线路上，通过对列车运行速度等级的设置实现对列车运行的自动调整。甚至在必要时，控制中心的调度人员可按需要设置列车跳停，即命令列车在某个站或某几个站不停车，来尽快恢复被偏离的运行图。在进路的控制方面，系统通过列车识别信息和列车所处的轨道区段，自动生成前方道岔区段的进路控制指令，按照列车的接近条件自动控制道岔转换，开发信号机，运用安全联锁来实现列车进路的自动排列。

2. 集中显示功能

在控制中心内，通过大型的显示屏或值班员的显示终端，可以图形的方式集中显示现场设备的状态、列车的位置及运行状态、列车的车次号或列车的其他编号。这样，工作人员在控制室内，就可对全线的列车进行监控，对列车运行过程中的一些异常事件进行及时处理。

3. 列车运行时刻表管理功能

列车运行时刻表通常被安装在控制中心的计算机上，由时刻表编辑员根据客流量和线路的状况来提供多套不同情况下使用的运行图，并存储在 ATS 数据库中。在 ATS 中对时刻表的运行状态进行分析，利用车次号和列车位置可以对列车的计划位置和实际位置进行比较，在发生偏离(早点或晚点)时，系统一方面通过适当的显示通知调度员，另一方面列车自动调整子系统产生相应的纠正措施，对时刻表进行及时的修正。

4. 运行数据记录与统计功能

ATS 系统能够记录大量与列车运行有关的数据，并可根据用户的需求把这些记录的事件进行回放。

5. 仿真功能

通过仿真手段可离线模拟列车的在线运行，除了与现场之间没有任何表示信息和控制命令的信息交换外，能够实现在线控制中所有功能的模拟，由此可对所编制的运行计划和控制算法进行测试，也可向受训人员提供仿真的列车控制环境。

具体的功能分类如下。

1. 列车监视和跟踪功能

列车自动监控对在线所有运行列车进行实时监视和跟踪。列车监视和跟踪功能包括如下。

(1)列车运行识别及监视。

①列车运行识别。列车在轨道上运行，信号系统通常将轨道划分为分段的轨道电路，可以用机械绝缘或电气绝缘来分割不同的轨道电路。系统监测到轨道电路的状态由“空闲”变为“占用”时，可以监测到列车在运行。列车自动监控系统根据列车车次号的目的地信息，为列车排列进路。

②列车运行监视是由 ATS 将监测到的列车运行信息(列车位置和车次号)传递给 MMI、旅客信息显示系统、模拟线路表示盘，列车运行被监测到就在计算机内再现。

(2)车次号的输入、跟踪、记录和删除。

当每列车由车辆段或其他地点进入正线开始运营前，都会被赋予唯一对应的号码，称为列车车次号。列车车次号由列车车组编号和列车目的地编号组成。列车车组编号反映列车出厂时标在列车车体上的编号信息，如车体上标有的 101 号，表示第 101 号车，这个信息在列车出厂后，固定不变。列车运营都有一个起点和终点，终点就是列车运行的目的地点，把运营所有目的地点编号，用数字代码对应，这些编号就是列车运行的目的地编号。根据列车运营计划，给运营列车赋予一个目的地点编号，这个信息根据列车运营计划是可变的。

当列车由车辆段或其他地点进入正线开始运行时，列车自动监控系统将根据列车运营计划时刻表由列车自动监控系统赋予运营列车一个列车车次号。也可以人工输入列车车次号，修改和确认列车车次号。在控制中心大屏幕及调度员的工作站终端显示屏上，列车车次号随着列车运行位置不断变化，跟随列车显示。当列车自动监控系统监测到运营列车丢失车次号，或车次号发生错误时，需要由列车驾驶员人工办理输入、修改或删除车次号作业。列车自动监控系统删除某列车的车次号，意味着将该列车的车次号从列车自动监控系统的车次号记录表中清除。车次号可以被系统自动删除，也可以人工删除。

(3) 信息的显示及报告。

控制中心的调度终端显示屏上，或专门设置的大屏幕上，可以直观地显示全线和沿线各站信号设备的布置和工作情况，全线列车运行状况如列车所处位置及车次号、信号机显示状态、道岔位置、轨道电路状态、进路办理和开通状态，车站控制级别(本站控制或中央控制)、行车闭塞方式、车站扣车作业、信号设备状态报警等信息，以及根据调度员的需要显示车辆段内列车运用状况及各种报告等。

2. 列车自动进路功能

列车自动监控系统的列车自动排列进路功能，能够对轨道电路、信号机、道岔实现集中控制，根据列车的运行情况，在适当时机向车站联锁设备发送排列进路命令，转换道岔，开放信号，保证列车的安全运行。列车自动排列进路功能通过捕获列车的车次号信息，来获取列车的运行任务，由车站设备最终完成进路自动排列作业。

控制中心调度员或车站值班员在必要时，遵照管理程序和规章制度，可以进行人工干预，包括人工建立及取消正线各种进路等。调度员和值班员的人工控制命令在被系统执行前，均由中心计算机检查其合理性，并给出相应提示，提醒调度员和值班员注意。

列车自动排列进路功能，取代人工办理进路作业，进路的办理由系统自动完成，可以有效地降低控制中心调度员和车站值班员的工作强度，消除人工办理进路过程中出现的失误和错误，提高系统的运营效率，保证运营作业安全高效地进行。

3. 列车运行调整功能

系统将实际运行时刻表和计划时刻表连续比较，在实际运行偏离计划运行时，能够通过调整停站时间自动调整列车按计划时刻表运行，在此基础上自动产生列车的出发时间。在装备有 ATO 的线路上能够通过对列车运行等级的调整实现对列车运行的自动调整。

(1) 自动调整车站停站时间。当列车运行情况比计划时刻表晚时，系统可以减少停站时间，甚至设置列车跳停，在个别站或者多个站不停站；当列车运行比计划时刻表早时，适当增加停站时间，使实际的列车运行图与计划的列车时刻表尽量接近，减少偏差，保证运营作业按计划实施。

(2) 修改区间运行等级。城市轨道交通中，根据线路的使用情况，可以将列车运行分为不同的运行等级。在不同的情况下，列车运行在不同的速度范围内。如在正常情况下，列车可以运行至线路允许最高速度，这时列车运行等级最高；而在轨道湿滑的不稳定条件下，列车运行最高速度应适当降低，这时列车运行等级较低。根据运营的实际需要，列车运行等级不同。运行等级越低，对应的列车允许运行的速度值越低。在列车运行偏离计划时刻表时，适当调整列车区间的运行等级可以减少偏差，保证运营作业按计划实施。

(3) 人工调整。控制中心调度员可以通过人机界面，修改车站最大、最小停站时间，或为站台设定确定的停车时间，从而改变“列车调整功能”中关于站台停车时间的有关数据。

有些情况下，列车调整功能将受到影响，例如，列车在到达下一停车站发生故障抛锚；调度员对前方列车或下一停站列车实施了扣车命令；列车间隔调整功能延长了停在下一站的列车的停站时间；在下一停站作业或之前对列车实施了紧急停车；下一停站的车站出现紧急情况，站台上的紧急停车按钮被按下等。

4. 列车运行模拟仿真功能

列车自动监控系统提供模拟仿真功能，可以训练操作员和维护人员。模拟仿真是通过仿真手段，离线模拟列车的在线运行，主要用于系统的调试、演示以及人员培训。模拟仿真功能与在线控制模式功能相同，主要的差别是列车的信息不是实际获取，根据列车车次号位置来模拟实际列车。仿真模拟运行能够模拟在线控制中的系统功能，但它与实际的现场设备之间没有任何信号设备表示信息和控制命令的信息交换。

根据列车自动监控系统仿真系统要求，它一般具有列车时刻表管理仿真功能、列车速度仿真功能、信号机逻辑功能模拟、轨道电路、道岔逻辑功能模拟、列车自动防护功能模拟、数据库维护模拟、调度操作和故障仿真功能等。

5. 事件记录、报告、回放功能

列车在实际运行时，ATS 的数据库服务器会储存列车运行的各种信息，并备份记录信息。通过选择，可回放已被记录的事件；提供数据备份和回复功能，并可回放和查询；提供运行分析报告。

具体记录内容包括列车运行数据、列车运行间隔调整情况、实际列车运行图、计划列车运行偏差、ATS 系统报告的重大事件、调度员操作命令、ATS 操作的开始和结束时间、设备故障信息、日期和时间信息、列车情况报告等。

列车运行回放功能允许用户查看一段时间内的列车运行数据，再现过去某一时间段内线路上信号设备状况、列车运行状况以及调度员操作等信息。执行重放功能时需要确定存档文件的位置，存档文件按照一定程序载入系统后，系统处理这些数据文件，启动并执行回放功能。列车运行回放功能对于分析事故和故障原因有很大的作用；还可以用来分析评估列车运营计划，优化运营管理程序，提高调度作业效率。

ATS 中心可提供多种报告，帮助控制中心调度员了解列车运行情况和系统工作情况。系统可根据用户的要求提供各种统计功能，生成各种统计报表（如日报表、周报表、月报表等）。调度员可调用列车运用计划，对它进行修改，发布新的运行计划。这些数据可以通过服务器进行访问、编辑，在需要时可以进行检索、打印。

6. 监测报警功能

ATS 系统能及时记录被监测对象的状态，有以下功能。

(1) 预警、诊断和故障定位能力。

(2) 监测列车防护系统是否正常工作。

(3) 监测信号设备和其他系统设备的接口状态。

(4) 在线监测与报警。

(5) 监测过程不影响被监测设备的正常工作。

在列车自动监控系统相应工作站的显示终端上，有一个报警窗口，显示所出现的故障信息，严重的故障还用音响报警提示，以提醒调度员以及维护人员及时处理，直到恢复正常状态为止。

列车自动监控系统的报警内容包括：①线路上信号设备故障；②轨道电路故障；③车站控制故障；④列车车载系统故障；⑤车辆故障；⑥列车自动监控系统设备故障；⑦接口故障等。所出现的报警信息按照类别、优先权、时间等顺序显示在报警窗口的相应栏中。如果不同的报警同时发生，优先级最高的报警将首先显示。调度员必须对系统发出的严重报警信息进行处理和响应，其过程将被系统记录。

7. 接口功能

列车自动监控系统除了以上所述的基本功能外，还可以与其他控制系统进行数据交换，这些系统包括主时钟系统、车站旅客向导系统、车站广播系统、无线列车调度系统、综合数据处理系统等。

列车自动监控系统与这些系统之间的接口，遵循一定的通信协议和格式，具体接口情况因不同的设备而定。

第三节　ATS 基本原理

一、ATS 控制原理

ATS 系统的控制模式可分为三种：中央级控制、车站现场控制和紧急站控。每种模式都代表操作对给定车站和归属控制地段中的列车运行所采取的控制等级，并且一个车站在同一时间只能处于一种模式。通常情况下，中央级控制为默认模式，ATS 系统自动负责运行列车的进路控制、列车跟踪、运行图编制以及列车运行状态的调整；车站工作站可以向控制中心申请车站现场控制，得到控制中心同意后，该车站控制区域转为车站现场控制模式；当遇到紧急情况时，车站无须向控制中心提出申请即可控制车站，转为紧急站控模式。对于三种控制模式，下面分别介绍。

1. 中央级控制模式

(1) 正常情况下列车的运行处于中央集中自动监控状态。系统的进路控制和列车控制方式如下。

①根据联锁表、计划运行图及列车位置，自动生成、判断、输出进路控制命令，传送到联锁设备，设置列车进路。

②根据计划运行图自动控制列车的运行时分和停站时分，在停站时间终止后，自动发送停车点取消命令到 ATP 设备，允许列车发车。列车在 ATP 的安全保护下，按照 ATS 指令由 ATO 实现列车的自动驾驶。列车运行状况通过车站联锁设备反馈至中央，构成一个闭环的列车运行控制系统。当列车实际运行图偏离计划运行图时，由中央 ATS 自动调整列车的停站时分和区间运行等级，控制列车的运行时间轨迹，使符合计划时刻表。

(2) 中央级控制还包括控制中心的 ATS 人工控制方式。

①采用人工控制时，调度员通过中央调度工作站设置信号机(可以是单个、部分或全部信号机)为人工控制状态，或者将列车设置为非自动调度状态，被设置的列车按图定的走行时分和停站时分运行，对列车的早晚点不进行自动调整。未被设置的信号机、列车仍保持自动进路控制及列车自动运行调整。如图 6.4 所示为 ATS 人工控制方式下的控制流程。

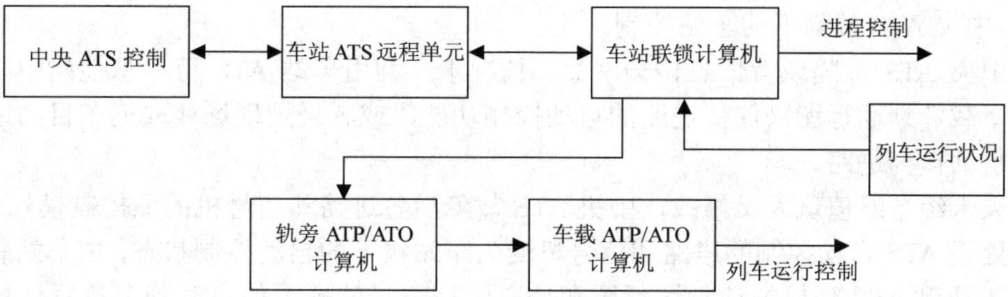

图 6.4　ATS 人工控制方式下的控制流程

②在 ATS 人工控制方式下，调度员在调度工作站上发出相关命令，对进路及在线运行的列车进行人工干预。控制内容包括如下。

(a)进路控制命令。调度员在控制中心的调度工作站上对计算机联锁设备发送进路控制命令，由联锁设备排列列车进路。

(b)列车运行调整。当列车实际运行图严重偏离计划运行图时，调度员采取“扣车”、“跳停”、改变列车区间运行等级、在线修改计划运行图等手段人工调整列车运行。

(c)列车识别。当接收到的列车识别号与中央计算机显示的识别号不一致时，调度员可在工作站上对该列车的识别号进行重新设定、修改、移动和删除等操作。

2. 车站现场控制模式

当中央 ATS 系统故障或车站值班员向控制中心申请控制权时，经过中央调度员的同意，系统控制方式可由中央级控制模式切换为车站现场控制模式。

(1)ATS 系统正常情况下的车站控制。

当中央 ATS 系统(包括信息传输通道)正常时，根据运营需求，中央可以将控制权下放到联锁设备集中站进行车站控制。控制权下放后，车站的进路控制和列车运行控制方式如图 6.5 所示。

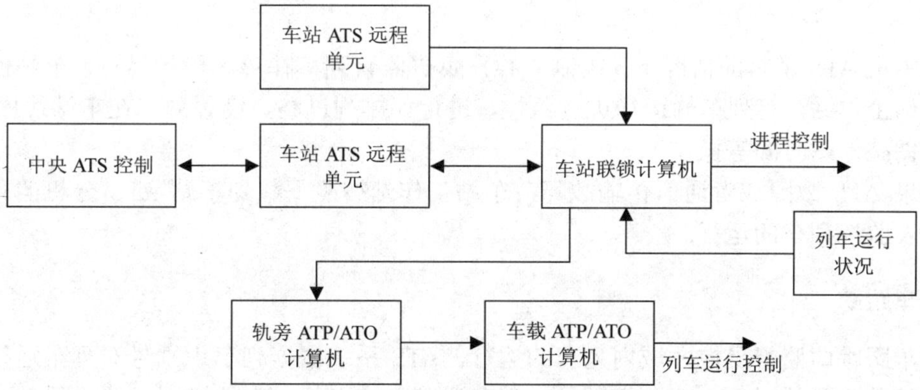

图 6.5　ATS 系统正常情况下的车站控制方式

在车站值班员申请控制权后，未经控制中心确认，所有自动控制的进路和信号机仍维持中央控制模式；控制权下放前处于运行自动调整和非自动调整的列车，在控制权下放后仍然维持原来的列车运行控制和调整方式。

(2) 中央 ATS 故障下的车站控制。

在中央 ATS 故障或者信息传输网故障情况下，利用车站 ATS 分机从控制中心中央计算机下载计划运行图来保持进路的自动控制功能，或者采用现场获取列车目的地号的方式来自动排列进路。

如果未经车站值班人员修改，中央 ATS 故障后各进路和信号机的原控制模式不变，即原来处于 ATS 自动控制的进路和信号机变为车站级下的自动控制状态，由车站联锁设备根据下载到 ATS 分机的计划运行图和获取的列车目的地号信息及列车位置保持这些进路和信号机的自动控制功能；原来 ATS 人工控制的进路和信号机则变为由车站值班员在现地工作站上进行人工控制。

中央 ATS 故障后，除了采用运行图下载方式的信号系统制式外，一般不能维持列车的自动调整运行功能，系统根据区间运行和站台停站时分的缺省值来控制列车的运行。当然，在必要时，车站值班员也可以通过车站工作站执行调整停站时间或者设置车站跳停等操作。

(3) 车站 ATS 远程单元故障下的车站控制。

当车站 ATS 远程单元故障时，列车运行不能实现自动调整，车站值班员在车站工作站上人工排列进路，并可对联锁控制范围内的信号机、道岔和轨道区段进行设置操作。在联锁设备人工控制方式下，联锁设备集中站的值班员可在现地工作站上将信号机设定为联锁自动进路状态，当列车运行至接近信号机的适当位置时，自动触发进路排列命令，由联锁设备为列车排列固定的列车进路，每个信号机只能设置一条固定进路。

3. 紧急站控模式

紧急站控模式是某个区域发生故障，无法使用中心 ATS 服务器时而被迫采取的应急模式。此时区域 ATS 服务器处于激活状态，负责所在区域的监控任务。车站值班员可不经过控制中心的同意，强行取得联锁设备控制权，取得控制权后车站控制区域的控制模式转为紧急站控模式。在该模式下，控制中心调度员无法对该模式控制下的区域进行任何操作。

在中央 ATS 正常的情况下，控制中心只负责监督列车在该区段的运行，车站值班员通过车站工作站，对列车的运行进行监控，进行如排列进路、设置列车在车站跳停/取消跳停、调整停站时间等操作。

如果 ATS 故障或者通信传输故障，车站工作站按照下载到车站 ATS 分机的列车运行计划表监控列车的运行。

二、列车跟踪

列车跟踪即监督受控区域内列车的运行。ATS 系统根据列车识别号对列车运行进行追踪，随着列车的运行，列车识别号在列车追踪系统中从一个轨道区段单元移动至下一个轨道区段单元。列车的移动在调度员工作站上的车次号窗内以列车识别号显示出来。由此来跟踪列车的运行。

1. 列车识别号

列车识别号即列车车次号，轨道交通的列车车次号，有的以上行、下行编号，有的以线路的走向，南、北、东、西编号，也有的以列车运行的目的地编号，加上列车出库顺序和线路编号为列车的车次号，一般有 5 位或 6 位数字组成，前两位为城市轨道交通的线路编号，3、4 位为列车的出库顺序号，最后两位为列车运行的目的地编号，可为列车自动排列进路提供依据。例如，车次号为 011212，代表该列车为 1 号线的列车，它的出库顺序为 12，该列车的目的地是编号为 12 的车站。

列车车次号可作为列车的标识和特定的轨道区段相联系，用于了解列车在区间运行中的具体位置。列车车次号是在列车进入转换轨时被赋予的，当 ATS 系统检测到有列车从车辆段进入转换轨时，列车运行监督及追踪(train monitoring and tracing，TMT)模块马上检查时刻表系统(time table system，TTS)，在时刻表中查找列车的目的地号、发车顺序等信息，如果当前能查找到出车计划，TTS 就会发送报文给 TMT，把时刻表中的车次号赋予该列车。如果时刻表中没有出车计划，TMT 将得不到 TTS 的响应，它就会自动产生一个类似于“FXXX_0”的错误车次号(XXX 表示当天系统生成的第 XXX 个错误车次)，然后 TMT 会发出报警，调度员可根据运行的需要选择是否修改车次号。

如果某一列车出现在列车追踪系统所监视区域，该列车识别号必须报告给列车追踪系统。将列车识别号报告给列车追踪系统的方法如下。

(1)用手动输入。当无法自动导出列车识别号时，必须采用手动输入方法。调度员在其监视区的第一个区段输入列车识别号。

(2)读点(PTI)读入。在系统的边界点，如在车站，可安装检测接近列车的 PTI。当多次读入的车次号被传输时，列车自动追踪系统可以识别出这些读数属于这一列车。

(3)从列车时刻表中导出。列车运营是由时刻表决定的，时刻表系统建议列车的识别号。将车次号输入到相应进入的区段，按它们的出现顺序调用。

(4)在步进检测中产生。步进是列车号从一个显示区段移动到下一个列车移动相应的显示区段的前进。当轨道区段发生从空闲到占用或从占用到空闲的状态变化，或来自 PTI 列车数据的输入，或来自 OCC MMI 功能的人工步进命令的输入时都会产生步进。

2. 列车跟踪

ATS 系统会自动跟踪列车的运行，对于脱离正常运行线路进入车辆段或维修厂的列车，则停止跟踪，并从时刻表中删除该车的车次号。列车车次号作为列车的唯一识别号，在系统中与列车绑定，并随着列车的移动自动地移动。

三、列车时刻表管理

列车时刻表是城市轨道交通中十分重要的组成部分，是地铁运营管理的工作计划及工作基础。列车在运行过程中，依据列车时刻表来控制速度，在列车实际运行偏离时刻表运行的情况下，调度员还可以通过修正时刻表，来实现对列车的自动调整运行。时刻表可分为在线时刻表和计划时刻表，在线时刻表是投入在线控制的时刻表，计划时刻表是准备投入在线控制的时刻表。

时刻表控制主要包括如下。

(1)建立在线/计划时刻表功能。建立计划时刻表，即选择某一基本时刻表，复制到计划时刻表中。建立在线时刻表，即选择某一基本时刻表或计划时刻表，复制到在线时刻表中。

(2) 删除在线/计划时刻表功能。即删除系统中现存的在线/计划时刻表。

(3) 加车功能。向在线/计划时刻表中增加车次。

(4) 减车功能。从在线/计划时刻表中删除车次。

(5) 偏移功能。把在线/计划时刻表的一部分偏移一段时间。

一般情况下，ATS 系统具备时刻表编辑功能，一个完整的时刻表包括标准值表、列车运行时分表(TTT)、列车停站时分表(DTT)。标准值表中包含 4 项内容，每项都包含最大值、最小值及缺省值。这些数值均根据设备条件和运营的要求定义，一般不轻易改动。编表时由人工输入 TTT 及 DTT 的计划值(该值需满足在标准值表里定义的相应最大值和最小值)，然后分别生成若干个 TTT 及 DTT 的模块并命名保存，以供编制 PTT 模块的选择。

列车时刻表的编辑过程如图 6.6 所示。编辑时刻表之前需要输入基本数据，基本数据包括列车运行时分数据、列车停站时分数据、每个时段的计划行车间隔、计划运行周期、计划折返时分等。

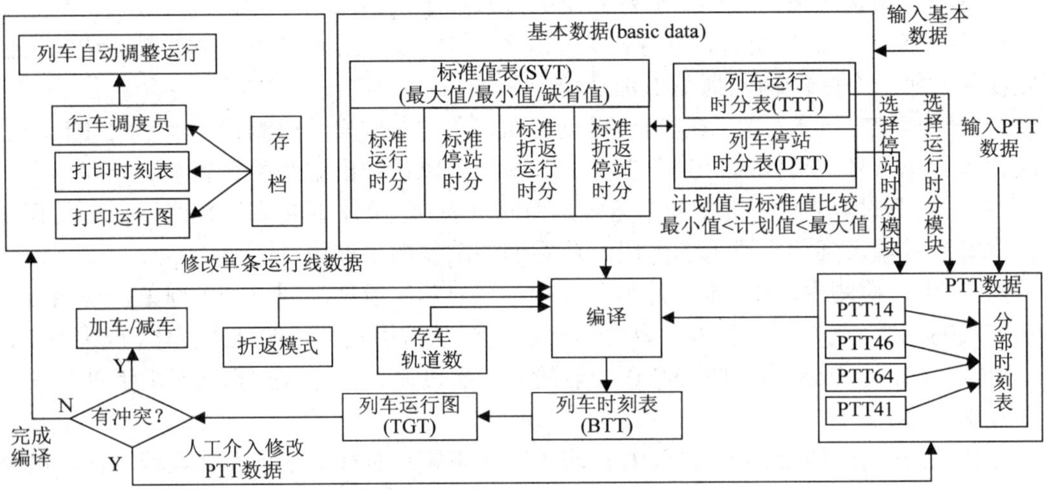

图 6.6　列车时刻表编辑过程示意图

四、列车运行图技术及时刻表调整

1. 列车运行图

(1) 运行图基本概念。

列车运行图是列车运行组织的基础，是运用坐标原理来表示列车运行的一种图解方式，列车运行图的横坐标表示时间，纵坐标表示距离，并用水平线代表各个车站的中心位置，垂直线表示时间，水平线间隔表示车站间的距离，垂直线间隔表示时间单位。列车被看成一个质点，斜线是列车运行的轨迹，代表列车运行线。列车运行线与车站中心线的交点就是列车在车站的到达、出发和通过时刻。在运行图上用右上斜线代表上行列车，右下斜线代表下行列车，列车运行线与水平线的交点就是列车在每个车站到、发或通过时间。

(2)运行图分类。

列车运行图分为 3 种类型：计划运行图、实际运行图和复合运行图。其中，计划运行图是时刻表的运行图形式；实际运行图是列车运行记录的运行图形式；复合运行图是将计划运行图和实际运行图绘制在同一张纸上。

运行图按照时间轴刻度分类，可以分为一分格运行图、二分格运行图、十分格运行图、小时格运行图。

运行图按区间正线数分类，可以分为单线运行图、双线运行图、单双线运行图。

按列车运行速度差异分类，可以分为平行运行图、非平行运行图。

如图 6.7 所示为单线平行运行图。

(3)运行图组成要素。

运行图是列车运行组织的基础，便于实现综合性的运营管理计划。运行图涉及运营的各个业务部门。列车运行图的要素包括如下。

①列车区间运行时间。指列车运行于两个相邻车站之间的运行时分。

②列车在中间站的停站时间。为办理列车作业等在车站上所需要的最小停站时间标准。

③列车追踪间隔时间。追踪运行列车之间的最小间隔时间称为追踪列车间隔时间，列车间隔时间是指在保证列车安全运行的前提下，前后列车必须保持一定的距离间隔，此距离间隔可换算为时间间隔，此时间间隔的最小值就是列车追踪间隔时间。

此外，还有区间运行等级、折返时间、车站间隔时间等也可以在运行图上显示出来，如图 6.7 所示。

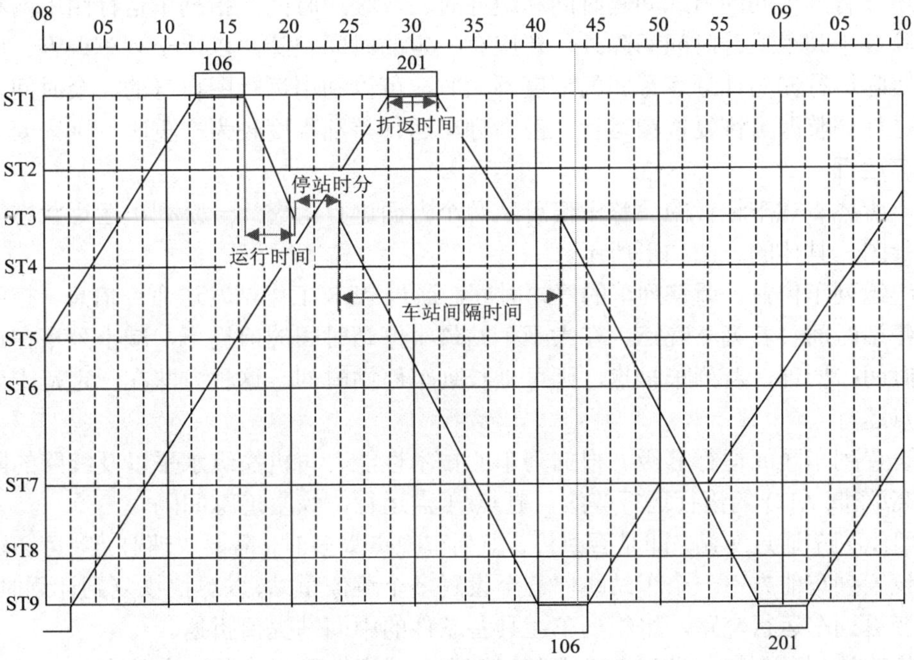

图 6.7　单线平行运行图

2. 列车运行调整技术

由于实际情况的复杂性，列车运行经常出现偏离基本运行图的问题，尤其是在列车运行密度高的城市，同时，由于城市轨道交通列车追踪间隔较小，前行列车的出站晚点通常造成后行列车的“紧随到站”甚至“站外停车”，晚点列车与后行列车之间实际追踪间隔显著小于列车运行图图定标准，并且导致出现非正常扰动，进而局部线路甚至全线的列车运行秩序紊乱。为解决上述问题，必须采取地铁列车晚点的自动调整措施，恢复图定追踪间隔，最终实现按图定运行。

列车运行调整(ATR)技术是对列车运行图阶段计划的优化，是根据本调度台管辖范围内列车运行图、列车实时运行情况以及相邻调度台预报的列车到达情况，规划一定时间段的运行调整计划，由此来达到提高列车正点率、列车运行效率等综合目标。

(1)列车运行调整所需采集的数据。

要实现列车运行调整功能，首先需要对列车运行情况以及轨道、道岔、信号等设备状况进行集中监督。具体需要的数据包括如下。

①基本数据。包括车站的顺序和种类、站间运行时间、各站的停站时间、车站与折返线之间的运行时间、折返时间和计划时刻表数据等。

②实时数据。主要包括调度员下达的实时控制指令、列车运行的实时位置和运行速度、列车运行安全距离等。

(2)列车运行调整策略。

列车运行调整主要包括自动调整和人工调整。ATR 本质上是对时间的调整，列车在运行过程中所涉及的时段包括车站间运行时分和列车停站时分，从运行图角度看，调整的参数还要有列车间的追踪间隔时间和缓冲时间。缓冲时间是指列车运行图上两相邻列车间，除最小列车追踪时间间隔外，还应有一定的时间空隙，以用于列车调整。所以，当列车实际运行偏离计划运行图的程度不大时，可以利用运行图自身的冗余时间，对个别列车进行调整即可恢复按图运行，但当列车运行紊乱程度较为严重时，则需要大幅度调整列车运行。

综上所述，列车运行的调整策略可从两个方面进行考虑，一是列车运行状态，二是列车运行图。具体的方法如下所示。

①组织列车作业，调整列车的停站时间。通过 ATS 工作站发送命令信息，控制站内列车的停站时间。若列车晚点，在大于车站最小停站时间的前提下，减小列车在该站台的停站时间；同理，若列车早点，则可延长列车停站时间。这种方法在一定范围内调整列车正点运行。

②设置列车区间运行等级。根据列车的技术性能、司机操纵水平以及线路的限速条件，提高/降低 ATO 的惰行运行等级，赶点/压点运行，恢复追踪间隔。

③组织列车通过车站，即是否跳停。当列车晚点太多时，需要快速赶点，可通过 ATS 工作站设置列车前方下一个车站跳停甚至设置多个跳停车站，以尽快恢复到计划时刻上。

④变更列车运行交路，组织列车在具备条件的中间站提前折返。

⑤修改计划时刻表。当列车晚点时间较多，或者涉及晚点的列车较多时，可以考虑直接修改计划时刻表，尽可能减少对整个系统的影响，保证系统的有序运行。采取始发

站提前或推迟发车、增/减车次(增加/抽除运行线)、偏移时刻表、重新建立运行次序等方法。

(3) 列车运行调整实现过程。

列车自动调整实现过程中，ATR 比较列车实际运行时分与计划时刻表内的运行时分，调整计算后的结果(运行时分计算值)以 ATP-C 的报文形式，经过轨道电路(或信标、感应环线等)传递给车载 ATO 单元。同时，ATS 通过控制运营停车点(OSP)的释放时机，来控制列车发车时刻，从而达到调整列车在站内的停站时间，这就是自动列车调整的基本原理。如图 6.8 所示为列车自动调整原理图。

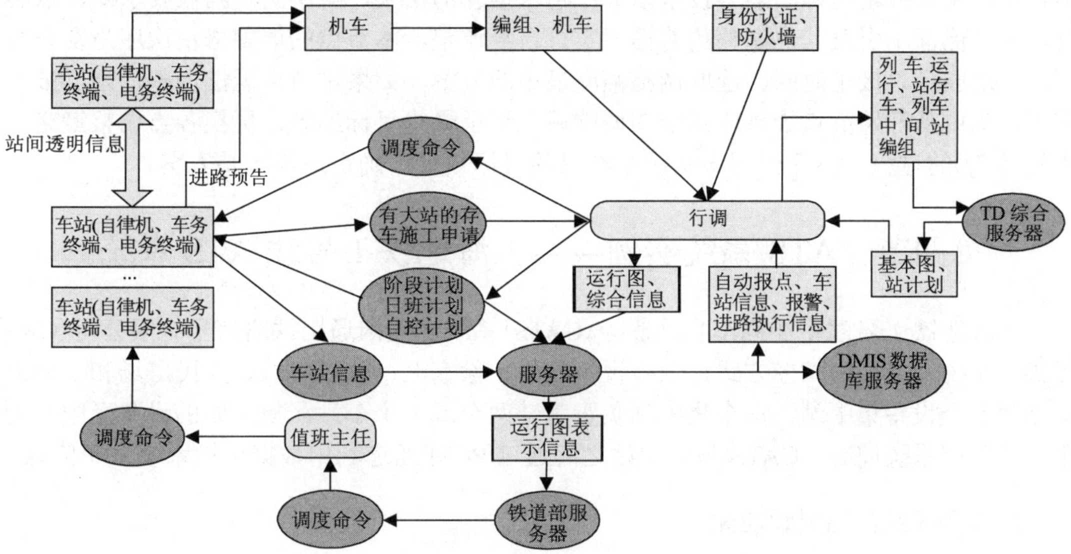

图 6.8　列车自动调整功能实现框图

(4) 列车运行调整的算法。

①线路算法。线路算法主要是快速和自动地管理由较小的线路干扰造成的延误。所谓线路干扰是指列车与时刻表相比提早或滞后的状态。线路算法是通过调整列车的停站时间和运行等级，动态和自动地调整列车运行性能和列车运行时刻，使列车延误造成的影响减小甚至消失，以使本站的出发计划误差和下一站的到达计划误差最小。调整列车间的空间间隔，以平稳地脱离线路干扰。线路算法对列车运行的监视和控制是从列车刚开始进入运营开始的，当线路算法确定一列车的实际运行与计划时刻表不一致时，将产生一个报警，调度员能从时刻表控制中撤销一列车或修正时刻表误差并取消这一报警，同时，调度员可以中止线路算法的自动运行。

②进路控制算法。进路控制算法将监控所有运营中列车的进路。列车上所存储的进路应能被控制中心改变。控制中心能自动或由控制台发出命令，要求改变目的地，并且能验证列车已收到的新目的地。

对于列车运行调整的具体算法，国内外已经有了诸多研究，下面详述重庆轻轨采用的列车自动调整算法：模型算法。

城市轨道交通采用闭环运营，列车运行是一个动态过程，随着时间变化，技术条件也在不断变化(车站接发车能力、机车周转状态等)。因此，可以对模型采用动态规划算法处理，将列车运行调整分为多个阶段，各阶段在符合约束条件的前提下，按目标函数采用不同策略。为避免调整中使用穷举法带来的组合爆炸问题，使用了一些定量化决策，确定分支的部分限定，提高实现效率。

具体调整过程如下：①先设置运行图列车调整次序，按实现、部分实现、计划开始时间依次排序；②进行单车调整，根据机车在线状态和机车折返时间，确定列车始发时机；③进行逐点调整，按一定的约束条件测试节点，考虑节点的前后区间冲突、车站股道使用冲突、列车追踪间隔等技术指标；④根据③的结果，对不满足约束要求的节点实行调整，保证不引发其他调整的前提下实行自身调整，本节点的调整修正次序为发车时间、使用股道、接车时间，选取调整幅度最小的方案，如果本节点无法调整，则反推上节点，也可从开始节点推算；④全图调整后，记录最终目标结果，更换各点调整策略，重复②~④的过程，然后根据多套调整结果的目标效果，确定最终调整方案。

第四节　ATS 系统实例——上海地铁 1 号线 ATS 系统

上海地铁 1 号线中心列车自动监控(CATS)系统由美国通用铁路信号有限公司(GRS)提供。系统采用集中站控方式，全线设新龙华、徐家汇、陕西南站、人民广场和上海火车站等 5 个设备集中站，每个集中站负责管辖两个或三个车站，集中站的设备受中心列车自动监控系统控制。CATS 与集中站之间通过 PCM 通道利用数据传输系统交换信息。

一、ATS 子系统的组成和功能

CATS 系统是一个针对列车运行的计算机实时控制系统，是地铁列车运行的调度指挥系统，它主要由 4 台 VAX 计算机和 4 台 SUN 工作站组成，它通过各集中站的数传单元(DTM)与轨旁 ATC 和车载 ATC 设备接口，并通过它们间接地控制列车的运行，它把全线的轨道电路、道岔、进路、信号机、列车等信息搜集到控制中心，并在工作站屏幕和大表示屏上显示出来，以供调度员了解现场情况，它处理现场表示信息，按时刻表的要求产生相应的自动控制命令，或接收并执行调度员的人工控制命令，它把控制命令传送给轨旁 ATC 设备，以控制列车的进路和停站时间，它把车号和运行等级传送给车载 ATC 设备，以控制列车的目的地和区间运行速度，从而使全线的列车按时刻表均匀、有序地运行。

CATS 正常工作过程如下。

(1)控制中心根据时刻表，通过 DTS 向集中站发送控制命令。

(2)集中站处理后，通过轨旁设备自动排列进路、开放信号机；向列车发送 ATP 速度命令和开关车门命令。

(3)轨旁设备将列车位置、车号、道岔位置、信号机状态等信息反馈到 CATS。

(4)CATS 根据这些信息表示，对停车时间、运行等级等进行调整，维护列车按时刻表运行。

如图 6.9 所示为 ATC 系统信息传送流程图。

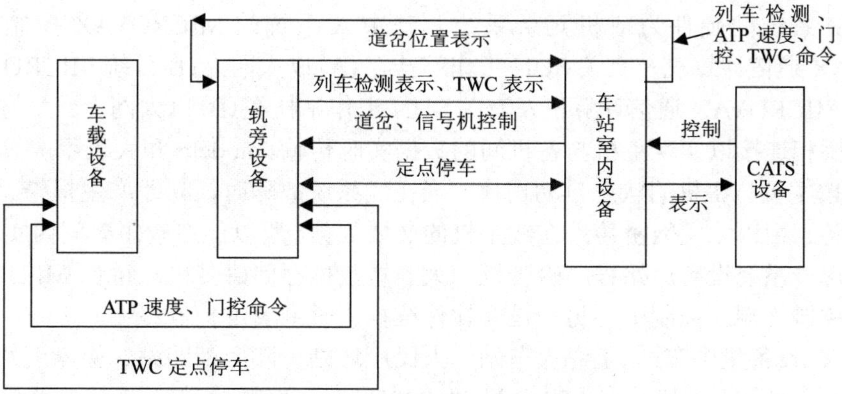

图 6.9　ATC 系统信息传送流程图

CATS 系统由硬件系统和软件系统两部分组成。

1. 硬件组成

如图 6.10 所示，CATS 硬件由 MICROVAX4200 控制计算机、MICROVAX4200 通信计算机、10Mbit/s 以太网、人机接口的 SUN 工作站和大表示屏以及与各车站 ATC 设备通信的 modem 等组成。

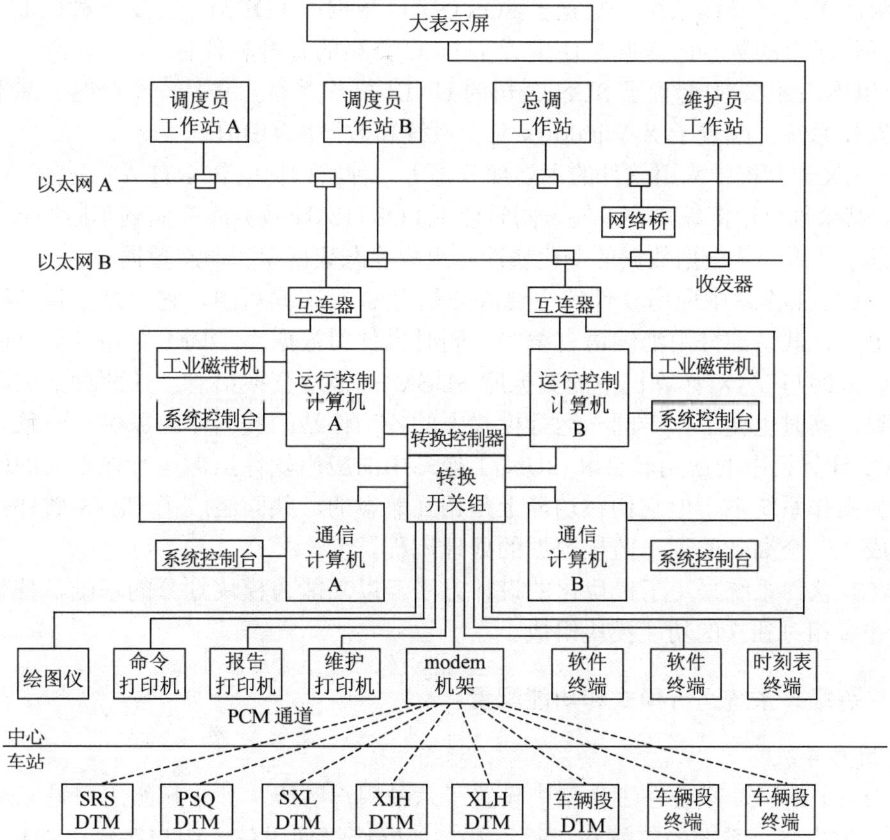

图 6.10　CATS 子系统硬件组成方框图

CATS 系统的硬件为双机冗余系统。其中 A 系统的 MICROVAX 控制计算机和 MICROVAX 通信计算机及有关 SUN 工作站挂在(A)以太网上;B 系统 MICROVAX 控制计算机和 MICROVAX 通信计算机及有关 SUN 工作站挂在(B)以太网上。A 与 B 两个以太网由网桥相连接以实现主机与备机间的数据实时传输。modem 和大表示屏等由 T-BAR SWITCH 按主机与备机的状态自动切换。当在线系统故障时，立即产生报警。由于设备机早已具备了由以太网网桥传来在线主机的必要数据，所以能在较短时间内实现主/备机的切换。每一系统设有原始程序磁带机和大容量数据存储磁带机；每台 MICROVAX 机有自己的控制终端；控制中心另外设有软件维护、时刻表维护等终端。

在 ATC 设备集中车站(上海火车站、人民广场站、陕西南路站、徐家汇站和新龙华站/锦江乐园)和车辆段都设有 ATS 分机。由 2400bit/s 速率的 modem 连接各分机至 CATS，并利用 PCM 专用话音通道进行通信。分机功能包括如下。

(1)采集现场设备的信息，包括联锁状态、区间列车占用和 TWC 信息等。

(2)传送 CATS 的监控指令，如进路排列、开放信号等(至车站现场设备)、列车目的地号的接收和解译控制。

2. 软件组成

(1)VAX 计算机中配置了 DEC 公司的 VMS 操作系统，它是一个实时、虚拟存储、基于硬盘的多用户操作系统。配置了 FORTRAN 数据库 FDBM，它是一种以 FORTRAN 语言为操作语言的数据库。同时还配置了 DEC 公司的各种软件包。

(2)SUN 工作站中配置了 SUN 公司的 UNIX 操作系统，它是一个分时、基于硬盘的多用户操作系统。配置了 X-Windows 窗口系统和数据库 DBM。

(3)VAX 计算机中应用软件的主要部分是用一种结构化的 FORTRAN 语言——FLECS 编写的，其余部分用汇编语言编写。同时使用 FORTRAN 数据库存储列车监控数据，供各种执行程序使用。并根据数据的变化属性，组成静态数据库和动态数据库。

(4)SUN 工作站中应用软件的主要部分是用 C 语言编写的，它也是一种结构化的程序设计语言，其余部分用汇编语言编写。同时也使用数据库 DBM 存储列车监控数据，并通过以太网与 VAX 计算机中的数据库 FDBM 高效地交换信息，使两种数据库的映象保持一致，同时也使工作于同一运行模式中的各工作站的数据库映象保持一致。

VAX 计算机中的应用软件和 SUN 工作站中的应用软件虽然运行在不同的硬件机器和不同的操作系统中，但它们在功能上是相互兼容的，共同组成了 CATS 软件系统的整体，形成了一个高效的列车监控数据的处理流程。

CATS 软件系统采用了模块化的设计方法，以功能为模块划分的基础，使整个软件系统由许多相对独立的功能模块组成。

二、用户等级、系统运行模式和功能配置

1. 用户等级

如表 6.1 所示，系统在工作站中设置了六种用户等级。其中超级用户是 CATS 系统管理员，负责整个系统的完好和运行正常。他能选择使用任一用户等级，能执行 CATS 系统的所有功能，故其等级最高。维护员是系统的设备维修人员，他的职责是维护保养

各种软硬件设备。监督员(即总调)、调度员、时刻表管理员和车辆段调度员是系统的运营操作人员，他们的职责是使用系统、控制列车的运行。

表 6.1 用户等级划分及权限

用户等级	系统运行模式			功能软件包			进入 UNIX	关闭 CATS
	在线	模拟	复示	报告	时刻表	工具		
超级用户	Y	Y	Y	Y	Y	Y	Y	Y
维护员	Y	Y	Y	Y	Y	Y	Y	Y
监督员	Y	Y	Y	Y	—	Y	—	—
调度员	Y	Y	Y	Y	—	Y	—	—
时刻表管理员	—	—	—	Y	Y	—	—	—
车辆段调度员	—	—	—	Y	—	—	—	—

在用户登录系统时，系统根据用户名和口令识别用户属于哪一等级，然后给用户提供规定的功能。

2. 系统运行模式

系统设置了三种运行模式：在线控制、模拟运行和运行复示。在线控制即系统监控实际的列车运行，是 CATS 系统的主要运行模式。模拟运行即系统模拟在线控制运行，是 CATS 系统的辅助运行模式，用于系统调试、演示和培训。运行复示即系统重放以前的运行记录，真实地再现以前的系统运行情况。

3. 功能配置

(1)报告功能。报告功能的作用是把系统的运行记录或时刻表数据分类，并按一定的格式输出。

(2)时刻表功能。时刻表功能的作用是建立和维护时刻表、运行时间和运行等级数据库，是专供时刻表管理员使用的。

(3)工具。软件工具的作用是监视 CATS 系统的运行状况，管理、维护和调试 CATS 系统。

(4)进入 UNIX。进入 UNIX 后，能对系统软件和 CATS 软件直接进行操作，以管理和维护系统。若使用不当，会严重破坏系统的完好性。

(5)关闭 CATS。关闭 CATS 即终止工作站上 CATS 软件系统的运行，工作站将退回 UNIX 用户界面。只有超级用户和维护员才有权关闭 CATS 软件系统。

三、ATS 子系统在线控制功能

在线控制功能是 CATS 系统的主要控制功能，监控实际列车运行。A、B 两个系统同时运行再现模式，一主一备，主机故障后手动切换。

在线控制功能包括信号控制、列车描述、列车调整、时刻表控制和列车运行图五个部分。

1. 信号控制

即对车站信号设备的控制，包括如下几个方面。

(1) 设置控制模式。即设置站控/遥控模式。站控模式系统处于运行监督状态，所有对车站信号设备的控制均不能执行；遥控模式系统能执行它的所有控制功能。控制模式的转换必须经车站和中央双方同意后方能进行，只有紧急站控可由车站直接进行，但紧急站控后只能转回站控，而不能直接转回遥控。

(2) 设置终端模式。即在终端站 SRS、XJH、XLH 和 JJP 选择哪条进路进行列车折返。当设定了终端模式和相应的自动信号时，车站信号设备将根据列车的目的地号，自动为列车排列进路。

(3) 信号机控制。即控制信号机的工作模式，也即设置/取消通过/自动信号。为安全起见，系统并不直接控制信号机的开放与关闭，即中心无信号单操，信号机是随进路的排定而开放，随进路的占用而关闭的。

(4) 进路控制。即设置/取消进路。为安全起见，系统并不直接控制道岔的转换，即中央控制无道岔单操。系统也不直接排列进路，而是通过设置通过信号和自动信号，由车站信号设备排列进路。

(5) 呼叫车站。车站控制台上的铃鸣响，以提醒车站值班员与调度员联系的一种信号。只在电话联系不上时才使用此功能。

2. 列车描述

列车描述包括三部分：车号、司机号和车辆号，各由五位数组成。车号的前三位是运行号，后两位是目的地号，运行号是列车的标识，是系统把列车与时刻表相联系的基础，也是系统表示和控制列车的基础，目的地号指明列车的终点站，是系统触发车站信号设备，为列车自动排列进路的手段和依据。系统把目的地号传送给列车，然后列车在行进中把目的地号传送给车站信号设备，从而排列合适的进路，所以车号(运行号+目的地号)是列车描述中的主要部分。司机号的设置是为了系统能跟踪司机的行车记录，从而产生司机运行报告。车辆号的设置是为了系统能跟踪车辆的行车记录，从而产生车辆里程报告。具体功能如下。

(1) 定义列车描述。即设置列车的运行号、目的地号、司机号和车辆号。

(2) 修改列车描述。即修改列车的运行号、目的地号、司机号和车辆号。

(3) 取消列车描述。即删除计算机中以及工作站/大表示屏上的列车描述。

(4) 显示列车描述。即在工作站屏幕上显示列车描述。

(5) 移动车号。即把车号从一个车号窗移到另一个车号窗。

(6) 设置 ATP 模式，即设置 ATP/ATO 切除模式，系统并不能控制列车上的 ATP 模式。

3. 列车调整

即调度和调整列车的运行。

(1) 设置系统模式。即选择系统自动化控制的程度，有全人工、人工调度、人工调整和自动调整四种系统模式。

(2) 设置调度模式。即设置系统的自动调度模式，人工调度并不受此限制。

有列车和顺序两种模式：列车模式是按列车的车号调度列车，顺序模式则是按列车的先后顺序调度列车，不管车号如何。在1号线中，由于存车线较少，不可能存放多个列车。列车到终端站后，一般均需再次出发。故顺序调度模式是常用模式。

(3)列车控制。即启动和取消/恢复系统对列车的自动控制。

(4)站台控制。即控制列车的停站时间和运行等级。有显示/设置停站时间和运行等级、扣车和终止停站五个功能。

(5)跳停。即对单个列车或全部列车设置/取消在某个站台的跳停。

(6)指定下一车次。即选择时刻表中某终端站下一趟发车的时间和车号。

(7)显示下一车次。即在工作站上显示时刻表中所有终端站的下一趟发车的时间和车号。

4. 时刻表控制

即管理和调整在线时刻表和计划时刻表。

(1)建立计划时刻表，即选择某一基本时刻表，复制到计划时刻表中。

(2)建立在线时刻表，即选择某一基本时刻表或计划时刻表，复制到在线时刻表中。

(3)删除在线/计划时刻表，即删除系统中现存的在线/计划时刻表。

(4)加车，即向在线/计划时刻表中增加车次。

(5)减车，即从在线/计划时刻表中删除车次。

(6)偏移，即把在线/计划时刻表的一部分偏移一段时间。

5. 列车运行图

有三种运行图：计划、实际和复合运行图。计划运行图是时刻表的运行图形式，实际运行图是列车运行记录的运行图形式，复合运行图即把计划运行图和实际运行图绘制在同一张纸上。系统可绘制今天或昨天的运行图，或其中任一段时间的运行图。

四、ATS 子系统的操作

当维护员开启工作站，启动 CATS 系统，显示语言选择窗时，调度员即可开始操作。一般操作流程如下。

1. 进入系统

若用户选择的是在线或模拟运行模式，工作站将显示站场图形窗、命令菜单窗、告警信息窗、处理器状态窗、时钟窗等。

2. 建立在线时刻表

每天运行开始前，必须建立在线时刻表，可以先建立计划时刻表，再建立在线时刻表，也可以直接建立在线时刻表。

3. 设置设备的工作模式

为使系统正常而有效地工作，每天运行开始前，应设置适当的设备工作模式。

4. 设置停站时间和运行等级

为使列车能按时刻表正点运行，每天运行开始前，应根据时刻表的要求，为每个站台设置适当的停站时间和运行等级。人工调整时不应设置自动停站时间和运行等级，自动调整时应尽可能地使用自动停站时间和运行等级。

5. 调度列车出车辆段，进入正线

应与车辆段调度员联系并配合，使列车按时刻表的要求及时到达并停在车辆段出口处。

6. 调度列车从终端站发车

人工调度时，用进路控制功能按时排列进路，指挥列车出发，自动调度时，系统将按时自动排列进路，指挥列车出发。

7. 监控列车运行

可用显示下一车次功能，查看各终端站的下一趟发车时间和车号，也可打开工具中的下一车次监视窗，连续地监视各终端站的发车车次和发车情况。

8. 调整列车运行

若列车的早晚点超出了允许的范围，可用下述方法调整列车运行。

(1) 若列车晚点，可用终止停站功能使列车提前出发。

(2) 若列车早点，可用扣车+终止停站功能使列车延长停站时间。

(3) 若列车晚点太多，需要快速赶点时，可使用跳停功能，一般对始发站的空车使用跳停，否则需提前通知旅客。

(4) 若运行紊乱太大，使在线时刻表的要求无法实现时，可用时刻表控制中的加车、减车和偏移功能调整在线时刻表，重新建立运行次序。

9. 常见故障和异常情况处理

(1) 当车号跟踪不上列车时，可用移动车号功能使跟踪正常。

(2) 当车号发生错误时，可用修改列车描述功能加以纠正。

(3) 若某终端站的下一车次不对时，可用指定下一车次功能进行调整。

(4) 当因某种特殊情况需要临时增加或减少车次时，可用加/减车功能调整在线时刻表。

10. 运行结束处理

(1) 可用报告功能打印所需的各种报告。

(2) 可用列车运行图功能绘制所需的列车运行图。

(3) 删除在线时刻表，以便次日运行开始前能建立新的在线时刻表。

(4) 离岗时，应退出系统，以防他人乱用工作站，造成不良后果。

第七章　CBTC 系统及相关标准

本章内容主要分为两部分，第一部分为CBTC系统简介，包括系统结构、原理，以及CBTC系统相关的技术基础，同时，根据实际应用情况，对CBTC后备系统进行介绍；第二部分为现用的CBTC系统相关技术规范及标准，主要介绍IEEE Std 1474.1、IEEE Std 1474.2、IEEE Std 1474.3、IEEE Std 1474.4的相关内容。

第一节　CBTC 系统简介

基于通信的列车控制系统最早出现于20世纪60年代，1999年9月，IEEE将CBTC定义为："利用高精度的列车定位(不依赖于轨道电路)，双向连续、大容量的车–地数据通信，车载、地面的安全功能处理器实现的一种连续自动列车控制系统"。

一、CBTC 系统结构

1. CBTC 系统结构及功能

CBTC系统主要为列车控制和信息传输两大部分，其中列车控制部分为ATC系统，包括ATP、ATO、ATS三个子系统，完成对列车状态信息及数据信息的处理，并控制列车的安全运行。信息传输部分采用无线通信系统，进行连续双向的车–地通信完成列车、地之间的信息传输，包括地面向车载传送的线路数据，控制中心发来的控制命令，以及车向地面控制设备传递的列车位置、速度及其他状态等信息。

如图7.1所示为基于IEEE标准的CBTC系统控制的基本结构图。一个典型的CBTC系统应包括列车自动监控系统、区域控制器、数据库存储单元、联锁子系统、车载控制器以及数据通信系统。各部分的功能如下所述。

(1) ATS完成列车运行监控和控制，是非安全系统，主要功能有时刻表编辑与维护、进路排列、运行图的调整、列车运行记录及报警显示等，在控制中心显示控制范围内列车的运行状态和设备状态，辅助调度人员对全线列车进行管理。

(2) 区域控制器(zone controller，ZC)安装在轨旁，是基于处理器的安全控制器。ZC基于该区域内所有列车的位置和方向，根据来自列车的位置报告跟踪列车并对区域内列车发布移动授权，实施联锁，并持续更新和传输。计算移动权限，以保证列车安全隔离，并达到最小的列车运行间隔。车载控制器利用MAL信息来执行ATP和ATO功能。

(3) 数据库存储单元(database storage unit，DSU)系统保存所有的线路数据信息和配置文件信息。依照车载VOBC系统与区域控制器系统的要求完成线路数据的实时查询和数据更新工作，接收ATS系统的命令，完成动态信息的修改工作。

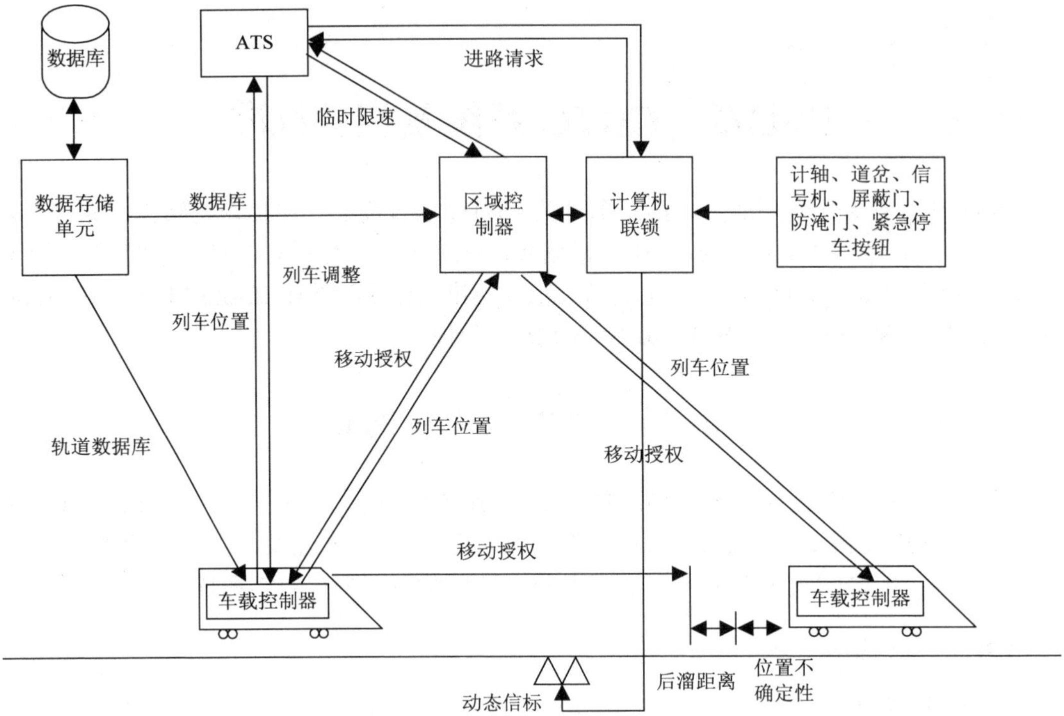

图 7.1　基于 IEEE 标准的 CBTC 系统结构图

(4) 计算机联锁（computer interlocking，CI）完成管辖范围内列车进路的办理和取消，以及道岔等设备的采集和相关操作。

(5) 车载控制器（veicle on-board controller，VOBC）子系统包括基于微处理器的控制器、相关速度测量机位置定位传感器。车载设备与列车的各个子系统接口，并通过数据通信系统与区域控制器接口。主要负责列车安全定位，通过速度传感器和加速度传感器来确定列车的位置，并根据应答器绝对位置信息，矫正列车定位，提高列车位置精度，同时接收 ZC 发送的移动授权 LMA，对列车进行安全控制。

(6) 数据通信系统（data communication system，DCS）实现 CBTC 系统每个子系统之间的数据传输。DCS 系统包括地面骨干网络和地车无线网络，骨干网络采用双重冗余以太网结构。

CBTC 系统的 ATP 功能主要包括速度/距离曲线的确定、速度/距离曲线的执行、安全的车门控制，以及常用制动和紧急制动请求的发布等。ATO 功能包括速度控制、停站和非安全的车门控制。在列车运行过程中，ATO 子系统在 ATP 的监督下执行其规定功能，同时与 ATP 交换数据。ATO 使用轨道储存数据来执行程序站停和进路信息。在人工 ATP 模式下，ATO 连续计算和显示列车行驶信息，但不能控制列车。

2. CBTC 系统特点

相对于传统基于轨道电路的列车控制系统，CBTC 系统的特点如下。

(1) 大容量连续双向的车–地通信。

(2) 高精度的列车定位。

(3) 地面及车载设备均采用安全计算机实施处理列车状态、控制命令，实现连续的间隔控制、进路控制、速度防护及自动驾驶等。

(4) 列车运行控制灵活、高精度，可实现移动闭塞。

(5) 设备集成度高，可减少地面设备，便于维修，系统结构简洁，并可改善可靠性和可维护性，有利于降低系统全寿命周期内的运营成本。

(6) CBTC 信息可叠加在既有信号系统上，便于既有线的改造，可实现城市轨道交通的互联互通。

二、CBTC 系统技术基础

CBTC 系统引入了通信子系统，建立车地之间连续、双向、高速的通信，列车的命令和状态可以在车辆和地面设备之间可靠交换，使系统的主体 CBTC 地面设备和受控列车紧密连接在一起。所以“车地通信”是 CBTC 系统的基础。同时，列车定位信息在 CBTC 系统中也具有相当重要的地位，几乎每个子功能的实现都需要列车位置信息作为参数之一，车地通信和列车定位共同构成 CBTC 系统的两大支柱。

此外，移动闭塞作为一种新型的闭塞制式，也是实现 CBTC 的关键技术之一。移动闭塞是基于区间闭塞原理发展起来的一种新型闭塞技术，代表了未来闭塞制式的发展方向。移动闭塞技术详见第三章 ATC 系统分类。

1. 信息传输技术

CBTC 系统中主要采用的车–地通信技术有以下几种。

(1) 查询–应答器。

查询-应答器(reader/balise)在线路上按照一定的间隔沿线布置应答器，列车上对应应答器的位置安装查询天线，查询天线不断地向地面发射具有一定能量的信号，当列车驶过应答器时，在车载查询天线与地面应答器对准的瞬间，地面应答器利用感应到的信号能量开始工作，将存储的线路信息和位置信息向列车发送，并由查询天线负责接收该位置信息。图 7.2 所示为查询–应答器工作原理。

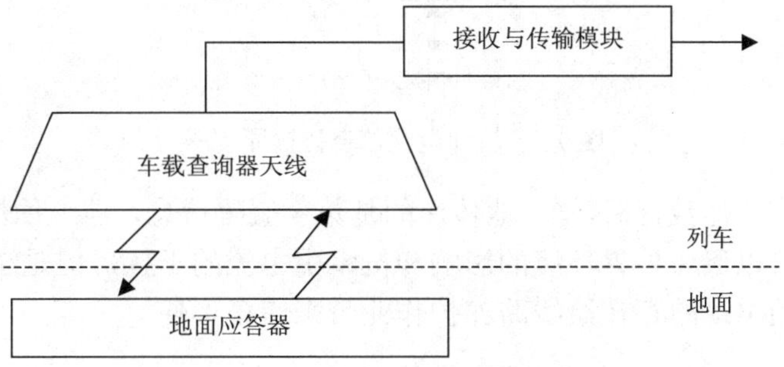

图 7.2　查询–应答器的工作原理

地面应答器分为无源和有源两种。无源应答器主要存储固定基础数据，如线路信息、限速等；而有源应答器则与轨旁电子单元连接，由电子单元负责传送相关信息给应答器。

(2) 轨间电缆回线。

轨间电缆回线(loop)可以实现车–地信息间的双向通信。具体是在两根钢轨之间铺设交叉感应环线，一条环线固定在轨道中央的道床上，另一条环线固定在轨腰的下方，它们每隔一定距离(地铁中一般为 25m)进行交叉。

中继器是信息传输的中间环节，室外和室内设备之间的联系是采用控制中心和沿线设置的若干个中继器 2 级控制方式来实现的。它的功能是把控制中心的命令通过轨间电缆传递给车载设备，并将列车信息传输到控制中心，控制中心与轨间电缆之间的信息交换以及包括频率变换、电平变换、功率放大等功能都是通过中继器来完成的。中继器到车载设备和车载设备到中继器的传输采用不同的传输频率，两种信息在同一条电缆中进行传输。

作为列车与地面之间的双向通信媒体，采用 1.2Kbit/s 的传输速率。在列车控制中心通过轨间交叉回线接收沿线的信号显示、道岔位置、列车的有关信息，计算出它管辖的区段上每一列车当前最大允许速度，再经轨间电缆传至相应列车，实现速度控制或由控制中心将有关信息通过轨间交叉回线传递给机车，由车载计算机计算出它自身的最大允许速度。

图 7.3 所示为轨间电缆信息传输原理图。

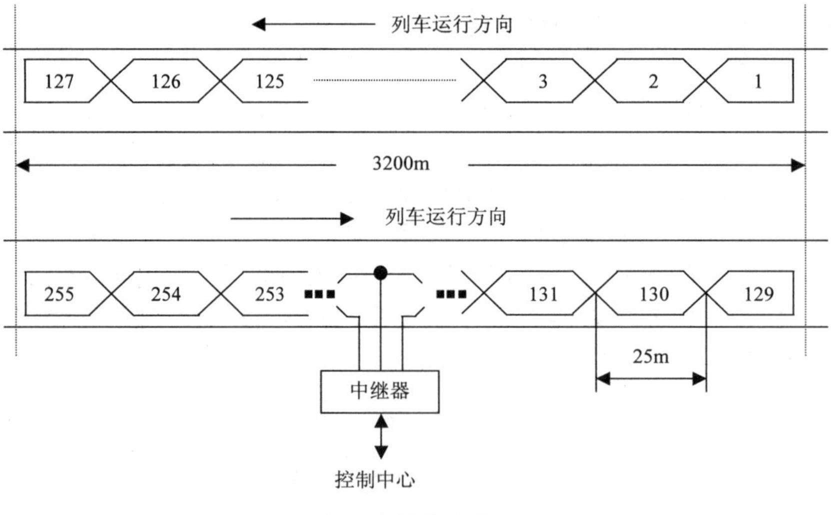

图 7.3　轨间电缆信息传输原理图

采用轨间电缆传递数据时，车–地传递的是数字编码信息，是一种数字化的信息，信息的传输量大且可以避免外界环境的影响和抗牵引电流的干扰，但是造价昂贵，后期维护费用高，且轨间电缆的存在给线路养护作业带来诸多不便。

(3) 漏泄电缆。

当控制中心发射出的电磁波沿电缆导线传输时，在电缆内传输的电磁波从外导体槽孔辐射到周围空间在其外部产生漏泄场，因而车载设备能够接收到地面发送的信息；同样，车载设备发出的电磁波，在电缆外部产生漏泄场，也会耦合到电缆内，实现与控制中心通信。在日本高速磁悬浮铁路的运营服务中心 OSC，成功地利用漏泄电缆实现了车–地数据通信。漏泄电缆传输方式具有适应性强、可靠性高、安装及维护方便等优点，特别适宜因土建条件限制较多的工程及改造工程。

(4) GSM-R。

GSM-R (global system for mobile communication-rail) 的中文全称为铁路移动通信系统标准，是一种基于目前世界上最成熟、最通用的公共无线通信系统 GSM 平台上、专门为满足铁路应用而开发的数字式无线通信系统。GSM-R 系统在欧洲铁路有广泛的应用，但在国内无应用的先例。从集群通信的角度看，GSM-R 是一种数字式的集群系统，能够提供无线列调、编组调车通信、应急通信、养护维修组通信等语音通信功能。利用 GSM-R 平台的数字传输，传输列车诊断数据，能满足列车运行速度为 0~500km/h 的无线通信要求，安全性好。

(5) 卫星 GPRS。

通用无线分组通信业务 GPRS 是在 GSM 系统基础上发展起来的分组交换数据承载和传输业务，与 GSM 不同，GPRS 采用分组交换，提供 Internet 接入；数据速率可变，支持多媒体业务；采用分组交换技术优化无线资源共享，优化网络资源共享；根据用户需要动态分配无线资源，实现多用户共享，提高频率利用率。GPRS 特别适用于间断、突发性或频繁、少量的数据传输，也适用于偶尔的大数据量传输。

2. 列车定位技术

列车定位信息在 CBTC 系统中具有重要的地位，几乎每个子功能的实现都需要列车的位置信息作为参数之一，准确、及时地获取列车位置信息，是列车安全、有效运行的前提。在 CBTC 系统中可以采用多种定位技术，一般 CBTC 系统采用多种定位方式结合为系统提供精确的列车定位信息。

(1) 轨道电路定位。

轨道电路是最简单的列车定位设备，是根据列车对于轨道电路的出清及占用实现列车定位。目前，大量使用的轨道电路为采用“S 棒”进行电气隔离的数字音频轨道电路。用轨道电路定位的优点是无须对当前设备进行大的改动即可实现列车定位且技术成熟、适用范围宽，但是定位精度较小，误差大，且设备维护量大。

(2) 计轴定位。

计轴设备定位系统主要分为室外和室内两部分：室内部分包括信号处理电路和计数器处理电路；室外部分主要为地面传感器、电缆盒及传输电缆等。

计轴设备定位原理：在轨道区段分界点安装计轴点，计轴点是一个车轮识别装置，当列车驶过计轴点时，在计轴点中形成脉冲或其他信号，通过电缆传输给控制中心，由控制中心联锁设备计数装置通过对区段两端传感器计数值的比较就可以得到占用情况并判断出列车所在位置。

计轴定位具有对环境的适应性强、安全性高及维护量相对较小等优点，但是不能作为车地通信的通道，且无法检测断轨故障，定位精度差，通常也需要与测速装置结合起来使用。

(3) 测速定位。

通过不间断地测量列车的即时运行速度，对列车的即时速度进行积分（或求和）的方法得到列车的运行距离。测速定位主要包括轮速法和多普勒雷达测速等方法，一般作为列车的辅助定位方法。因为测速定位的原理是对速度的积分求和，所以会产生累积误差，且测得的速度值误差对最终距离值误差也有直接的影响。测速定位方法总体来说属于相对定位，它无法获取列车的初始位置，要获得列车的绝对位置，仅仅靠这种方法几乎是不可能的。

(4) 查询–应答器定位。

查询-应答器定位也是广泛采用的列车定位方式，提供点式定位信息，当列车经过时，由地面应答器传送绝对位置信息给车载设备，用于列车定位。

采用应答器定位技术的定位信息是间断的，即当列车从一个信息点获取地面信息后，要到下一个信息点才能更新信息，若期间地面情况发生变化，就无法立即将变化的信息实时传递给列车，因此，应答器常作为其他定位技术的补充手段。

(5) 轨间电缆回线。

利用轨间电缆定位时，实现原理为当列车驶过一个交叉点时，利用检测信号电压过零变化引发地址码加 1，由机车控制中央根据地址码计算出列车的地理位置。

(6) GPS 定位。

GPS 定位是基于卫星发射信号的定位系统。GPS 由 24 颗卫星和地面控制部分构成，在地球表面收到4颗以上卫星发射的伪距信号则可进行3维定位。采用差分 GPS（DGPS），定位精度可达 3~5m，采用广域 GPS（WGPS），定位精度可达 m 级。列车沿钢轨运动，可根据线路参数，对伪码信号进行校正，进一步提高定位精度。

采用 GPS 的定位具有设备简单、精度高、成本低、体积小及维护方便等优点，但 GPS 系统由美国控制，且在周围阻挡物较多时，定位精度受到影响，甚至无法定位，且对卫星故障十分敏感，一旦一颗卫星失效，就会出现 GPS 性能恶化，所以不能单一地将 GPS 定位信息作为列控安全防护系统的位置参数。

(7) 无线扩频列车定位。

无线扩频定位借鉴了军用定位技术，在车上和沿线分别安装扩频无线电设备，通过测量车上设备同道旁设备间无线电的传播时间实现列车定位。定位精度与扩频信号的频率有关，信号频率越高则定位精度越高。

其基本原理：地面设置测距基站和中心控制站，在列车两端安装无线扩频通信发射机；发射机向地面测距基站发射定位信息；测距基站（采用全数字解扩方式）收到定位信息后，使用数字信号处理技术计算出伪距，并通过无线或有线链路送至中心控制站进行信息处理。其定位结果显示在电子地图上，并以无线方式传递到列车上。这种定位方法的价格较高，但定位比较精确，而且是一套完全独立的定位系统。无线扩频通信系统发送和接收总体框图如图 7.4 所示。

其他定位方法还有惯性列车定位系统、航位推算系统定位等诸多方法，在此不一一详述。

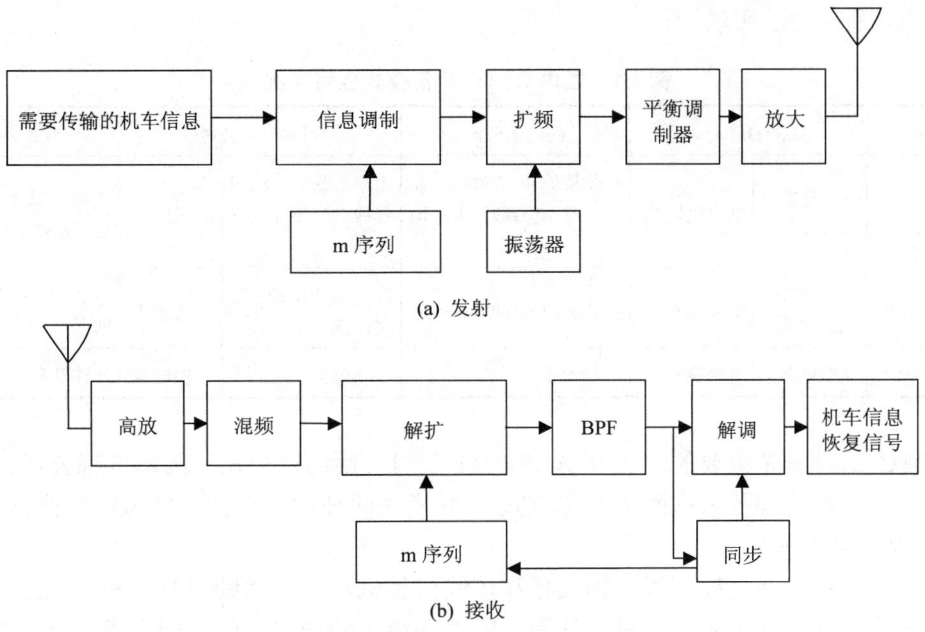

图 7.4　无线扩频通信系统发送和接收示意框图

三、CBTC 后备系统

目前国内在建及拟建的城市轨道交通项目中，信号系统大多采用 CBTC 系统，在实施 CBTC 应用时，为了提高系统安全可靠性，可增设 CBTC 后备系统，能够为非 CBTC 列车的运行及 CBTC 故障时的列车运行提供全部或部分的列车自动防护功能，是从“故障–安全”的角度对 CBTC 系统的完善。在移动闭塞系统正常运营时，后备系统处于备用状态，只有当移动闭塞系统部分或全部故障时，后备系统才以自动或人工的方式启动。

1. 后备系统的使用情况

后备模式主要在以下情况中使用。

(1) 线路开通初期，信号系统不具备 ATP/ATO 开通条件的临时过渡期间。

(2) 车–地通信单元、中央控制单元等设备故障，而联锁完好时。

(3) 非 CBTC 列车，即 CBTC 车载设备故障或为装载 CBTC 车载设备的列车，进入运营线路时。

(4) 车载设备故障，为了使故障列车尽快撤离，恢复系统正常运营时。

后备系统在设计时需要考虑实现列车定位功能、提供线路联锁等功能，且根据移动闭塞系统多采用区域集中方式的特点，需要针对设备集中站、非设备集中站分别设计后备系统，同时对于后备系统与移动闭塞系统之间的接口需要详细设计，确保信息的安全传输及自动切换。

2. CBTC 后备系统应用现状

目前采用的后备系统设计主要选择计轴设备作为辅助检查设备，设置必要的信号机、有源应答器信标等轨旁设备，实现不同的后备模式功能，目前国内部分实施的 CBTC 后备模式应用如表 7.1 所示。

表 7.1 国内 CBTC 后备模式应用实例

项目	ALSTOM 公司		西门子公司	阿尔卡特公司		USSI 公司
应用线路	北京地铁 2 号线改造	北京机场线	广州地铁 4、5 号线，北京地铁 10 号线，南京地铁 2 号线	上海地铁 6、8、9 号线，广州地铁 3 号线	武汉轻轨	沈阳地铁 1 号线，成都地铁 1 号线
后备模式设置	点式 ATP+站间闭塞	站间闭塞	点式 ATP+站间闭塞	简单点式防护+站间闭塞	站间闭塞	点式 ATP+站间闭塞
辅助检查设备	轨道电路	计轴设备	计轴设备	计轴设备	计轴设备	计轴设备

CBTC 信号系统主要的厂商有 ALSTOM 公司、西门子公司、阿尔卡特公司、USSI 公司等。主要模式都分为站间闭塞和点式 ATP 模式两种，选用计轴作为辅助检查设备。

(1) 站间闭塞模式。

站间闭塞模式在全线配置计轴设备和正线信号机，采用联锁计算机和计轴区段组成站间或进路闭塞，通过对信号机、计轴区段的联锁控制来实现固定闭塞模式下的列车运行控制，如图 7.5 所示。

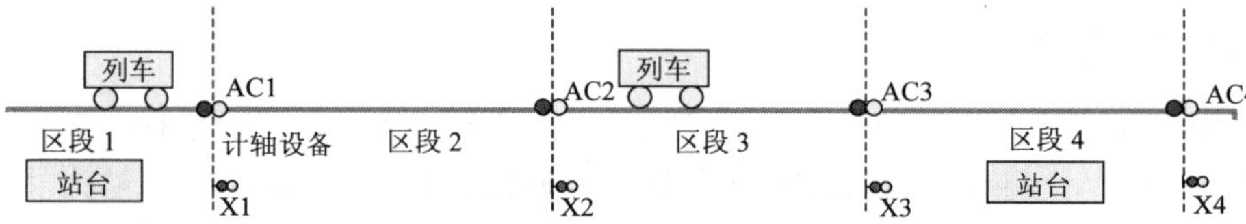

图 7.5 站间闭塞功能系统制式

地面信号显示使得故障列车以及没有车载信号设备的列车可以地面信号为主体信号，CBTC 故障时可以降级运行，保持一定的运营能力。此模式可以实现非通信列车和通信列车的混合运营，即 CBTC 模式和后备模式切换。

(2) 点式 ATP 系统。

点式 ATP 系统在全线配置计轴、正线信号机、点式 ATP 设备来实现点式 ATP 模式下的固定闭塞，如图 7.6 所示。

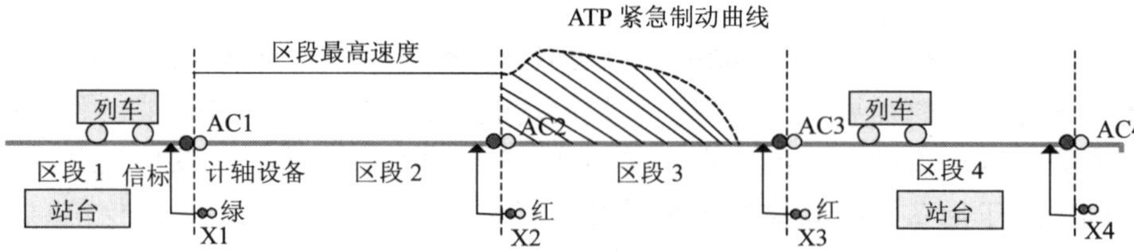

图 7.6 点式 ATP 后备模式

如图 7.6 所示，采用双红灯防护的 ATP 后备模式，平时状态列车在红灯前的制动由司机控制，当列车的实际运行速度超过最高允许速度时，ATP 将按照紧急制动曲线来施行制动。两列车之间至少有两个区间空闲，当列车 2 冒进 X2 信号机时，系统将施行紧急制动使得列车在 X3 信号机前停车。此模式可作为一个完整系统运行且已经应用于上海轨道交通 6~9 号线，以及 11 号线。

然而，此后备模式相对于第一种模式需要更多的设备，系统降级方式复杂，可能会降低系统的可靠性及可维护性。

3. *后备模式应用实例——ALSTOM 公司 CBTC 后备系统*

在轨旁区域控制器完全故障或无线通信在特定区域完全不可用的情况下，ALSTOM 公司根据客户的需要提供点式防护和站间闭塞两种降级模式。降级模式如图 7.7 所示。

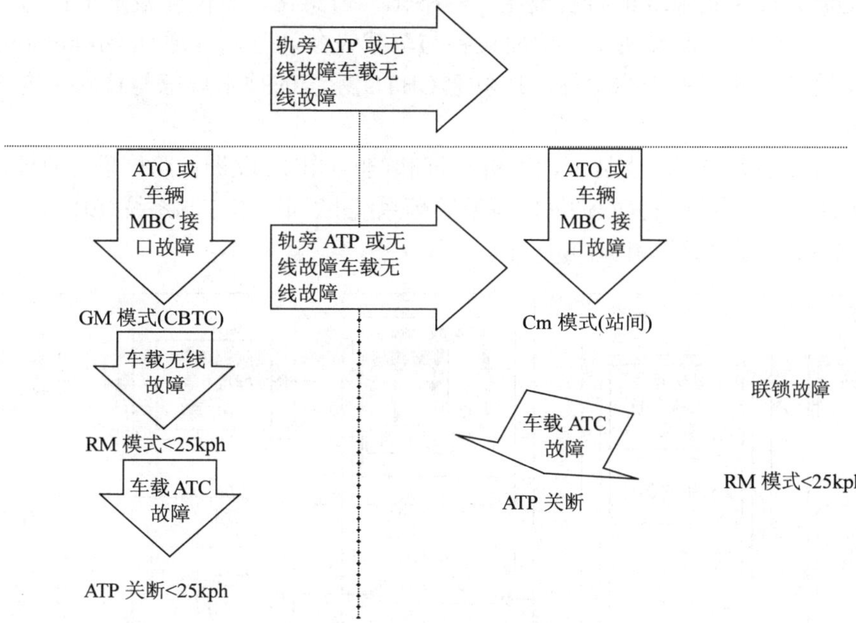

图 7.7　ALSTOM 系统降级模式

(1) 站间闭塞模式。在各站计算机联锁和控制中心 ATS 设备完好的情况下，由联锁系统提供站间自动闭塞功能，列车按照出站信号机显示行车，列车的行驶完全由司机人工控制。为了实现要求的降级运行间隔，需要考虑增设分隔信号机。

(2) 点式 ATP 系统方案。该模式结合了站间闭塞模式中司机按照信号显示驾驶列车的特点，但是具有全程的 ATP 防护。如果司机丧失警惕越过红灯，车载控制器会通过轨旁设备接收到的信息触发紧急制动，因此保证了运行的安全。点式防护模式是列车采用 CBTC 运行下的一种降级模式，ZC 故障或无线传输故障时可用做后备模式。满足下列条件后才可实现点式防护模式功能：可以检测到列车位置；ATP 采用点式防护模式；前端司机室(包括车载天线)的 ATP 系统正常运行；联锁可用。列车位置检测由辅助检测设备(计轴)确保，并由联锁完成。车载设备以固定闭塞方式运行，在点式防护模式下，由联锁设备而非 ATP 确保安全间隔。车载设备负责列车在冒进信号机情况下的停车。

当列车驶过信号机前方信标时，在点式防护模式下车载设备可获得信号机保护闭塞区段的变量信息，并作出如下反应：如果信号机变量为限制信号，列车触发紧急制动或在停车点至安全点之间区段停车；如果信号机变量为许可信号，列车正常前行至闭塞区末端，以获取下一个停车信号机信息。

选定点式防护模式后，所有的轨旁信号机均点亮；联锁确保列车间距；车载设备经由信标编码器和信标从联锁接收变量状态（信号机、道岔检测位置和安全保护区段锁闭）信息，保证行车安全。

四、CBTC 系统安全标准及安全评估体系

1. CBTC 研究的核心——技术规范与标准

轨道交通运行控制系统正向系统化、网络化、信息化、智能化及通信信号一体化方向发展。为实现不同厂商设备间、地面设备与车载设备间互联互通（interoperability），使列车能够在轨道交通网中跨线运行，必须把 CBTC 系统的技术规范与技术标准作为系统研究的核心。

1990 年在欧盟委员会的支持下，由国际铁路联盟（UIC）、欧洲铁路信号工业界（UNSIG）和欧洲各国铁路当局共同研究欧洲铁路运输管理系统/欧洲列车控制系统（ERTMS/ETCS）。ERTMS/ETCS 的发展历程如图 7.8 所示。

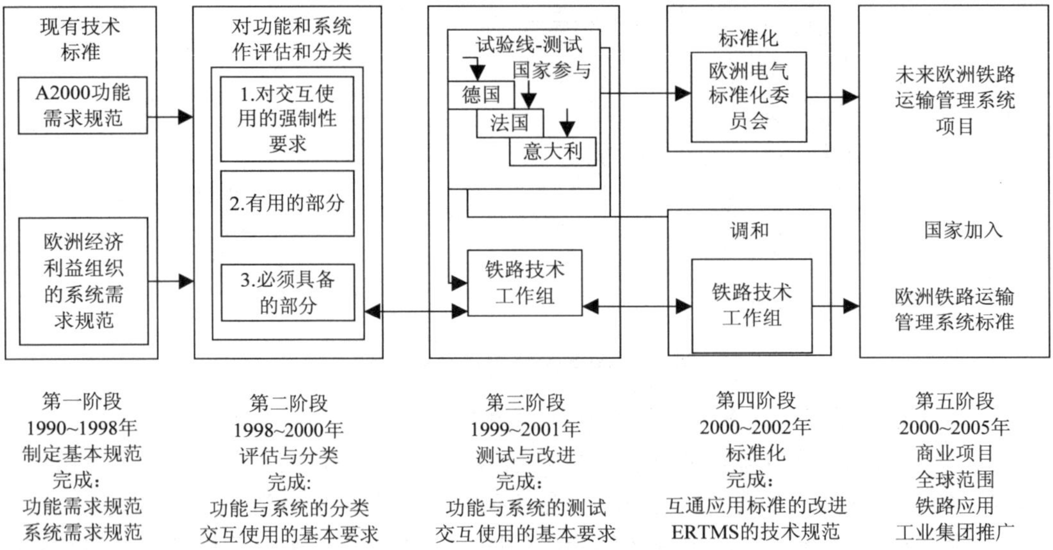

图 7.8　ERTMS/ETCS 的发展历程

美国电气电子工程师协会也已开发了 IEEE 1473、IEEE 1474 等 10 个经认证通过的 IEEE 标准，另外还有 15 个标准正在开发中等待批准。

2002 年，由欧洲城市轨道交通运营商、信号设备供应及教育机构共同组成一个城市轨道交通管理系统（UGTMS）联盟，由欧盟委员会资助进行研究。UGTMS 的宗旨是研究干线线路的 ERTMS/ETCS 技术规范在城市轨道交通的适用性，进而研究适于城市轨道交通运行控制系统的技术规范。

国际电工委员会(IEC)是由各国国家委员会组成的一个国际性标准化组织，其宗旨是促进电子、电气领域的标准化与协作化。IEC 标准的制定工作交由各技术委员会来完成，第九技术委员会(TC/9)的任务是制定铁路电气设备的标准。TC/9 中包含多个工作小组。其中，WG39 职能范围限定在城市自动化无人驾驶系统的安全要求方面，它发布了标准的初始版本；WG40 是城市轨道交通系统的命令/控制系统，其目标是实现 CBTC 系统的完整标准，包括功能需求、系统结构、子系统要求和接口规格。

国内也逐渐重视 CBTC 系统规范的研究。铁道部在 2002 年提出发展中国列车运行控制系统(CTCS)，实施引进和自主研发并举的发展战略，在消化吸收国外先进技术的同时，实现引进设备的国产化，发展 CTCS 系统。上海地铁为实现轨道交通的持续发展，提出以 CBTC 为基础实现互联互通，在 IEEE1474.1 的基础上研究互联互通技术规范。

技术规范是 CBTC 系统的核心，为保证我国轨道交通持续稳定发展，必须在借鉴欧美国家 CBTC 相关技术标准的基础上，结合中国轨道交通需要，研究制定 CTCS 技术规范。否则，中国轨道交通列车运行控制设备将成为“万国博览会”，由此会带来设备安装维护、兼容性及系统升级换代等一系列问题，也难以发展具有自主知识产权的先进轨道交通运行控制系统。

2. CBTC 应用的关键——安全标准和安全评估体系

如前所述，CBTC 系统采用先进的大规模集成电路、计算机、网络通信及自动化控制等技术。大规模集成电路、计算机的系统相当复杂，从硬件方面，即使最简单的计算机系统，也包含数以万计的元器件和非常复杂的行为状态；对软件来说，比较简单的软件程序也可能有数以千计的执行路径。随着计算机广泛应用，人们提出了很多安全系统的设计方法、分析方法，研究制定了相应的国际标准，如 IEC 61508 ——《电气电子/可编程电子安全相关系统的功能安全》国际标准。

IEC 61508 是迄今为止安全相关系统的理论概括和技术总结，考虑了所有相关的整体、E/E/PE 和软件生存周期阶段，为 E/E/PE 安全相关系统实现必要的功能安全提供一个发展安全需求规范的方法。该标准用安全完善性等级(safety integrity level，SIL)来说明安全相关系统的安全目标。所谓安全完善性，就是在规定的时间周期内，所有规定的条件下，安全相关系统成功地完成所需安全功能的能力。安全完善性分为系统故障和随机故障完善性，表 7.2 是完善性等级分级标准，同时也是随机故障安全完善性的定量目标，而对于系统故障完善性，标准中用质量管理、安全管理和技术安全等定性指标作为目标。

表 7.2　完善性等级分级标准

安全完善性等级	执行的平均故障率/次 (执行频率低)	危险故障率/h (执行频率高)
4	$10^{-5}\sim10^{-4}$	$10^{-9}\sim10^{-8}$
3	$10^{-4}\sim10^{-3}$	$10^{-8}\sim10^{-7}$
2	$10^{-3}\sim10^{-2}$	$10^{-7}\sim10^{-6}$
1	$10^{-2}\sim10^{-1}$	$10^{-6}\sim10^{-5}$

安全技术和意识应当贯穿于信号系统设计、开发、生产、装备、维护过程中，而不是在系统生产后再考虑系统的安全问题。为此，IEC 61508 标准提出安全生命周期概念(safety lifecycle)，定义：从方案的确定阶段开始，到所有的电气/电子/可编程电子安全相关系统、其他技术的安全相关系统、外部风险降低设备不再可用时为止，发生为实现安全相关系统所必需的活动，这个时间周期称为安全生命周期，如图 7.9 所示。

轨道交通运行控制系统的主要功能是保证行车安全，提高运行效率。对于安全控制系统，在 CBTC 系统设计开发中必须采用一系列可靠性、安全性的设计方法和手段。不仅如此，作为一个基于计算机的安全相关系统，CBTC 系统开发中还应按照 IEC 61508 标准，把安全技术和意识贯穿于系统设计、开发、生产、装备、维护过程的安全生命周期中。所研制的设备还必须通过独立安全评估机构的安全认证评估。近年来，越来越多的国外先进轨道交通信号设备在我国应用，国外信号系统的安全评估理念被越来越多的运用管理部门接受，在许多轨道交通信号设备的标书中明确提出所投标设备必须通过安全认证评估，需要成熟运用经验。国内尚没有安全标准和相应的安全评估机构，而国外的安全评估机构的评估费用巨大，国内研究机构根本无力承担，这样就使轨道交通运行控制系统的国产化研究处于两难的地位，使国产化设备难以应用。

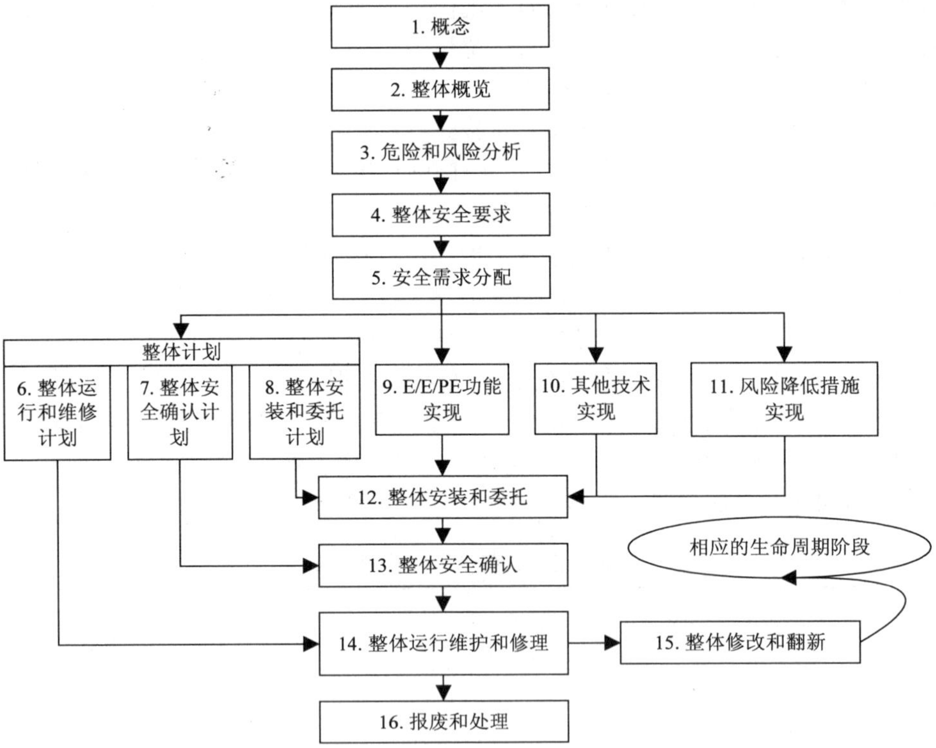

图 7.9　安全生命周期示例

因此，为推动 CBTC 系统研究发展，国家相关部门应制定国家安全标准和行业(铁路及城市轨道交通)安全标准，建立安全评估机构；为国产化的轨道交通信号设备开绿灯，提供一些试验、运用的机会，使具有自主知识产权的先进轨道交通运行控制系统能真正得以发展。此外，设备研发单位应按照国际安全标准(或参照国外安全标准)，研究基于计算机安全系统设计分析的方法，在系统设计、开发、生产、装备、维护过程的安全生命周期中贯彻安全技术和意识，从而使所研制的设备有用武之地。

五、CBTC 系统实例——阿尔卡特公司 CBTC 系统

阿尔卡特 CBTC 系统采用分布式结构，以列车为中心，其基本结构图如图 7.10 所示。

其主要的子系统包括区域控制器(MAU+PMI)、车载控制器、中央控制(列车自动监控系统 ATS)、连接各子系统的数据通信系统，以及 DSU 系统等。

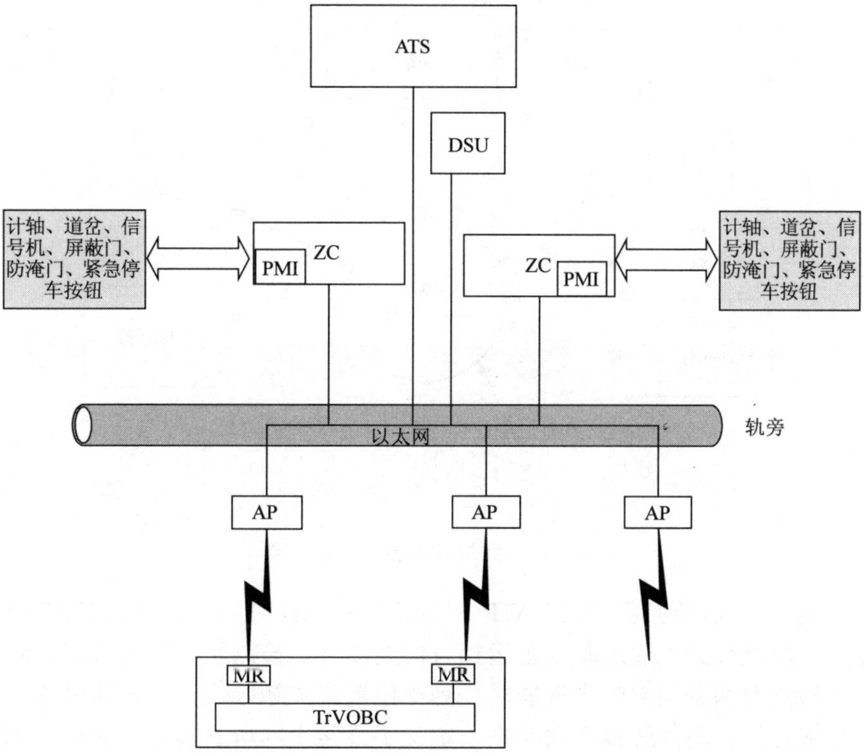

图 7.10　阿尔卡特 CBTC 系统结构图

1. 区域控制器和功能

MAU 包括故障-安全轨旁子系统，以及校验冗余的 3 取 2 配置。每个联锁区设置一套 MAU，实现与所控区域内所有列车的安全信息通信，并向所辖区域内每列车发布移动授权。PMI 含有校验冗余的 2x2oo2 配置，和 MAU 一样，每个联锁区设置一套，以实现与所控区域内所有联锁控制(PSD 控制除外)。

阿尔卡特的区域控制器与所辖区域内所有列车进行安全通信，基于列车位置报告跟踪列车，为每列车确定移动授权和道岔的控制及状态监视。在道岔联锁方面，当列车通过或接近道岔时防止道岔移动，确保在道岔正确到位且锁闭以后，列车才能进入该道岔

区。此外，区域控制器还负责排列并锁闭列车进路，以及信号机的控制及状态监视，并且控制和监视站台屏蔽门及站台紧急停车按钮。在相邻区域控制器的通信方面，实现列车在两个相邻区域控制器间的交接，将列车移动授权由一个控制器的辖区延伸到相邻控制器。在与自动列车监控 ATS 的通信时，处理来自 ATS 的列车进路命令，报告道岔及信号机状态。区域控制器的接口结构如图 7.11 所示。

2. 车载控制器和功能

车载控制器配备故障-安全车载子系统，以及校验冗余的 3 取 2 配置。每辆车设置一套车载控制器，以实现与轨旁的安全信息通信，并根据移动授权实施安全距离计算、车门控制等功能。

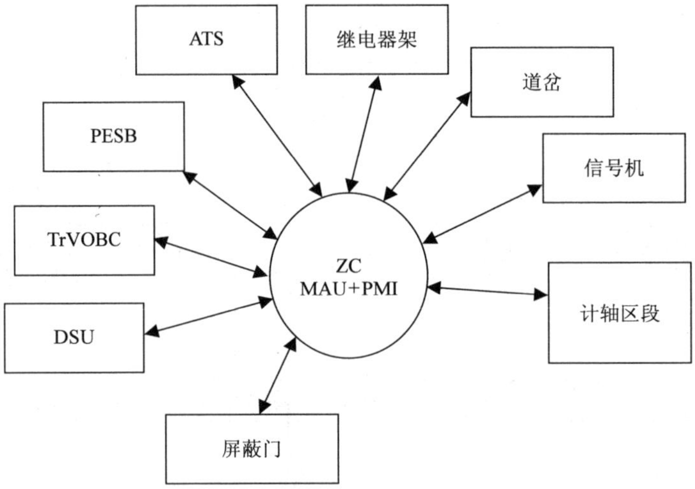

图 7.11　区域控制器接口示意图

车载控制器实现自动列车防护 ATP 和自动驾驶 ATO 的功能，确定列车位置，测量列车速度，以及进行列车速度和列车运行方向的监督，检测轨旁的应答器，随之提供了同步点。当检测到两个相邻的应答器时，列车位置就被初始化，通过速度感应器及加速度计进一步细定位，同时线路数据库唯一定义了线路上的所有位置。另外，VOBC 还可以动态计算安全距离并强制执行移动授权控制，可以进行倒溜监督、车门控制及安全联锁、屏蔽门控制及安全联锁，在安全运行速度限制范围内调整列车速度，根据乘客乘坐舒适度控制列车运行并进行节能运行控制。

3. 列车速度确定

列车采用转速计与加速计来确定行驶距离、速度和方向。VOBC 在每个处理周期内处理转速计的输入，加速计则被用于空转/打滑的探测与补偿，系统也会自动进行车轮磨损的校正。

精确停车系统利用接近盘/传感器来支持精确停车，每个列车 VOBC 单元安装一个接近传感器，接近传感器用来检测安装在轨旁的接近盘。在检测到车速为零时，VOBC 命令牵引禁止，并启动机械制动。

4. 列车位置确定

列车采用应答器来确定列车位置。系统使用校准应答器来提供明确的轨道位置标志，确定已行进距离，在两个应答器之间，列车位置由输入的转速计信号而确定，定位精度高达厘米级。

5. 速度曲线(运行等级)控制

系统在列车处于自动运行模式下，TrVOBC 将负责列车速度的控制。速度的控制主要是为了满足数据库提供的最大速度曲线，考虑监控的停车位置并且确保在正常情况下不应用紧急制动，准确地在车站停车点和停车信号点停车，也为乘客舒适而提供了一个平滑的速度曲线，同时使得旅行时间最短，能源消耗最少。

6. ATS 概况和主要功能

阿尔卡特自动监控系统采用冗余的设备，在控制中心和各设备站配置并传输命令，以及监督子系统状况，实现与所有自动列车控制子系统的通信。

自动监控系统提供了人机界面、列车位置及功能状况的监视和显示、列车控制子系统的设备及功能状况的监视和显示、道岔和信号机等设备状态的监视和显示、列车运行的调整、列车进路排列并为管理报表、维护及运营分析搜集数据，以及车站跳停、车站扣车、节能运行控制及停站时分控制等功能。

如图 7.12 所示，阿尔卡特自动监控系统提供了站台乘客广播系统、站台乘客向导系统、通信无线系统、主时钟系统、背投显示系统等的接口。

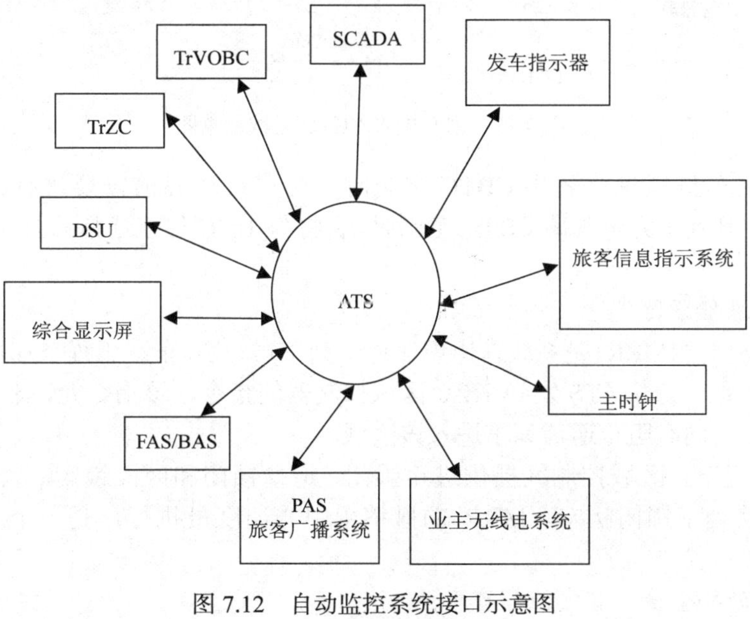

图 7.12　自动监控系统接口示意图

7. 数据存储单元

数据存储单元包含 3 个奔腾 CPU 卡，它们被配置为 3 取 2 冗余检查形式，这个数据存储单元存储所有的系统数据库。除了数据库的存储和下载至子系统，数据存储单元还负责 TSR 数据库(动态数据库)的创建。

8. DCS 系统

DCS 骨干网采用了双向自愈的环形拓扑接口，当单个设备故障时，不会导致与任何网络设备的通信丢失。网络交换机位于沿线所选定的车站。所有的 ATC 设备都通过一对冗余端口接入网络交换机。

DCS 系统基于 IEEE 802.11 标准，采用多种冗余机制，避免系统在任何单点故障和多点故障的失效，包含多个厂商提供的多种设备类型，采用基于开放标准的设计方法。在安全性方面，DCS 网络对所有网络进入点的安全网关进行加密和认证，对交换机实行端口控制和设置防火墙来保护有线网络，使用 802.11 WEP 的加密技术和非标准的调频序列对无线网络进行保护；在保密性方面，所有对 DCS 的接入，都要经过一个保密器件，所有收到的无效报文都被保密器件抛弃。

9. 列车进入和退出 CBTC 区域

如图 7.13 所示，阿尔卡特 CBTC 系统的进入点布置在车辆段和停车场的进入和退出轨、试车线与其他线路的转换区。

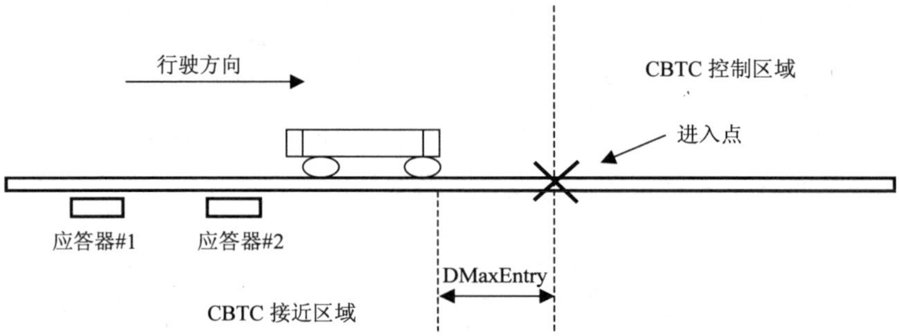

图 7.13　列车进入 CBTC 区域示意图

当通信列车按照进路驶离 CBTC 系统时，列车在边界前需要进行模式转换。当 TrVOBC 检测到列车完全驶离 CBTC 范围时，它将与 TrZC 停止通信并且 TrZC 也将停止跟踪该列车。

10. 人工进路预留

人工进路预留(MRR)是系统在出现非通信列车(如故障车、工程车)时的降级模式。人工进路预留是一条从 ATS 发到 TrZC 区域控制器的指令，该指令允许非通信列车进入一个预留区域，同时阻止通信列车进入该区域。

MRR 情况下，区域控制区提供进路锁闭、道岔锁闭和区段锁闭。只要 MRR 不撤销，道岔始终处于锁闭状态。MRR 的撤销由中心调度员执行，是一个双重安全保证的操作。

11. 系统的安全性、可靠性和可用性

阿尔卡特系统具有成熟的使用经验，其安全性系统都满足铁路信号故障-安全原则，安全性硬件具有很高的安全完善度等级，系统安全失效率指标优于 10^{-9}/h。与安全有关的硬件的 MTBF≥10^6/h，安全型故障率≤10^{-9}/h。

在系统可用性方面，轨旁 ATP 按 3 取 2 配置，如果其中一个发生故障，故障报警报告同步传送给控制中心和维护中心，通知维护人员及时维修，同时轨旁继续以 2 取 2 配置继续工作，以保证列车的正常运行。轨旁联锁按 2 乘 2 取 2 配置，如果其中一个发生故障，故障报警报告同步传送给控制中心和维护中心，通知维护人员及时维修，同时轨旁继续以 2 取 2 配置继续工作，以保证列车的正常运行。车载 ATP/ATO 是一个冗余系统，以 3 取 2 配置下运行。如果其中一个发生故障，故障报警报告同步传送给控制中心和维护中心，通知维护人员及时维修，同时车载 ATP/ATO 继续以 2 取 2 配置继续工作，以保证列车的正常运行；ATS 也是冗余的，两个服务器按主用和备用配置(双机热备)，备用服务器同样接收所有的信息。一旦主用服务器出了故障，备用服务器马上工作，因此不会影响列车的正常运行；数据通信系统也是冗余的，控制中心至车站的骨干网是一个完全冗余的通道；车站至每个轨旁无线的信息通过两个不同的路径传送；轨旁无线单元的配置遵循完全冗余的无线覆盖原则。根据上述的设备配置和通道的结构，单个轨旁无线单元的故障不会影响列车的正常运营，单个以太网交换机的故障也不会影响列车的运行。

12. 阿尔卡特 CBTC 系统在国内的应用

2004 年 9 月，武汉轨道交通 1 号线开通是中国第一个采用阿尔卡特 CBTC 技术的工程。阿尔卡特为此项目提供了 SelTrac S40 CBTC 解决方案，并如期完成了项目的实施。在 SelTrac S40 系统的移动闭塞系统，即间隔时间优化系统的控制下，能够根据列车的最高运行速度、制动曲线和列车在轨道上的位置，动态计算出前后列车之间的安全间隔，从而保证列车安全高效地运行。由于位置报告系统具有很高的精确度，后行列车能够最大限度地安全接近前行列车，同时保持着安全的制动距离。2003 年 5 月，广州地铁也选择了阿尔卡特的 CBTC 系统，配备其正在建设的地铁 3 号线项目。该系统大大缩短行车间隔，从而大幅度提高运营效率，该线在 2006 年投入运营。

第二节　IEEE Std 1474.1——CBTC 系统性能及功能需求

1474.1 是美国电气电子工程师协会(Institute of Electrical and Electronics Engineers，IEEE)为基于通信的列车控制系统制定的标准规范。该标准确定了一系列 CBTC 系统性能和功能上的要求，这些要求对于增强性能、可用性及列车防护是必要的。1474.1 建立了 CBTC 系统的性能及功能需求，除此之外，还定义了追踪间隔标准、系统安全和系统可用性等标准。标准总共分为六部分内容。

(1) 本标准的适用范围和目的。

(2) 应用本标准时所涉及的参考文献。

(3) 其他标准中没有的或者在本标准中被修改的定义。

(4) CBTC 系统的常规运行需求，包括列车运行模式。

(5) CBTC 系统的性能需求，包括追踪间隔标准、系统安全和可用性标准。

(6) CBTC 系统的功能需求，包括 ATP 功能、ATO 功能和 ATS 功能。

本节主要介绍(4)、(5)、(6)三部分的内容。

一、总体需求

本标准中定义的CBTC系统功能适用于所有类型的轨道交通系统，包括轻轨、重轨、通勤轨道交通系统等。

1. CBTC系统特点

(1) 系统采用独立于轨道电路的高精度列车定位。

(2) 车–地通信采用双向、连续、大容量的信息传输方式。

(3) 由车载和轨旁处理器执行关键功能。

2. CBTC系统分类

根据具体需求，CBTC系统可以有不同的实现方式，作为唯一的列车控制系统，也可以与轨旁辅助系统结合使用，控制列车运行。CBTC系统可以有不同的配置。例如，一个CBTC系统可能有以下两种类型。

(1) 仅提供ATP功能，没有ATO及ATS功能。

(2) 提供ATP功能，为了满足特定应用需求，也可提供特定的ATO及ATS功能。

3. 列车配置

在CBTC系统中，列车支持多种配置方式，包括如下4种。

(1) 包含一个或多个基本操作单元的定长不定向列车。

(2) 包含一个或多个基本操作单元的定长双向列车。

(3) 不定向的长度可变列车。

(4) 长度可变的双向列车。

不同种类的列车有不同的性能特性，CBTC系统应该能够支持混编列车。

4. 列车运行模式

CBTC列车可以由单人或多人操作，也能够支持无人驾驶。采用何种方案应该由具体的需求决定。当有车组人员随车时，列车司机通常处于列车头节车厢，负责列车的站间运行，而列车员通常位于列车上的列车员位置，负责操作车门。

无车组人员列车运行分为无人监守和无人驾驶。一般情况下，无人监守表示列车上没有车组人员；而对于无人驾驶，列车上可能有一个工作人员，但不在驾驶室，如果有，一般是负责列车故障恢复，而不是列车运行。

CBTC列车应该能够在不同模式下运行，根据列车运行在CBTC区域、非CBTC区域或根据车载和轨旁设备的运行状态而定。

授权单位认可时，混合运营也应该作为一种正常的运营模式。混合运营模式是指CBTC列车与非CBTC列车，包括维修车，同时在CBTC区域中运行的情况。混合模式操作可用在如下方式中：①CBTC区域中的常规计划运行模式；②在CBTC区域中偶发性的、非计划的运行模式；③过渡期中引入的一个新的CBTC系统；④CBTC的车载设备故障时。

(1) CBTC区域内的正常操作运行。

CBTC区域内的运行包括CBTC列车和非CBTC列车的运行。CBTC列车由CBTC系统保护列车运行安全，列车可以采用人工控制，也可以CBTC系统控制(有司机式，由司机负责监视）。当采用系统自动控制时，车门操作和列车离站等功能还由司机或列车员负责。

非CBTC列车（未装载CBTC车载设备或CBTC设备故障列车）在CBTC区域运行时，应该遵守相关的操作规程，在轨旁辅助系统的防护下运行。

(2) CBTC区域中故障模式下的列车运行。

轨道交通系统中，当CBTC设备或通信故障时，要求列车能够继续安全地运行。在这种情况下，列车应该降低运行速度，加大列车追踪间隔。所以，CBTC系统应该设计支持故障下的后备运行模式，继续提供ATP的防护。这主要是通过CBTC自身的功能模块和轨旁辅助系统实现的。

对于所有的系统应用，一个基于故障分析和操作规程的后备计划应该能够识别出列车的运行模式，并利用降级运行模式和CBTC系统的恢复功能。这个计划的目的是排除在继续向乘客提供服务时，可能给乘客和工作人员带来的危害。

CBTC区域内故障模式下的列车运行应能够找出发生故障的CBTC系统。

①影响到特定区域的所有列车。当CBTC系统故障（CBTC轨旁设备故障或车地通信故障）影响到所有列车时，由司机控车，列车在轨旁辅助系统的防护下，通过严格遵守操作规程，持续安全运行。在故障模式下，ATP功能由车载CBTC设备提供，保证一定程度的列车安全。

②影响到任意区域特定列车的运行。当CBTC系统故障（如CBTC车载设备故障）影响到任意区域特定列车运行时，该列车由司机操作列车运行，由轨旁辅助系统提供防护、牵引系统提供列车限速并通过严格遵守操作规程，来保证列车的安全。

(3) 非CBTC区域的常规列车运行模式。

对于该标准来说，非CBTC区域定义为没有与车载CBTC设备完全兼容的轨旁CBTC设备的区域。CBTC列车在非CBTC区域运行时能够支持随时过渡到CBTC区域，此外，在非CBTC区域运行时，车载CBTC设备还能执行其他的ATP功能，如列车限速、零速检测等。

运行在CBTC区域时，车载CBTC设备应该能够与不完全兼容的轨旁设备接口，但是，列车在非CBTC区域运行时，车载CBTC设备应该能提供标准的CBTC操作指示。除非，授权单位指定只有完整的车载和轨旁设备才能够支持标准的CBTC操作。

(4) 非CBTC区域故障模式下的列车运行。

在非CBTC区域运行时，除了实现指定ATP功能，车载CBTC设备的故障对列车运行的影响需要尽量达到最小。当出现故障时，应及时报告给驾驶员。

5. 进入/离开CBTC区域

(1) 进入CBTC区域。

CBTC系统应该准确地掌握CBTC区域的边界信息，在进入CBTC区域前必须对车载CBTC设备进行充分的检查，确保CBTC车载设备进行合适的操作，包括相关的轨旁CBTC设备。

如果通过了验证检查，系统应该提供检查结果提示。在正常情况，符合ATP的限制条件下，当进入CBTC区域时，列车不需要停车，除非其他相关操作程序要求。如果未验证检查通过，司机将收到CBTC系统故障的提示，此时，如果辅助轨旁信号系统可用，列车运行控制转到轨旁信号系统模式；如果没有辅助轨旁系统，列车将按照相关运行规则运行。

(2) 离开 CBTC 区域。

对于有人驾驶的列车来说，离开 CBTC 区域之前，CBTC 系统应当为司机提供一个关于时间和距离的可视指示，直到列车离开 CBTC 区域。CBTC 系统收到相关信息后，司机还可以收到列车将会转换到的列控系统类型的提示。

当 CBTC 系统和非 CBTC 系统间的转换在操作上显而易见时，可以不需要对司机提示。在正常、符合 ATP 限制的情况下，列车离开 CBTC 区域时没有必要停车，除非其他相关操作程序要求。

6. 列车运行速度

在所有可能的合法授权单位指定的列车运行速度范围内，CBTC 系统应该满足 1474.1 中规定的性能及功能需求。

二、系统性能需求

1. 影响追踪间隔的 CBTC 因素

前后两列车沿同一轨道、同一方向运行，列车的前端通过同一地点的时间之差称为该点的追踪间隔。

由授权单位规定正向和反向追踪间隔的设计要求，可以分为无干预和干预两种类型。追踪间隔关系到行车安全，在任何情况下，追踪间隔都应该满足列车安全间隔，以及安全制动模型的需求。

在为特殊线路和特殊车辆设计追踪间隔时，需要考虑很多其他非 CBTC 系统因素，如轨道方向、坡度、轨道限速、列车加速和制动率、停站时间、司机反映时间等。该标准仅讨论影响追踪间隔的 CBTC 因素，其中最重要的有以下几点。

(1) 定位，包括位置信息和移动授权更新的频率，需要考虑指定列车测量列车尾部位置的精确度和移动授权范围的分辨率。

(2) 速度，包括测速的准确度和列车在特定位置的速度限制。

(3) 通信延时，包括正常和最坏情况下，车地之间的命令及状态信息的传输时间，命令及状态信息包括移动授权更新信息和定位更新信息等。

(4) CBTC 设备的反应时间，包括轨旁、车载设备，以及各种操作模式的最大误差累积。CBTC 系统反应时间包括定位信息更新后建立新的移动授权所需的时间、通过联锁建立移动授权的时间，以及移动授权更新后确定新的 ATP 曲线所需要的时间等。

(5) CBTC 系统特性限制，如在一个给定的控制区域内，CBTC 系统能处理的最多列车数。

(6) CBTC 速度自动调整算法。

2. 影响列车运行时间的 CBTC 因素

出行时间需求应由授权单位指定，必须符合列车性能及轨道特性。给定停站时间后，最小列车运行时间由不受干预的追踪间隔速度曲线决定。影响追踪间隔的 CBTC 因素也是影响系统可实现的最小运行时间的因素。

3. 系统安全性需求

(1) CBTC 系统安全方案需求。

一个系统的安全程序在 CBTC 系统设计阶段就应该考虑，并且贯穿于系统的整个生命周期中。CBTC 系统安全方案从系统角度出发，重点通过识别和解决存在的危害来避免事故的发生。每个 CBTC 应用都应该进行 CBTC 系统安全方案计划(SSPP)分析。CBTC SSPP 的实施应该明确配置管理的问题，需要认识到系统安全维护中软件和硬件配置的重要性。

(2) CBTC 系统故障识别及危险评估过程。

危害分析是确保系统安全的重要方法之一。CBTC 系统在设计之初就需进行危害分析，分析结果可以为系统后续工作提供指导。通过危害分析有助于识别和评估潜在的危害，进而评估每一个危害发生的可能性和发生后的严重性，并且制定相应的解决方案。

初步危害分析作为一种定性的分析方法，能够评估系统内危害的程度，每个新建的 CBTC 系统工程至少都应该进行初步危害分析(PHA)。如果 CBTC SSPP 要求，还应该进行其他的详细分析，如系统及子系统危害分析，失效模式、影响及危害程度分析，故障树分析等，通过这些技术分析可以进一步评估系统的安全特性。

评估 CBTC 系统安全方案识别的危害时，应该从危害发生后的严重度，以及发生的可能性(或频率)两个方面来考虑，即危害对系统或子系统的影响通过发生后果严重度及发生可能性来衡量。风险评估的结果为系统或子系统应该用何种方式处理危害提供依据，决定系统或者子系统处理危害的决策基础，选择消除危害或减轻危害，还是容忍危害。该过程应该包含危害解决方案的全部文件。

危害处理应该通过一个消除危害的设计来完成。在处理危害时，由于处理危害的策略可能给系统或子系统带来新的危害，所以应该监控策略的有效性，确定没有引入新的危害。此外，如果系统发生了实质性的改变，如系统结构变化或采用其他解决方案，必须重新分析系统是否产生新的危害。

CBTC 系统至少应该通过 ATP 的功能处理一系列关键/灾难性的系统危害，如表 7.3 所示。

表 7.3　危害及其解决对策

危害	解决对策
列车之间的碰撞，如追尾、侧面碰撞、正面碰撞	可以通过保证列车间隔、回退防护、进路联锁防护等方式解决
列车与建筑的碰撞	可以通过轨道末端防护和限定的进路防护来解决
列车出轨	可以通过超速防护、进路联锁保护，以及在合法授权指定处的断轨检测来解决
在 CBTC 管辖范围内存在与高速路相交的道口时，列车和高速路上汽车间的碰撞	可以通过道口预警装置来解决。通常道口预警装置与 CBTC 系统有接口，能够掌握基本的列车信息防护道口安全
对工作人员和工作列车之间的危害	可以通过 CBTC 工作区保护功能来解决
列车在行驶过程中打开车门导致乘客面临的危害	可以通过 CBTC 系统和列车车门系统(合法授权指定)的交互，提供开门控制联锁防护、零速检测和出发联锁等功能来解决
与轨道上物体的碰撞	可以通过 CBTC 系统和障碍物检查设备(合法授权指定)的接口来解决

(3) CBTC 关键功能。

为了将危害消除或者控制到一个可接受的水平，CBTC 系统至少应该包含关键功能(ATP 功能)。CBTC 系统的关键功能直接关系到系统的安全性，如果发生危险而未被正确处理，可能产生灾难性的影响。为了消除危害或将危害控制到授权单位可接受的水平内，可以利用风险评估的方法。CBTC 系统中的所有关键功能，应按照故障–安全原则设计和执行。每一个 CBTC 系统所采用方法的文件，满足故障安全原则的论证，平均无危险事件时间(MTBHE)都必须达到规定的要求。

(4) CBTC 系统安全运行的定量需求。

对于任何一个 CBTC 系统来说，单线连续部分的 CBTC 轨旁和车载设备，应该至少达到 10^9h 的平均无故障时间。系统安全文件应支持这些计算，并证实所使用的方法能够达到目的。为了计算 MTBHE，危险事件至少应包括前面指出的任何一种危害。

(5) 基本安全设计原则。

①无 CBTC 硬件故障的轨道交通系统正常运营。

在输入、操作及环境条件都处于正常范围时，CBTC 系统应该安全响应、正确执行所有 ATP 功能，保证 ATP 完成预期的任务和目标。

在 CBTC 系统初始化系统允许的状态及动作之前，应该验证并呈现这些状态及动作存在需要的所有条件。状态及动作一直存在时，其所必需的条件将被验证并持续呈现。

CBTC 系统安全性不应该依赖于操作人员的动作或操作程序的正确性。系统对错误应具备一定的容忍能力。程序不能作为特定的 CBTC 组件或者设备的安全功能的代替品。

②无 CBTC 硬件故障的轨道交通系统非正常运营。

在非正常系统加载异常、不正确输入和其他外部异常(如电气、机械和环境因素)的影响下，CBTC 系统应当作出恰当的安全响应，不能使系统导向危险，必须保障其安全特性。

③CBTC 硬件故障的响应。

在可接受的硬件故障情况下，CBTC 系统应当作出恰当的响应，导向安全状态。执行逻辑操作故障或缺少逻辑输入/输出或决策时，不应该导致非安全的情况发生，即系统安全不依赖于一个动作或逻辑决策的产生。

危害分析应考虑所有可接受的 CBTC 硬件故障模式。不可接受的故障模式需要给出相应的原因。每个可接受的 CBTC 故障模式的影响应该按故障自显或非自显分类。

(a) 不可接受的单点 CBTC 硬件故障，无论自显或非自显都会导致不安全的状况。

(b) 不可接受的 CBTC 硬件故障结合一个或多个非自显故障，将会导致不安全的状况。在一个非自显故障的实例中，后续故障不能单独考虑。

(c) 在计算 CBTC 系统的 MTBHE 时，需要考虑同时发生自显故障组合所导致的关键或灾难性危害的可能性。

(6) CBTC 硬件故障的恢复。

在故障及故障恢复情况下，应该结合 CBTC 系统自身功能模块，辅助轨旁系统和操作规程，防止列车出现危险情况，保证行车安全。

4. 系统保障性需求

CBTC 系统是否能够在正常情况下和设备故障时均达到 1474.1 的功能要求，这一点是至关重要的。1474.1 定性地确定了 CBTC 系统和设备的可用性、可靠性和可维护性标准，以达到或超过授权单位在准时性和可用性方面的要求，从而尽量减少列车延时。在处理 CBTC 的设备故障时，应对下列故障类型加以区分。

(1) 影响系统运行准时性的故障或故障组合。

(2) 不影响系统运行准时性，但会导致 CBTC 其他特定功能损失的故障或故障组合。

(3) 既不影响系统运行准时性也不会导致任何 CBTC 功能损失的故障，如由设备冗余引起的故障。

CBTC 系统需求及故障考虑如表 7.4 所示。

表 7.4 CBTC 系统需求及故障考虑

需求	考虑故障
CBTC 系统可用性	所有 a 类故障及 a 类故障的 MTTRS
CBTC 系统 MTBFF	所有 a 类故障和 b 类故障
CBTC 系统 MTBF	所有 a 类故障、b 类故障和 c 类故障

传统上，在预测系统可用性、MTBFF 和 MTBF 时，仅仅考虑硬件故障，而衡量已实现的系统可用性、MTBFF 和 MTBF 时，除考虑硬件故障之外，还应考虑软件错误(即软件未能发挥预期的功能)。推荐的一般性做法包括如下。

(1) 精选零部件和材料，采用适当的质量控制标准和测试规程，以确保 CBTC 设备配件达到最低的硬件故障率，即使系统硬件部分的 MTBF 最大化。

(2) 无冗余设备时，除非能够可靠地满足整个系统可用性要求，否则应采用适当的冗余设备。这样，单个部件、处理器或设备的故障不会使 CBTC 系统丧失可用性或使关键性功能不工作，即使系统的 MTBFF 最大化。

(3) CBTC 系统应包含降级运行模式，以使设备故障对系统运行影响达到最小，并使列车能够继续安全运行，使系统的可用性最大化。

(4) 通过使用本地和远程诊断功能，以及恰当的操作和维护规程，使 CBTC 系统的关键功能故障时间和不可用度最小，即使 MTTR 最小。

5. 系统可用性需求

根据 CBTC 系统和子系统故障对系统运营的影响，建立 CBTC 定量的可用性需求。应当基于设备可靠性、可维护性计算，冗余设备和其他条件，进行系统可用性分析及建模来预测指定 CBTC 系统的可用性。同时，应当进行系统可用性测试，确定实际 CBTC 系统的可用性是否达到预期水平。

(1) 设备可靠性需求。

应当建立 CBTC 系统及子系统的定量 MTBF 和 MTBF 需求。

CBTC 设备应具有 30 年的设计寿命。

(2) 设备可维性需求。

CBTC 系统应当通过最大化系统的 MTBF 和方便的维修条件，使系统对维护(包括预防性维护及矫正性维护)的需求最小。

修复或替换一台服务状态的 CBTC 故障设备(即一级修护)的平均时间包括现场诊断、故障部件替换，以及修复单元、子系统或系统测试的时间。二级维护可定义单独的 MTTR 需求。一级 MTTR 不得超过 30min，二级 MTTR 不得超过 2h。

修护时间不仅由设备诊断和可用测试决定，还由维护手册和培训决定。因此，CBTC 系统应具备维护功能和检测 CBTC 设备故障的诊断功能。包括远程诊断、本地内置测试设备和其他故障显示，以便排除故障、修复系统和及时识别失效的零部件和功能。轨旁和车载 CBTC 设备应该能够记录相关数据，记录的数据可以重现事故的发生顺序，使维护人员可以识别 CBTC 设备故障或错误操作的原因。

CBTC 系统应该能够周期验证 ATP 软硬件及数据，包括车地通信数据链路交互的验证。CBTC 系统还可以更改系统参数、线路数据库和应用软件。但是 CBTC 系统供应商应当确定这些变化不会影响系统安全，除了有供应商确定的不影响安全的因素外，很可能还会影响系统的安全运行。所以，在实施任何这样的改变前，应重新进行危害分析，以验证修改后的系统仍能满足所有相关标准的需求。

(3) 典型的描述 CBTC 系统可用性的方法。

①传统的基于设备的方法。

对系统可用性传统的定义是指系统在任何时刻能够运行或实现预期功能的概率。系统可用性可以用系统的 MTBFF 和 MTTRS 表示，如下式：

$$\text{CBTC系统可用性} = \frac{\text{系统MTBFF}}{\text{系统MTBFF} + \text{系统MTTRS}}$$

式中，系统 MTBFF 表示系统平均功能故障间隔时间；系统 MTTRS 表示系统平均服务恢复时间，是系统 MTTR 和维修人员到故障现场维修的平均时间之和。

从上述公式可以看出，如果 MTBFF 远大于 MTTRS，那么可用性将很高。同样的，如果 MTTRS 很小，那么可用性将很高。

可用性是关于系统可供使用时间的描述，反映了系统处在可工作状态的时间比例。通过这种方法，通常需要指定以下内容：(a) 定量的 CBTC 系统可用性需求；(b) 维修人员到达故障现场的平均时间；(c) 可用性需求包括的 CBTC 系统的范围；(d) 在定义系统 MTBFF 时包含的 CBTC 系统故障类型。

对于一个给定的 CBTC 系统，CBTC 系统的可用性可以从其子系统 MTBFF 和 MTTRS 两方面进行评估。实际 CBTC 系统的可用性应该取决于实际应用中系统 MTBFF 和 MTTRS 的测量值，要适当调整没有包含在 CBTC 系统覆盖范围内的因素。

②基于可变的在线运行时间的方法。

定义 CBTC 系统有效性的另一个方法是根据 CBTC 系统对正点运行的影响来定义的，如下式所示：

$$\text{CBTC系统可用性}=\frac{1-\Sigma w_x\cdot \text{由于CBTC故障造成的延误超过}t_x\text{的Revenue\_trip}}{\text{总共计划的Revenue\_trip}}$$

式中，Revenue_Trip 是指列车从起点到终点按计划的运行过程；t_x 是延时的阈值；w_x 是与延时阈值相关的权重因子。

通过这种方法，CBTC 系统可用性还需要考虑乘客的等车时间。由于乘客是以候车和乘车时间来评价系统的可用性的，造成长时间时延的 CBTC 系统故障要得到更大的权重因子。总体来说，时延阈值是与列车运行的间隔时间相关的，因为对于较短的车头时距数情况下的时延，对运行准时性的影响更大。

CBTC 系统的可用性也需考虑其他类型的故障，在某种程度上这些错误可能影响整个线路的可用性。例如，即使一个 CBTC 列车设备故障没有立即影响到系统的准时性，但是如果随后造成了列车不可用，就可能会影响到整个系统。

通过这种方法，通常需要指定以下内容：(a)定量的 CBTC 系统可用性需求；(b)多个时延阈值及权重；(c)维修人员到达故障现场的平均时间；(d)可用性需求包括的 CBTC 系统的范围；(e)在定义系统可用性时包含的 CBTC 系统故障类型。

对于一个给定的 CBTC 系统，CBTC 系统可用性可以利用子系统的 MTBFFs 和 MTTRs，以及假设的系统实施方案来评估。实际的 CBTC 系统的可用性应该取决于实际应用中测量到的时延值，以及适当调整没有包含在 CBTC 系统覆盖范围内的因素。

5. 环境需求

车载 CBTC 设备的环境需求需要遵从 IEEE Std 1478—2001，轨旁 CBTC 设备环境需求需遵从 IEEE P1582/D1.0。

三、系统功能需求

CBTC 系统能够提供 ATP、ATO 及 ATS 功能。ATP 系统提供故障-安全防护，防止撞车、超速和其他危险情况的发生。ATO 功能是在 ATP 的保护下，自动控制列车的运行。ATS 及时反映线路和列车的状态等信息，监视系统的各种控制功能，动态显示列车的运行状态和线路设备的使用情况。ATP 功能优先于 ATO 和 ATS 功能。正常情况下，CBTC 系统可以没有 ATO、ATS 功能，但必须提供 ATP 功能。

CBTC 车地通信接口必须能够支持所需的 ATP、ATO 和 ATS 功能。数据链路能在 CBTC 区域内达到连续的地理覆盖，并支持列车在隧道、管道、接口处，在高层轨道和水平面轨道的运行。数据链路需支持双向数据传输，且具有低延时的特点以支持规定的系统性能需求。数据链路还包括协议框架，保证安全、及时和可靠的列车控制信息的传输。

1. ATP 功能

所有的 ATP 功能都属于关键功能，ATP 系统的设计和执行都必须遵守系统安全需求，其主要功能包括如下。

(1)列车测速定位。

测速定位是 ATP 系统的基本功能之一，也是列车运行控制系统的关键功能。测速定位的安全性和精度从根本上影响着交通系统的安全和效率。CBTC 系统应确定每辆 CBTC

列车在 CBTC 区域内运行时的位置、速度及运行方向。

①CBTC 列车测速定位。

列车测速定位是很多其他速度及位置相关功能的基础，CBTC 系统必须具备一定的测量精度及分辨率，以满足安全分析的需求，保证能够准确地定位列车车头及车尾的位置，以及确定列车的运行速度。CBTC 系统能够对测速定位时的误差进行补偿。如果测速定位依赖于轮轴，CBTC 系统需要修正列车因空转、打滑及车轮尺寸变化而引起的误差。

测速定位子系统能够自初始化，及自动检测和确定每列进入 CBTC 区域，装备了 CBTC 设备或从 CBTC 设备故障中恢复的列车的位置；故障恢复时，无须人工输入列车位置及长度。

②后备列车定位检测。

当 CBTC 车载设备故障或非 CBTC 运行时，由辅助轨旁设备提供某一区段是否由一列或多列列车占用，也能够完成列车定位功能。利用辅助轨旁系统的定位精度不及 CBTC 系统定位的精度高，但在这种情况下，测量精度也不需要达到这么高的精度。

(2) 列车安全间隔。

①列车安全间隔功能。

列车安全间隔是任何构造 CBTC 系统的 ATP 必须的功能。在 CBTC 区域内运行时，无论列车是否装载 CBTC 车载设备，所有的列车都必须保持安全的间隔运行。安全间隔的计算以前行列车瞬间停车为原则。

混合模式的列车运行时，列车运行安全间隔由辅助轨旁系统及严格遵守操作规程来提供。

如果由辅助轨旁系统提供后备列车定位功能，则当 CBTC 列车追踪非 CBTC 列车（未装载 CBTC 车载设备或车载设备故障）时，CBTC 系统为列车提供的移动授权位置为前行非 CBTC 列车所占用的轨道区段的边界点，如果授权单位特别要求，可以将移动授权延伸到前行列车所占用进路的入口处。

CBTC 系统的安全间隔功能包括如下。

(a) ATP 曲线的计算。由 ATP 固定数据（如永久限速）及可变数据（如临时线路、移动授权）计算 ATP 曲线。

(b) 使列车按照 ATP 曲线运行。

安全制动模型管理 ATP 曲线，并保证在任何情况下，包括故障时，CBTC 列车都不会超越移动授权。移动授权是很多限制因素中最具限制的一个，包括如下内容。

(a) 前行 CBTC 列车的尾部，需要考虑定位时的不确定性。

(b) 非 CBTC 列车所占用分区的边界。

(c) 轨道的末端。

(d) 当进路尚未完全建立且锁闭时，联锁区的入口。

(e) 建立反向运行方向轨道区段的边界。

(f) 已封锁轨道的边界。

(g) 如果授权单位指定，平交道口不确定是否设置警告设备时的入口处。

(h) 列车运行不安全进路的入口处。

为了进行故障恢复，CBTC 允许列车可以不满足安全间隔功能，在列车驾驶员的控制下，以限制速度，超出移动授权的范围。授权单位指定时，CBTC 能够撤回之前分配给列车的移动授权。如果列车接近之前的移动授权边界，列车可能与新的 ATP 曲线冲突。在这种情况下，CBTC 系统应当立即触发制动。制动可以是紧急制动，也可以是受监督的常用制动。

②ATP 系统安全制动模型。

每一个 CBTC 系统应用都应该具有安全制动模型。安全制动模型应该考虑最少以下几方面的因素：(a)前行列车位置的不确定性；(b)追踪列车位置的不确定性；(c)列车长度；(d)列车配置；(e)CBTC 系统允许的超速范围；(f)CBTC 系统最大测速误差；(g)CBTC 系统反应时间及延时；(h)在超速情况下，CBTC 系统检测到的列车最大可能的加速度；(i)CBTC 系统检测到超速后，牵引切断及紧急制动所需的最大反应时间；(j)GEBR；(k)等级。

GEBR 是指综合一系列环境条件和列车在最坏行驶条件下，制动设备失效时，列车在正线行驶所达到的最小紧急制动水平，其中包括了对最大载客量(合理的冰雪路面条件)、最小黏着力和最大顺风等因素的考虑。

CBTC 系统应该提供多套安全制动模型以适应不同种类列车的牵引/制动率和列车运行时的具体情况。同时，CBTC 系统能够对指定位置的列车提供正确的安全制动模型。

(3)超速防护和制动保障。

任何 CBTC 系统都必须具备 ATP 的超速防护功能，列车测速定位是超速防护的基础。超速防护用于检测司机或 ATO 控制列车运行的速度是否符合安全限制，如果不符合则会触发制动。

安全制动模型影响 ATP 曲线的建立及监督。在任何情况下，包括故障时，CBTC 系统都必须检测列车实际运行速度是否会超过其安全速度。

ATP 曲线的防护是通过比较列车所在位置的速度和 ATP 曲线速度来实现的，列车所在位置及当前速度分别由 CBTC 系统定位和测速功能提供。如果列车运行速度超过了 ATP 曲线速度，CBTC 系统将会立即触发制动。由授权单位规定制动类型，可能是紧急制动，也可能是监控下的常用制动。当采用常用制动时，CBTC 系统需要监视列车的制动率以保证能够在规定的时间内将列车速度控制在安全范围内；如果不能，CBTC 系统将立即采取紧急制动。在此期间，安全制动模型需要考虑系统的反映时间。

安全速度需要考虑以下几个因素中最具限制的速度：①线路固定限速；②临时限速；③列车配置或特定列车等级的永久限速；④车载设备故障情况下的条件限速；⑤能使列车安全停在移动授权范围内或列车在进入某个区段后能够减速到该区段的固定或临时限速的最大速度。

(4)折返防护。

CBTC 系统能够监视实际列车运行方向，并且比较实际测量的运行方向和 CBTC 系统建立的运行方向。当列车运行方向超过规定的反向容限，则应施加紧急制动予以防护。

(5)轨道末端防护。

轨道末端防护是任何 CBTC 系统必备的 ATP 功能，它允许列车到达或接近轨道末端终点。轨道末端防护与超速防护功能相结合，防止列车冲出或撞击轨道终端，同时需要满足列车持续运行和减少尽头线路长度的要求。授权单位可以根据实际的需求设定缓冲区，如果设定了轨道缓冲区，轨道末端防护功能应该防止列车超出该缓冲区范围。轨道末端防护是以安全制动模型设计为基础的。

(6) 列车完整性防护。

如果单独的车辆编组为两个或更多的车组单元以便组成一辆列车，那么 CBTC 系统应当有完整性检测的功能，单独的车列或车列单元无论是永久地编组在一起，还是为了维护或运营将其解体，列车完整性检查都是必须的。

CBTC 系统能够支持列车分离和组合的运行需求，在 CBTC 系统中自动更新列车组成长度。

(7) 零速检测。

对任何 CBTC 系统都需要有 ATP 零速检测功能，零速检测也是车门控制功能的基础，它必须遵守 1475–1999 IEEE 5.10 的要求。

零速检测在所有的操作模式下都应该有效。当列车速度小于 CBTC 指定的零速设定值时，ATP 系统进行零速检测。

(8) 列车开门防护检查。

列车有人驾驶且授权单位指定时，可能需要有 ATP 列车开门防护检查功能。无人驾驶时，ATP 必须具备车门控制功能。

列车运行或在车站停车时，ATP 系统监控车门的开启、关闭及锁闭。只有在安全条件满足时，车载 ATP 才允许车门操作，以保证乘客的上下车安全。在开启车门操作之前，ATP 需要验证满足条件：①列车与指定的停车点对齐，由授权单位定义停车点和允许误差范围；②所开车门侧必须有站台；③检测列车速度是否为零；④列车不能移动。

如果检测到列车正在移动，而车门没有锁在关闭状态，车门监督功能立即实施紧急制动。当 ATO 控车，列车在正线运行，列车停站时，检测列车为零速度且列车保持制动，在满足停车要求的情况下，ATP 系统才允许 ATO 向列车发送开车门命令。

(9) 列车离站发车条件检查。

对于有车组人员驾驶的列车，授权单位规定时，可能需要 ATP 离站发车条件检查功能，而对于无人驾驶的列车，必须具备离站发车条件检查功能。列车离站发车条件检查功能能够防止停站的列车在所有车门关上且锁闭之前移动。故障恢复时，可以不遵守此功能。

(10) 紧急制动。

紧急制动是在紧急情况下为了使列车的制动距离尽可能缩短而采取尽量大制动力的一种安全性制动，紧急制动通常由司机施加或列车自动施加。列车设计采用故障–安全原则，任何可能危及行车安全的操作或故障，均将导致列车产生紧急制动。列车紧急制动功能能够保证列车在安全制动模型计算的停车点前安全停车。如果 ATP 检测到的运行条件不满足行车要求，无论任何复位信号或操作（除非故障恢复时避开了 ATP 功能），紧急制动将一直持续保持。

如果紧急制动重置后，ATP 满足运行条件时，列车可以继续行驶。但是如果实际列车行驶速度超过了 ATP 的允许速度，或列车发生故障，需要再次实施紧急制动。

(11) 进路联锁。

CBTC 系统需要提供一个和传统联锁功能类似的进路联锁功能，防止列车碰撞或出轨。进路联锁应该包括列车进入联锁区前（接近锁闭）或者列车已经进入联锁区域（进路锁闭）等情况下的锁闭功能。当有岔区段被列车占用时，道岔也应该被锁闭。列车驶离后，可以使用分段解锁的方式解锁进路。

只有在建立并锁闭进路的情况下，移动授权才可以延伸到联锁区域。一旦移动授权延伸到联锁区域，则只有在列车已经出清联锁区时，才能解锁相关进路。

在有辅助轨旁设备的区域，联锁功能可以由分散的联锁设备完成。分散的联锁设备是以由辅助轨旁设备确定的列车位置为基础的。在这种情况下，为了安全地提高 CBTC 系统的性能，在基于 CBTC 定位系统确定列车位置的基础上，CBTC 系统应该与传统的联锁功能交互，并可以修改传统联锁系统的功能。

(12) 反向运行联锁。

任何需要双向运行的 CBTC 系统，应该具备 ATP 反向运行联锁功能。当某个区段存在反向运行的敌对进路时，移动授权不可能延伸到该区段。列车在一个区段内折返至少要满足以下两个要求。

①在该区段内所有列车速度为 0，并且不能在原运行方向上运行。

②在该区段外的所有列车的移动授权，不能够延伸到该区段以及列车原始运行方向上的轨道区段内。

(13) 工作区的防护。

CBTC 系统不允许列车进入停止服务（已封锁）的区段或经过错误封锁位置的道岔，当列车接近或经过工作区时，列车执行严格的限速，且 CBTC 系统禁止列车使用 ATO 模式运行。

(14) 断轨检测。

轨道断轨直接影响列车运行安全，可能造成列车出轨、倾覆等行车事故。在授权单位指定的区域，CBTC 系统可能与轨旁辅助系统交互以实现断轨检测。由授权单位指定 CBTC 系统对检测到的断轨进行处理。

(15) 平交道口警示。

如果在 CBTC 区域内与公路存在相交的道口，CBTC 系统可能会与道口预警设备进行交互，根据列车位置报告获得控制该设备的许可，并根据来自该设备的状态信息，调整移动授权，以安全通过道口。

具体的需求应当由授权单位制定，可能包含如下 4 条内容。

①固定的预警时间，与列车速度或者加速度/减速度无关。

②对于在道口之前停站的列车，应延迟启动预警设备，直到列车准备离站。

③当列车出清一个位于多个轨道区段上的道口，如果第二列列车在一个预定义的时间间隔内重新启动了预警设备，预警设备应持续处于激活状态。

④由信号灯或其他公路标识系统控制的更高级别的预警，应与 IEEE 标准 1570–2002 和/或 AREMA Communications & Signals Manual 3.1.10 [B2].部分相一致。

(16) 受限进路防护。

在授权单位指定的区域，由于机械、土建、电气特性，或者其他预先定义的临时/固定的列车/进路条件，某些进路不适合某些型号的列车运行，CBTC 系统需要防止该类列车进入该进路。

2. ATO 功能

为实现列车的无人驾驶，CBTC 系统至少需要实现 1474.1 提供的 ATO 功能，以使列车根据预定的运行原则在 ATP 的限制下安全自动地运行。有人驾驶时，ATO 的功能应当由授权单位指定。

ATO 可以替代司机驾驶列车，根据目标速度、行车许可及线路条件等信息自动发出牵引或制动命令，控制列车安全运行。ATO 是提高运营效率、保证乘坐舒适的重要手段，也可以减少人为操作的失误。CBTC 系统的车-地双向通信接口必须能满足实现 ATO 功能的需求。

(1) 速度自动调节。

ATO 通过比较列车实际运行速度、ATP 最大允许速度及目标速度，并根据线路的情况，自动控制列车的牵引及制动，使列车在区间内的每个区段始终以控制速度运行，并尽可能减少牵引、惰行和制动之间的转换。

列车的启动、停止及速度调整应当由 CBTC 系统自动控制，以使速度、加速度、减速度满足安全要求，同时保证列车速度在 ATP 超速限制以下，满足乘客舒适度的要求（由授权单位定义）。站台停车的精确度也授权单位定义。

CBTC 系统根据列车操作员（如果有）或 ATS 的输入，支持多种 ATO 速度、加速度和常规制动率。

(2) 站台停靠控制。

CBTC 系统应该能够实现以下几种站台停靠控制模式。

①当站台长度近似等于列车长度时，只有当有充足的停靠空间，或者前行列车获得了一个完全驶离车站的移动授权并已经向站外运行时，CBTC 系统才会允许列车进入站台。

②当站台长度大于列车长度时，如果授权单位指定，则 CBTC 系统能够支持站台区域内允许有多个列车的停靠位置。

③当站台长度允许多个列车停靠时，尽管有列车占据了一个停靠位置，CBTC 还是可以允许其他的列车驶入站台。

④当站台长度小于列车长度时，CBTC 允许列车停靠并与门控联锁保护相一致。

(3) 车门控制。

CBTC 系统能够支持自动的车门控制功能，包括列车车门及屏蔽门。

无人驾驶时，自动门控将会控制车门的自动开关（如果有，则还包括屏蔽门）。有人驾驶时，根据授权单位定义，自动门控功能可以仅控制车门的开启，而车门的关闭则由人工处理。自动车门控制分为以下三种情况。

①仅有执行自动开门功能。

②仅有执行自动关门功能。

③没有自动开门及自动关门功能。

如果车站装有屏蔽门，则其会和车门作为一个整体同时开关。系统可以允许由人工干扰任何一组车门的操作（包括列车车门和匹配的屏蔽门），而不影响其他车门的控制。车门未关闭时列车在车站中的停靠时间由 ATS 指定，ATO 执行自动控制。

3. ATS 功能

ATS 系统能够实现对列车的监督和控制。如果授权单位指定，CBTC 可以和 ATS 系统整合在一起。CBTC 数据通信网络包括车地双向通信的接口，应该满足支持 CBTC 系统中 ATS 系统功能的需求。

标准定义的 CBTC 相关 ATS 功能能够完全与传统 ATS 功能及其他非 ATS 功能整合，来支持整个轨道交通系统全线路设备的管理，并提供单独、固定的用户接口。

(1) ATS 用户接口。

ATS 用户接口应该在指定的可接受延时内，显示所有的信息并完成所有的控制指令。ATS 用户可以将任何自动的与 CBTC 相关的 ATS 功能置为无效。与安全相关的任何功能如果出现误操作，需要对操作进行确认以确保安全。

当 CBTC 过早解除或未执行 ATS 用户的安全指令，或者执行 ATS 用户未曾给出的安全相关指令，及通过 CBTC 系统向 ATS 用户显示错误信息时，都需要考虑危害分析。在具体的运输方案和有关列车有无人驾驶的方面，需要认真考虑危害分析。

(2) CBTC 列车识别和列车追踪。

每一列 CBTC 列车在 CBTC 区域运行时都会被分配一个车次号，车次号会指明列车型号和该列车相关的其他信息。

对所有在 CBTC 区域运行的 CBTC 列车，ATS 系统可以自动追踪、记录，并将列车位置、车次号、列车时刻表及其他信息实时显示在人机界面上。根据 CBTC 列车定位报告，列车的头部和尾端都会被追踪定位，并显示在用户界面上。在 ATS 用户界面上显示时，列车长度将按照合适的比例或者标准长度的图标显示出来。

(3) 列车进路。

ATS 系统能够根据在 CBTC 区域运行的 CBTC 列车的位置信息、进路原则和 ATS 用户指定的服务策略，人工或者自动地为列车选排进路。列车进路会在 ATS 用户界面上表示出来，并且能够在司机操作界面指示给列车司机，如果有车组人员，也需要通过车组人员显示界面显示给车组人员。

ATS 系统还可以控制并限定所有 CBTC 区域内运行的 CBTC 列车的移动授权，CBTC 移动授权的范围会显示在 ATS 人机界面上，任何非命令的移动授权范围的缩小都会被报警。对于有车组人员的列车运行，移动授权信息需要通过司机显示台和车组人员显示界面显示给列车司机和车组人员。

(4) 列车自动调整。

列车自动调整分为三个子功能，分别详述如下。

①时刻表及追踪间隔调整。当 CBTC 列车运行于 CBTC 区域内时，ATS 系统能够自动监控及调整运行时刻表及追踪间隔。ATS 系统可以基于列车识别、CBTC 定位信息及列车间的实际追踪间隔，实施列车自动调度功能。

时刻表和追踪间隔的调整是通过改变列车停站时间，以及调整区间运行等级实现的，停站时间的调整包括车站扣车，调整站间运行等级通过改变区间运行时的加速度、制动率及速度实现。对于有车组人员的列车，车站发车时间及区间运行速度曲线都需要通过人机界面显示给司机和其他车组人员。当列车采用自动驾驶模式时，该功能由 CBTC 系统采用自动速度调节功能实现。

ATS 系统应该能够调整 CBTC 列车的常用制动曲线(如为应对轨道潮湿等情况)，同时，CBTC 系统应该能相应地不断调整常用制动曲线以避免触发列车紧急制动。

②交汇点管理。ATS 系统能够以 CBTC 列车位置信息为基础进行自动调整，为列车交汇提供便利，达到系统总体延迟最小化的目的。

③能耗优化。ATS 系统通过对 CBTC 列车进行实时控制，调整列车加速度，实行列车惰行和列车制动等，对 CBTC 列车实施节能算法，优化节能控制，节能控制的优先级由授权单位指定。

(5)停站功能。

列车在车站的停站功能分为以下几个方面。

①下一站停车。当时刻表计划为列车越行下一站时，ATS 系统仍然能够控制一列 CBTC 列车或一组 CBTC 列车在下一站站台停车。对于有车组人员的列车，ATS 系统需要将列车停站信息通过人机界面指示给司机及其他车组人员。对于采用 ATO 模式运行时，CBTC 列车能够自动执行下一站停站功能。

②车站扣车。对于无人驾驶的列车，ATS 系统能够对 CBTC 列车执行车站扣车(接着释放)的功能；对于有车组人员驾驶的列车，该功能是可选的，由授权单位决定 ATS 系统是否需要具备该功能，如果有，CBTC 系统需要通过人机界面向司机及其他车组人员指示列车扣车信息，并且防止 CBTC 列车以 ATO 模式离站。

③车站跳停。ATS 系统能够指挥 CBTC 列车直接越过某站(或某些站)而不停站。对于有车组人员的列车，CBTC 系统需要将车站跳停信息显示给司机及其他车组人员。在 ATO 模式下时，列车能够自动跳停某些特定站。

④禁止车门控制。ATS 系统能够禁止 CBTC 控制列车车门。车门控制功能详见 ATO 功能。

(6)列车运行限制。

以下功能的应用和取消可能会给系统带来潜在的危害。在具体实施这些功能时，应按照 1474.1 的相关要求进行风险分析。

①即时停车。CBTC 能够为特定列车执行即时制动。当列车运行时，ATS 系统能够使 CBTC 列车执行立即停车。如果有车组人员，需要通过人机界面通知车组人员。

②临时限速。当 CBTC 列车运行于 CBTC 区域时，ATS 系统能对 CBTC 区域内任意轨道区段上运行的 CBTC 列车执行临时限速或取消临时限速。

③道岔及轨道封锁。ATS 系统能够封锁(随后解封)CBTC 区域内的道岔、出站信号机、进路起点或轨道区段。CBTC 系统能够阻止列车通过未封锁在需要位置上的道岔，以及已经被封锁的进路区段。

④工作区。为了保护工作人员或工作车辆，ATS 系统能够建立临时工作区。当列车接近或通过工作区时，CBTC 系统能够强制执行列车限速。对于有车组人员的列车，需要通过人机界面提示司机及其他车组人员，列车经过工作区限速，且当列车经过工作区时，系统会禁止切换到 ATO 模式运行。

在能见度受限的区域，ATS 系统应该提供视觉或听觉警告，通知在线作业的工作人员，列车正在靠近以及列车的运行方向。

(7)乘客信息系统接口。ATS 系统可以与轨旁及车载乘客信息系统接口，触发自动乘客信息，如列车到达信息等。

(8)故障报告。故障报告包括如下。

①CBTC 系统故障报告。CBTC 系统检测到的或输入的故障和超出容限范围之外，以及影响系统准时性或导致其他 CBTC 特定功能失效的情况，都应该自动显示在 ATS 用户界面上。所有报警都被分类并记录下来，并分为关键的和非关键的报警。所有关键的报警都需要得到确认。

②列车故障报告。车载 CBTC 设备应该有与车载子系统通信的接口，用于将列车状态数据传输给轨旁子系统，以便在 ATS 用户界面上展示。

4. 接口互通性需求

1474.1 的性能和功能需求标准不包括用于互用性的接口设计标准。互通性需求由授权单位指定。以下为互用性需求的实例。

(1)由供应商 A 提供 CBTC 车载设备的列车能够运行在供应商 B 提供轨旁设备的 CBTC 区域中。

(2)由两个完全独立的供货商 A 和供应商 B 提供的轨旁设备能在设备共同覆盖的区域实现通信，并且与共同的中央 ATS 设备通信。

(3)由供应商 A 提供的 CBTC 车载设备的基本执行单元，能够在供应商 B 提供车载 CBTC 设备的列车中，与其基本执行单元共同运行。

第三节　IEEE Std 1474.2——CBTC 系统用户接口需求

相比传统基于轨道电路的列控系统，CBTC 系统实现更小的追踪间隔，列车控制更加灵活和精确，因此，具有更高的列车运行效率。用户接口的设计要求能够充分体现 CBTC 系统的特征，标准 1474.2 为基于通信的列车控制系统建立用户接口需求。该标准适应于所有的轨道交通系统，包括轻轨、重轨以及通勤轨道交通系统，为采用 CBTC 系统的轨道交通系统提供一致的用户接口。

本节主要叙述该标准中的以下四部分内容。

(1)适用于 CBTC 车载用户接口和非车载子系统(控制中心子系统)用户接口的通用接口需求。

(2)专用于 CBTC 车载子系统的用户接口需求，包括显示内容和以何种方式显示，并强调操作功能。

(3)类似的 CBTC 非车载子系统的用户接口需求。

(4)适用于 CBTC 子系统维护诊断的用户接口需求。

一、总体用户接口需求

CBTC 系统用户接口是为了在正常或反常的运行条件下，帮助用户优化、协助、提高执行效率。用户接口应能够向用户提供系统反馈(包括自动动作、动作原因及用户人工操作的结果)，当系统需要有人工执行操作时，接口也应该给出相应提示。

CBTC 系统的用户接口设计应该符合用户对操作和操作结果之间的逻辑和因果关系的预期。对显示的信息进行整合处理，并采用固定的格式及形式呈现，以便于最大限度地减少用户对信息理解及作出反应所需要花费的时间，有助于用户作出相应决策。

用户接口应具有验证用户输入正确性的能力，在用户将错误输入传输给 CBTC 系统之前能够及时检测出该错误，并允许较容易地修改该错误。

1. CBTC 系统分类

对于系统应用来说，CBTC 系统可以作为唯一的列车运行控制系统，也可以与其他系统集成作为整体系统来控制列车运行。对于不同的应用情况，系统配置可能也不同，而不同的配置会影响用户接口细节。具体的 CBTC 系统详见本章第二节。

2. 建立用户简档

授权单位应为所有的 CBTC 用户定义用户简档，包括为系统操作员和维护员、为 CBTC 车载设备用户和 CBTC 非车载设备用户分别定义独立的用户简档。用户简档内容主要包括如下。

(1) 视觉：CBTC 用户群的近视、远视和色盲的分布。

(2) 听觉：CBTC 用户群的听觉水平分布。

(3) 语言：本地(系统安装使用地)语言的阅读能力。

(4) 体征：CBTC 用户群的体能分布。

(5) 计算机水平：对计算机应用的熟悉程度。

所有的 CBTC 用户都应该从授权单位接受适当的轨道交通运营或维护培训。

3. 人体工程学需求

CBTC 用户接口的设计应符合人体工程学的原则和做法，并与 1474.2 所列出的参考文献中关于人体工程学的准则和标准相一致。

(1) 男性 95%的空间用于设置舒放空间，女性 50%的空间用于设置手臂触及范围。

(2) 显示和控制装置应该放置在用户正常视线范围内，不用转头即可看到。

(3) 非关键的显示和控制设备可以置于正常视线范围外。

接口的设计应符合直觉性，使得用户在接受少量培训后即可使用该系统，同时，信息显示和人机交互的设计应采用简单并一致的方法。

4. 系统安全性考虑

由于 CBTC 系统用户接口可能会引入一些系统危险，所以用户接口的设计应当按照 IEEE 1483—2000 标准来进行危险分析。CBTC 用户接口不用遵守故障–安全原则，但是至少应该考虑以下几点危险性分析。

(1) 用户下达的安全相关命令不被执行的概率。

(2) 还未被执行的安全相关命令被过早取消的概率。

(3) 系统执行用户未下达的安全相关命令的概率。

(4) 系统向用户显示不正确信息的概率。

5. 显示需求

CBTC 系统接口的显示颜色和显示图标，与标准 MIL-STD1472 的规定相一致，此外，为了与其他非 CBTC 系统的兼容，授权单位也可以自己定义显示颜色和图标。

以下为 CBTC 系统接口颜色显示的一般准则。

(1) 红色：一般用于有限制、紧急报警以及其他需要用户立刻注意的情况，以及授权单位定义的超过容限的情况。

(2) 绿色：一般用于设备正常情况或处于工作状态，以及其他容限范围之内的情况。

(3) 黄色：一般用于次要警告，以及超出用户规定的容限范围较小程度的情况。

(4) 蓝色：一般用于表示禁止控制。纯蓝色不应在黑背景中及紧挨红色的情况下使用。

(5) 白色：包括各种色度的灰色显示，用于背景信息、静态信息、文本和超出规定的容限范围一定程度的情况下。除了白色以外，所用的灰色背景不应多于两种。

(6) 黑色：用于充当背景色，及当背景色与黑色差异较大时，也可用做文本色。

(7) 品红色：一般用于建议、控制请求提示和非关键功能。

在遵守以上颜色规定的条件下，颜色的配置还应考虑对于色弱用户的适用性。

采用提亮显示能够帮助引导用户找到重要数据。不同的颜色、颜色深度、闪烁、反置、线条纹理以及附加标志等，应用于凸显设备状态、报警提醒、数据性质、输入数据位置和故障情况等。

闪烁显示可用于请求控制操作的提示、未被确认的报警以及其他需要用户立刻注意的情况。闪烁的速率、模式不应超过两种。一个持续闪烁的图标可用来指示无须用户确认的操作。

6. 声音装置需求

非语音信号的频率应在 200~5000Hz 的范围，最好控制在 500~3000Hz 范围内。声音分贝应考虑周边环境的声音等级，但不能太大，以免惊吓到用户，影响用户正常反应。声音分贝应与事件紧急度相一致，但最高不应高于环境噪声 30dB 以上，不能超过 100dB。

标准规定，由授权单位定义语音类型，但是最多只能有 4 种在音调、持续时间、语音重复开/关状态等方面不同的语音提示。同时，提示语音应当避免与故障或运行的噪声相混淆。(例如，车载空气制动装置的减压或增压过程制造的噪声或者来自控制中心其他系统的语音报警等)。

7. 用户输入信息的反馈需求

CBTC 系统对于所有的用户控制操作都会给出反馈显示，指示操作是否被执行或者处于等待执行状态。对于需要多步操作的控制动作，要求每一步操作都有相应的反馈提示。系统可以采用的反馈信息方法如文本消息、利用颜色的变化、闪烁等方式。当操作命令被拒绝时，系统需告知用户拒绝的原因。用户指南的显示采用简单、一致的方式且用户指南的使用不需要查阅参考文献。

8. 报警与提示信息需求

当系统检测到所有需要用户注意的情况时，必须给出报警和提示信息，报警提示信息都以统一的方式显示，报警信息的显示应与相应的危险等级匹配。报警状态可以采用如颜色、亮度、闪烁或语音信号等单独或组合使用，并且报警显示或报警音属性应能够指示该警告是否已经被确认。

任何报警和提示信息在不需要阅读参考文档的情况下即可理解(当设置了信息显示量的物理极限时，只用于维护诊断目的的警告信息是例外情况)。除非授权单位明确指出，否则所有报警都需要得到用户的确认，当某一报警被确认后，其报警属性即被消除，提示信息不需要被确认。

授权单位可修改报警和报告信息的文本和消息属性。

二、车载子系统的用户接口需求

本节的要求对于单人或者一组车组人员操作列车的情况都适用。车载运营相关用户接口应能够显示本节定义的所有信息。列车司机通常位于列车头节车厢，负责列车运行。对于有一组列车员随车的情况，列车员主要负责在车内列车员位置操纵车门。通过司机驾驶显示屏上的列车员显示信息和司机显示信息，对于车组人员，列车员信息应由独立的列车员显示屏提供。列车员显示信息是司机显示信息的子集，由授权单位定义。

1. 用户接口信息需求

CBTC 车载显示器的显示包括静态和动态信息。包括列车安全运行相关强制性数据的显示，以及由授权单位规定的其他与运行相关可选性数据的显示。

关于 CBTC 用户接口的需求，主要从三个方面分别阐述：显示信息、输入信息和语音报警，这三个方面都与列车运行模式相关(例如，人工驾驶或者列车自动驾驶)。三种类别需要显示的信息都具有强制数据(显示\输入\报警)项和可选数据(显示\输入\报警)项。详细如下所述。

(1) 显示信息需求。

显示信息分为两个大类：接口强制(必须显示的)显示信息和授权单位可选的显示信息。

①接口必须显示的信息包括：(a)列车的运行模式；(b)CBTC 系统的运行状态，如在列车进入 CBTC 区域前的车载 CBTC 设备的检查；(c)当前列车实际运行速度；(d)当前 CBTC 允许的最大速度；(e)超速情况报警(当列车速度低于 ATP 超速检测曲线的超速允许量情况下的超速报警)。

②接口可选的显示信息主要包括：(a)固定的区域相关信息，如站台位置、联锁区、平交道口、CBTC 区域限制和曲线、坡度、等级等；(b)列车类型；(c)列车 ID 和运行目的地；(d)列车当前所处位置；(e)列车长度；(f)移动授权的限制原因，如前行列车等；(g)目标速度；(h)接近移动授权区域(减速区和工作区)的速度曲线(距离、制动率)；(i)从制动命令下达到列车实施制动之间的不利制动时间；(j)(添加“惩罚性”)超速警报(列车速度超过允许最大速度而自动触发制动)；(k)联锁进路；(l)列车管理相关信息，如剩余停站时间、区间运行等级、按照计划时刻表的最优运行速度曲线；(m)列车区间运行的非计划停车；(n)列车在车站定点停车的精准性；(o)站台管理相关信息，如列车下一站站台的运行命令(停车、跳停、扣车等)，列车车门(开/关)的状态以及车门开门侧的显示；(p)平交道口相关警示信息(用于支持 IEEE1474.1–1999 中平交道口报警的功能需求)；(q)故障报告相关信息；(r)列车完整性检测情况；(s)CBTC 非车载子系统通过 CBTC 地–车数据链路传输的文本信息；(t)系统时间和日期。

(2) 输入信息需求。

输入信息与显示信息类似，也包括强制用户输入数据和可选的用户输入数据。

①强制用户输入数据包括：(a)列车运行模式的选择；(b)超速报警情况的确认。

②可选的用户输入数据包括：(a)用户登录参数；(b)列车类型；(c)列车长度；(d)列车 ID 和运行目的地；(e)车组人员 ID；(f)ATO 启动；(g)运行等级调整；(h)平交道口警示相关信息。

(3)语音报警需求。

语音报警情况包括强制报警情况和授权用户可选的报警。其中只有在列车超速运行时必须有语音报警，其他报警情形都是可选的，由授权单位定义。强制语音报警情况只有一种，即列车超速运行时；可选的语音报警情况如下。

①列车超速触发制动。

②列车运行进入和离开 CBTC 区域。

③列车完整性检测。

④接近的工作区。

⑤司机输入列车长度与 CBTC 系统检测列车长度不同。

2. *用户接口布置需求*

对于 CBTC 车载子系统，用户接口硬件组成通常包括图形显示设备、相关的显示屏、音频输出设备以及相关的开关盒按钮等。授权单位可以自己决定是否采用平视显示器、触屏和增加语音输入设备。

(1)显示器布置。

CBTC 车载显示屏的安装需要根据司机位置来确定，应尽量靠近司机以便于司机的操作，车载显示屏应满足以下条件。

①通过以一致和规定的方式放置所有设计显示模块，确保所有显示屏的信息显示风格具有一致性。

②信息的显示位置根据其重要性来安排，安全关键信息放置在司机视野正中央，需要被快速查找到的信息放置在屏幕(司机视野)左上方，没有严格时间限制的信息放置在司机视野右下角。

③显示最小分辨率应考虑司机与显示屏之间的距离。

④前景、背景的亮度最少为 35cd/m^2，对比度最少 3:1(7:1 最优)，屏幕的亮度和对比度可人工调整。

⑤文本的显示尽量采用简短易懂的句子，需要使用缩写表示时，必须为授权单位可接受的缩写。

CBTC 车载用户接口应能够支持单个或多个显示屏，同时，也支持在给定显示屏上的单显示或多接口显示。显示屏上的初级(主)显示提供运行相关的关键信息，如果有二级显示，二级显示主要显示非关键信息，初级显示和二级显示屏之间的切换应平滑无缝，所有的显示屏显示都包括强制性的显示信息。

如果提供了时间和日期信息，则应该在所有显示屏上显示出来，日期要按照授权单位规定的格式显示。

(2)用户输入。

用户输入设备应根据司机期望的顺序和使用频率来安排放置位置，尽量避免列车驾驶员移动位置来执行输入。应避免使用 QWERTY 键盘来提供数据输入。

(3) 访问权限控制。

为了避免未授权人员对于车载功能的访问，访问权限控制可采用基于用户分类的权限控制，具体由授权单位规定。

三、非车载系统用户接口需求

CBTC 系统除有车载子系统相关用户接口以外，还可选择在控制中心和/或轨旁分散布置与运行相关的接口设备，其中有些非车载用户接口设备是系统所必须具备的。接口的显示由 CBTC 的子系统或者其他非 CBTC 设备来实现。

授权用户负责确定特定的显示器布置、用户的输入特征和可修改的其他用户接口特性。

1. 接口信息需求

非车载用户接口的显示包括静态和动态信息的显示，并应完全整合到其他常规的 ATS 和非 ATS 用户接口中，支持整个轨道交通系统总体的运营管理，并提供统一的用户接口。

该标准对于用户接口的需求分为对于接口显示信息和用户输入信息两方面的需求，其中接口显示包括强制显示项和可选显示项，输入数据包括强制输入项和可选输入项，具体如下描述。

(1) 接口显示信息需求。

①强制显示信息：(a) 固定区域相关信息，如联锁配置、站台位置、平交道口位置和 CBTC 区域边界等信息；(b) 列车状态相关信息，如运行在 CBTC 区域的 CBTC 装备列车的列车属性、列车运行模式和列车当前位置、CBTC 列车运行于 CBTC 区域等；(c) 列车移动授权信息，如移动授权边界、联锁进路建立和当前允许行驶方向等；(d) 列车运行的限制信息，如工作区信息、封锁进路\道岔和临时限速范围以及限速值等。

②可选显示信息：(a) 固定的线路相关信息，如永久限速和紧急救援入口点位置；(b) 列车当前运行速度；(c) 车组人员信息；(d) 未装载 CBTC 车载设备(或车载设备故障)的列车的定位信息，如果能够从后备列车定位系统(主要通过轨道区段是否占用来定位)获得，则显示；(e) CBTC 最大允许速度；(f) 服务性能相关信息，用于监视和管理 CBTC 列车在 CBTC 区域运行的性能，遵从列车运行时刻表和列车追踪间隔，这些信息可能包括列车运行计划/目的地、列车运行上线/回库、每列车的早晚点信息、追踪间隔状态、剩余停站时间、其他站台管理信息(如下一站为停站、跳停还是站台扣车，列车停在站台时的车门状态)；(g) 超出 ATP 速度曲线和其他导致列车触发制动的情况；(h) 影响正点列车运行或导致其他 CBTC 功能故障的情形；(i) 轨旁设备的状态。

(2) 用户输入信息需求。

用户输入信息同样也包括强制性输入信息和可选输入信息，详述如下。

①强制性输入信息：(a) 请求建立进路和取消进路；(b) 删除和建立工作区、封锁轨道区段/道岔、建立临时限速的输入。

②可选输入信息：(a) 修改单列车或多列车行车计划的输入，包括站台扣车和发车、站间停车发车以及控制列车在车站跳停等；(b) 与调整 CBTC 列车常用制动曲线相关的输入(如为了应对轨道潮湿情况而调整常用制动曲线)。

2. 用户接口布置需求

CBTC 非车载系统的用户接口，需要有一个或者多个显示设备(以及相关显示屏)、多音频输出设备、打印机、键盘、开关/按钮等，授权单位还可以选择如大屏模拟显示设备、触屏和音频输入设备等。

(1)显示器布置。

①显示特征。

对于非车载用户接口，应该具有以下所示显示特征：(a)画面支持缩放显示，可以通过调整缩放比例，确保用户选择范围和需要的全部显示内容能够在一个显示屏上显示出来；(b)接口设置滚动条，方便用户查看当前显示区域的相邻区域显示，在拖动滚动条时，静态数据和动态数据都需要实时更新；(c)接口显示应具有多个显示等级，用户可以自行控制增减显示细节，单位缩放尺度的默认显示内容由授权单位规定，根据缩放尺度可自动变换显示等级，此外，还可以提供手动选择显示等级；(d)每个显示都应具有显示标题，标题采用全称并置于顶端位置显示，若有多页显示，则应以“PAGE N OF M”的形式显示页码；(e)时间和日期在固定的位置显示，并至少需要在一个显示页上显示，日期字段格式由授权单位规定；(f)应提供显示 CBTC 系统生成的用户指导信息的方法；(g)同一优先级的消息应在所有显示器的统一位置上显示。

②窗口需求。

所有的显示都是以窗口的形式呈现在显示屏上的，窗口组成至少包括外框、标题区域、活动状态指示、相关控制(最大化、最小化、关闭)。每个显示屏上能同时显示多个窗口，窗口以覆盖、层叠或平铺的方式显示。

由授权单位规定每个窗口在显示屏上的初始位置、大小、可视优先级、大小可变性(用户能否自主调整窗口大小)、移动性(用户能否移动窗口显示位置)。

对于显示比窗口大的图形和表格，采用上/下、左/右滚动条，保证能够看到完整的显示。显示接口提供单步滚动和屏幕的整个滚动，单步滚动的增量不大于单行文本的大小，表格显示单步长为一行或一列。滚动条有方向箭头标示。当以水平或垂直滚动表格时，仅滚动内容区，行列标题区始终显示。如果授权单位规定，还应能提供查询、过滤和分类表格信息的功能。

③选择显示内容。

CBTC 非车载系统用户接口对于当前无法选中的菜单项、表格和图标，在接口上以“灰色”显示。如下所示为选择接口显示内容的方法：(a)从菜单中选择一种作为显示内容；(b)通过光标选择显示内容，包括任意菜单、图标和表格内容的显示；(c)通过请求显示命令，在事件综合显示或报警区选择一个报警信息或事件消息显示；(d)在显示选择区域输入显示名称或页码；(e)通过向前或向后翻页以及拖动滚动条选择显示；(f)通过使用撤销显示命令，选择前一显示接口为显示内容；(g)从总显示中选择所关心区域的放大显示，或从当前聚焦区域显示返回到总显示上；(h)通过移动或滚动操作，将所关心区域显示出来；(i)通过选择使用常用的显示设置功能键；(j)选择一个单步命令，将非活动窗口和用户位置显示重新配置为授权单位指定的默认配置。

(2)用户输入。

①光标位置的选择。

接口为用户提供多种光标定位方法，包括使用光标定位装置、光标控制键和前向后向 Tab 键，所有接口显示均采用一致的光标定位技术。接口显示中应采用较大的光标显示，使用户不用大幅度地移动光标定位装置即可快速选中目标。授权用户可以改变光标大小。

②数据的输入。

CBTC 非车载系统用户接口应该配置提供输入功能的输入设备，在接口显示生成时，即确定了显示中可输入数据的区域，所有可输入数据区域应提高亮度显示。用户可以随时在数据输入区输入所需的值，当一部分数据值需要修改时，只用修改该部分的输入。

接口在用户输入多个数据后再请求提交数据库，CBTC 系统将检查所有输入数据的有效性和格式的一致性，如果有一个或多个输入数据无效或不一致时，显示提示信息，在错误改正前，所有数据都不能写入数据库(用户不需要重写有效输入)。当数据被成功写入后，之前的数据和新数据将会以一条事件消息报告给用户。

若接口显示某一窗口为数据输入模式，则企图在其他窗口输入数据时，会被系统拒绝并显示用户提示信息。所有的数据输入都有一个时间限制，如果没有在规定时间内完成，CBTC 系统将会恢复到之前数据库存储的数据值，生成相关事件消息，并提示用户超时，由授权单位负责规定每个用户的操作时限。

正确输入数据后或输入取消命令，数据的输入过程将被终止，输入取消命令时数据库中的数值保持不变。

③与 CBTC 控制设备的交互。

用户接口与控制设备交互的第一步就是要在用户接口选中该设备。如果所选设备的控制功能可用，则显示该设备 ID 并提亮显示设备图标；若选中当前不可用设备，则会给出适当的用户提示信息。

对于常用的控制动作(如移动道岔)，应尽量减少执行该控制需要的输入。此外，提供控制功能菜单，该菜单适用于所选的设备及设备当前工作状态。

当用户要执行控制需要多步输入时，接口应给出一组选择参数，用于选择设备类型和要执行操作。CBTC 系统会检测用户的每一步输入，如果用户输入不是允许或期望的或导致输入过程中断，则输入显示接口将会返回到上一级，并给出提示消息(提示消息的格式由授权单位确定)。控制操作的输入有时间的限制，如果在规定时间内未完成某控制所需的一系列输入，则 CBTC 系统将会取消用户请求的该控制，并反馈动作取消信息给用户。不同控制动作输入的时间限制不同。

当用户完成控制命令输入后，可以选择立即启动控制，也可以选择在用户确认或用户选择执行命令后启动该控制，具体采用哪一种方案由授权单位决定。如果需要用户确认控制命令，接口需要在执行控制操作前显示“用户确认”的提示，如通过点击“OK”来确认执行控制命令。在 CBTC 系统执行用户请求的控制命令后，系统将会通过接口提供反馈信息，通知用户操作是否成功。

用户接口应提供联锁判断，防止多用户同时输入产生冲突或用户输入导致预料之外的结果出现。联锁判断允许用户的控制请求在其他用户发起相同类型的控制请求时完成或取消，当授权的 ATS 用户试图执行暂时被锁定的控制动作时，系统将会给出用户警告。

CBTC 系统授权的 ATS 用户通过接口操作控制设备时，应该延时并且锁闭 CBTC 系统自动对该设备(或功能)的控制操作(控制动作的完成或冲突的控制)，直到该控制行为完成，才释放该控制功能。

对于 CBTC 系统车载和非车载接口发出的控制命令的优先级由授权单位定义，安全相关的控制命令具有最高的优先级。

(3)访问权限控制。

一般情况下，CBTC 系统的所有 ATS 功能在非车载系统用户接口上对于用户都是可见的，但是，对于这些功能的访问权取决于用户所处等级和功能的分配，具体由授权单位决定。对于没有访问权限的用户，仍然可以查看与功能相关的显示(除非是机密性数据或其他的原因)。对于只有查看权限但无控制权限的用户而言，则不能够通过接口操作改变系统数据或发起控制请求。

CBTC 非车载系统中采用的权限控制机制：分配一个或一类用户对 CBTC 非车载系统享有最高权限，负责定义和分配每一级别用户的访问权限；用户的默认功能访问权限是用户的属性，当用户登录时即获得了该级别属性，用户处于在线状态时还可能被授予其他的附加权限，这些附加权限可由享有功能分配权限的人取消。

四、维护相关的用户接口需求

CBTC 系统需要具有本地和远程维护、诊断的能力，以检测和应对各种类型的 CBTC 设备故障(定义于 IEEE Std 1474.1—1999)。可能的故障类型如下所示。

(1)影响轨道交通系统准时性的故障或故障集。

(2)对准时性无影响，但是导致其他 CBTC 规定功能失效的故障或故障集。

(3)除以上两种以外的其他故障集。

维护和诊断的主要目的就是通过减少 CBTC 系统处于服务状态的设备平均修复时间，使 CBTC 系统的故障时间或关键功能不可用时间降至最低。

CBTC 系统远程诊断能力可以利用连续的车–地信息传输链路，使授权用户能够查询车载设备的状态并提供设备故障的诊断和隔离，CBTC 系统车–地信息传输链路也可以为其他车载子系统服务，传输其维护诊断相关信息给轨旁用于显示、处理和记录。维护诊断数据能在指定地点(如终端站)或授权人员需要时自动下载。

1. 用户接口信息需求

标准对于维护诊断相关用户接口信息的需求从两个方面提出：接口需要显示的数据和用户的输入信息。

(1)接口显示信息需求。

CBTC 系统维护相关用户接口的显示信息包括如下几个方面。

①当前 CBTC 系统配置在接口的图标显示(包括硬件和软件)。

②当前 CBTC 子系统和组件状态的综合性列表。

③故障发生的日期/时间记录(按照故障发生的顺序列出)。

④失效 CBTC 子系统和故障元器件的物理位置。

⑤提供可能发生故障的预警，例如，可能导致 CBTC 信息传递可靠性降低的情况。

⑥任何其他有利于故障排查的信息。

(2)用户信息输入需求。

用户输入的信息为两种类型。

①用于查询 CBTC 子系统和组件状态的输入。

②CBTC 系统维护时需要的信息输入。

2. *用户接口布置需求*

维护相关用户接口一般包含本地显示设备和与其他外部设备(如一台笔记本电脑)的接口，用户接口通常包含显示屏、键盘、触摸屏、开关和输入按钮。

维护诊断接口应该以合理有序的格式显示与维护相关的信息。维护相关的数据记录可以提供离线打印格式和电子文档格式，并能同时显示一个维护记录信息的所有数据字段。

(1)用户输入。

维护相关用户输入工具允许在多个维护诊断接口间切换。对于接受过培训的维护人员而言，不需要查阅参考手册，仅需牢记一些特定键盘输入序列，即可执行相关命令。

命令选项尽量使用描述性的、平实的语言，用于用户导航和访问信息。

维护日志是可排序、可搜索的，便于对特定位置、设备类型及其他感兴趣的信息方面的研究。

(2)访问控制。

维护相关用户接口的访问控制也是通过设置用户分级访问权限实现的，防止未授权用户执行维护诊断功能。

(3)CBTC 显示及系统数据库的修改。

系统允许有权限的用户修改 CBTC 用户接口属性和系统数据库，由授权单位定义可修改程度和范围。

第四节　IEEE Std 1474.3——CBTC 系统设计及功能分配需求

IEEE Std 1474.3 是关于 CBTC 系统设计及功能分配的相关标准，该标准是在 IEEE Std 1474.1 的基础上制定的，为 CBTC 系统提供了首选的系统设计及功能分配的方案。该标准定义了 CBTC 系统设计框架来实现 IEEE Std 1474.1TM-2004.1 中的性能和功能需求，将 ATP、ATO、ATS 功能分别分配给不同 CBTC 子系统。

一、CBTC 常规需求及系统设计

1. *常规需求*

(1)应用范围。

该标准所定义的 CBTC 系统设计适用于所有的轨道交通系统，包括轻轨、重轨、通勤轨道交通系统和其他轨道交通系统。

根据 IEEE Std 1474.1—2004 的需求，CBTC 系统设计应该包括 ATP、ATO、ATS 功能。标准定义的功能可分为强制性功能(适用于所有 CBTC 应用)和可选性功能(根据运行需求，适应于特定的 CBTC 应用)，如果授权单位确定某“可选性功能”为特定应用

所选功能，则对于该应用来说，即“强制性功能”。

对于不同的应用情况，CBTC 的系统配置可能不同。CBTC 系统配置有以下三种情况。

①仅有 ATP 功能，没有 ATO 和 ATS 功能。

②有 ATP 功能，一定的 ATO 和/或 ATS 功能，用于满足特定应用的运营需求。

③作为唯一的列车运行控制系统，或与其他辅助轨旁系统集成来控制列车运行。

(2)运行模式。

装备 CBTC 的列车可由单个司机或多个车组人员操作运行，此外 CBTC 系统还需支持无人驾驶。

装备了 CBTC 的列车在 CBTC 区域中运行时，由 ATP 执行列车运行防护，列车的运行可由司机人工驾驶或由 CBTC 系统执行自动驾驶(如果有司机，司机负责监督列车运行)，具体采用哪种驾驶方式由授权单位指定。当选择列车自动驾驶，且有车组人员时，某些功能(如车门操作、发车等)还由司机或车组人员负责执行。

未装备 CBTC 车载设备或 CBTC 车载设备故障时，列车在 CBTC 区域的运行由轨旁辅助系统和操作规程来防护。具体由授权单位指定防护方式。

(3)故障管理。

当 CBTC 设备故障或数据通信故障时，系统支持降级模式运行。在故障情况下，由 CBTC 系统本身的某些功能设备，辅助轨旁系统(如果授权单位制定)及操作规程来保证列车的安全运行。

2. 系统设计

(1)系统结构。

CBTC系统主要包括CBTC系统ATS设备、CBTC轨旁设备、CBTC车载设备及CBTC数据通信设备。如图 7.14 所示为主要的 CBTC 子系统。

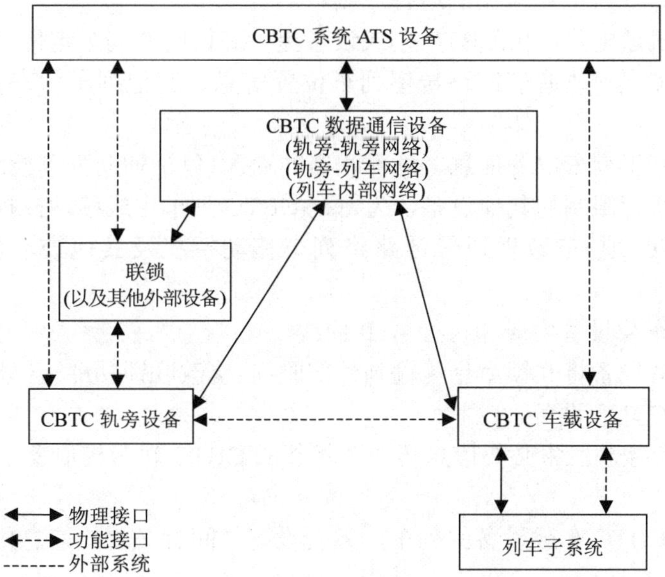

图 7.14　主要的 CBTC 子系统

①CBTC 系统 ATS 设备。

ATS 设备安装在控制中心或轨旁位置，主要负责执行 ATS 功能(为非安全功能)，如列车识别、列车追踪、列车运行显示、列车进路、列车运行调整等。

②CBTC 轨旁设备。

轨旁设备由安装在控制中心和轨旁位置的轨旁控制器组成，每一个轨旁控制器通过 CBTC 数据通信设备，与 CBTC 车载设备、联锁及 ATS 设备接口。

轨旁设备还支持 CBTC 的 ATP 功能，如基于列车追踪的移动授权及其他轨旁控制器提供的 ATP、ATO、ATS 功能。(列车定位对于 CBTC 列车为车载功能，对于非 CBTC 列车为轨旁功能)。CBTC 轨旁设备还包括为 CBTC 车载提供绝对定位参考信息的设备。

③CBTC 车载设备。

CBTC 车载设备包括一个或多个控制器、相关的测速和定位传感器。CBTC 车载设备通过 CBTC 数据通信设备与列车子系统(包括司机操作盘)、CBTC 轨旁设备和 ATS 设备接口。

CBTC 车载设备负责 CBTC 列车定位、执行速度防护和移动授权限制，以及其他车载 ATP 和车载 ATO 的功能。

④CBTC 数据通信设备。

CBTC 数据通信设备位于控制中心、轨旁以及车载，负责地–车、地–车以及车内(有多个控制器情况)的数据通信。CBTC 主要子系统之间的数据链路能够支持双向的数据传输，并且要有足够的带宽和低延时，来支持所有定义的 ATS、ATP、ATO 功能。CBTC 数据通信设备并不执行任何 CBTC 功能，并且为非安全设备。

(2)运行原则。

以下为 CBTC 系统应该遵循的运行原则。

①不依赖于轨道电路，由 CBTC 车载设备提供高精度的列车定位。

②通过 CBTC 车-地通信链路传递列车位置信息、其他列车状态信息给 CBTC 轨旁设备。

③轨旁设备基于列车位置信息、外部联锁的输入(包括辅助列车检测系统)和其他能检测出影响列车运行限制的其他设备，为每列 CBTC 列车生成移动授权。

④通过 CBTC 地-车数据通信链路将列车移动授权及其他控制数据传输至相应列车。

⑤由 CBTC 车载设备生成和执行 ATP 曲线。

⑥CBTC 轨旁设备将联锁命令传输到外部联锁(修改联锁功能)，外部联锁再将联锁状态传输给 CBTC 轨旁设备。

⑦CBTC 轨旁控制器将必要信息传送至相邻的 CBTC 轨旁控制器，以支持列车运行控制权的传递。

⑧对于多套 CBTC 车载设备的列车，各套设备之间有必要的信息传输。

(3)外部接口。

①联锁。

本标准假定由外部联锁子系统提供常规的联锁功能，这些功能包括接近锁闭、进路锁闭、锁闭检测、运行方向锁闭和延时锁闭。联锁功能确保在列车运行时不转换道岔，以及避免列车发生撞车事故。

CBTC 系统与联锁接口，并可修改联锁功能(因为 CBTC 可以提供精确的列车定位)，以提升 CBTC 系统性能。轨旁 CBTC 设备和联锁子系统之间的信息交换包括如下几个方面。

(a) 联锁子系统提供状态信息给轨旁 CBTC 设备，如每一个道岔的状态、每段轨道电路状态、每个信号机状态等。

(b) 轨旁 CBTC 设备发送给联锁子系统的控制命令，如 CBTC 列车位置信息和移动授权等来修改联锁功能及信号显示等。

②其他外部轨旁设备。

CBTC 轨旁设备也可以与侵限检测设备，屏蔽门、平交道口报警装置，以及其他能检测影响列车运行的设备接口。

③列车子系统。

CBTC 车载设备与列车紧急制动子系统、列车牵引及制动子系统、车门子系统、乘客信息子系统、故障报告子系统以及其他的车载子系统有接口。由授权单位负责为特定应用定义 CBTC 车载设备的集成需求。

④用户界面。

CBTC 车载和非车载用户界面需求详见 IEEE Std 1474.2。

(4) 与其他系统的集成。

CBTC 系统设计和其他快速轨道交通系统特定部件的设计应该能够互通。

授权单位负责为特定应用定义集成需求。需要考虑到的系统包括 CBTC 系统(包括联锁和其他设备)、牵引动力系统、隧道及车站的通风系统、乘客信息及安全系统以及主干通信网。

为了提高乘客安全和运营灵活性，优化轨道交通系统整体设计时要考虑如下几个方面。

①CBTC 列车精确位置、速度和运行状态的实时有效。

②能够向控制中心传送列车状态信息和其他系统报警信息。

③能够在检测到危害或其他状况时，对列车运行执行实时限制。

④支持重排进路和列车反向运行，可由系统自动操作或用户输入命令实现。

⑤能够预计列车在下一站的到站时间，用于时刻表调整或其他用途。

⑥能够协调交汇点的多列车运行，达到能源优化的目的。

二、ATP 功能分配

如图 7.15 所示为主要的 ATP 功能及其各个功能之间的关系。

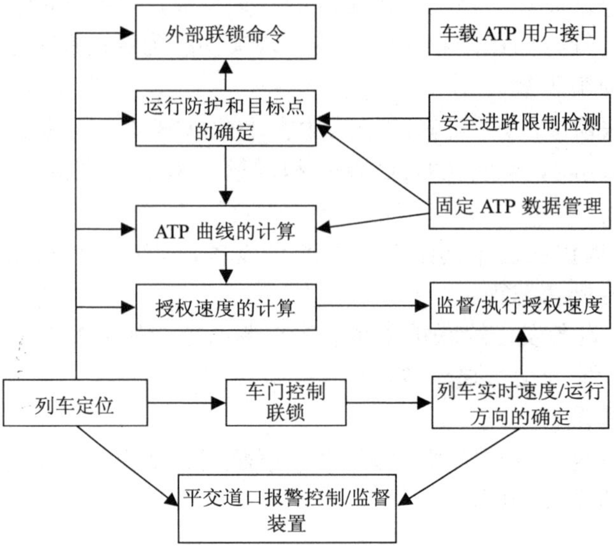

图 7.15　主要的 ATP 功能

图 7.16 总结了后续内容中用到的多个术语的关系。移动权限由授权路线上的两点来代表：运行防护界限和目标点。运行防护界限是为列车安全间隔和联锁防护而定义的，列车越过运行防护界限运行是危及行车安全的，因此，CBTC 系统必须确保列车不会越过该界限，ATP 是通过控制列车在授权路线上向目标点的运行来实现的。运行防护界限和目标点间的距离是可变的安全距离（由安全制动模型确定），用于确保在任何情况下（包括可靠故障）列车都不会越过运行防护界限。

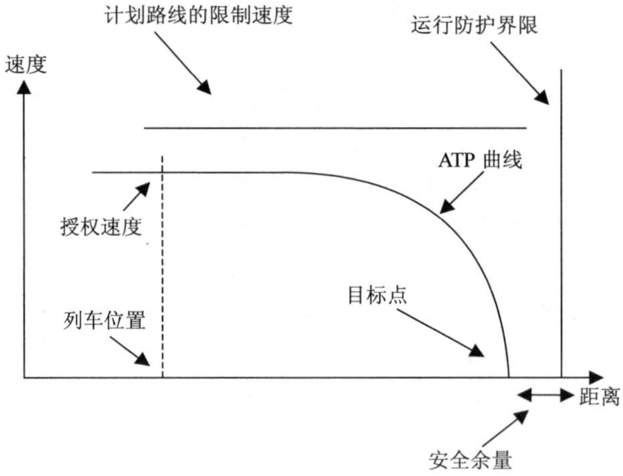

图 7.16　移动授权的组成

1474.3 定义的功能分配主要包括以下几方面内容：①该功能是否为系统强制性（系统必须具备的功能即为强制性功能）功能；②该功能是关键功能或非关键功能；③执行该功能需要由哪些子系统或设备提供输入；④该功能由哪些子系统执行；⑤执行该功能时由

哪些设备接收输出信息。

如列车定位初始化子功能是系统强制性的关键功能，由 CBTC 车载设备利用 CBTC 轨旁设备提供的数据执行该功能，并由 CBTC 车载设备接收并执行该功能的输出信息。

1. 列车定位

如图 7.17 所示总结了该功能的执行及执行该功能时与相关涉及子功能之间的接口。实线为本部分介绍的子功能，虚线为其他部分提到的子功能。表 7.5 所示为该功能子功能的功能分配细则。(注：图中“A”表示由 ATS 设备执行该子功能，“W”表示由 CBTC 轨旁设备执行该子功能，“T”表示由 CBTC 车载设备执行该子功能，“W/T”表示可以由 CBTC 轨旁或车载设备执行，具体由 CBTC 系统设计决定。图中两个子功能间的箭头表示两功能之间有数据传输(后图同样适用本注解))

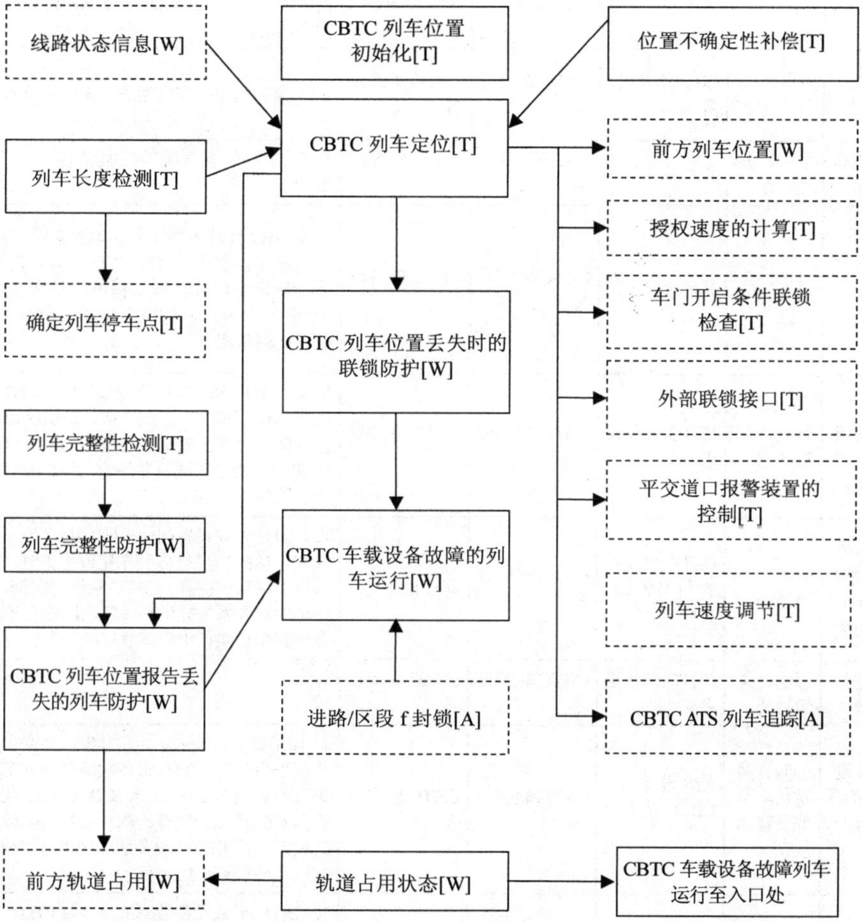

图 7.17 确定列车定位

表 7.5 列车定位功能分配表

子功能		功能性质	提供输入	执行	接收输出	注
列车定位初始化	列车进入CBTC区域时	强制、关键功能	CBTC 轨旁设备[1]	CBTC 车载设备	CBTC 车载设备	1. CBTC 轨旁设备(应答器或等效设备)为 CBTC 车载设备提供唯一的绝对位置参考
	CBTC 设备故障恢复后[1]	强制、关键功能	CBTC 轨旁设备[2]	CBTC 车载设备	CBTC 车载设备	1. 需要人工控制列车运行来重新开始列车位置；2. CBTC 轨旁设备(应答器或等效设备)为 CBTC 车载设备提供唯一的绝对位置参考
列车定位	列车长度检测[1]	强制、关键功能	CBTC 轨旁设备[2]+其他设备[3]	CBTC 车载设备	CBTC 车载设备	1. CBTC 系统可为在其区域中运行的列车假设一个固定、最不利情况下的最大长度，但要确保该值不会超过允许的最大列车长度；2. 可由 CBTC 轨旁设备的输入来确认列车长度；3. CBTC 车载设备可与列车子系统有接口(如耦合器)，用于确认列车长度
	CBTC 列车定位	强制、关键功能	CBTC 轨旁设备[1,2]+CBTC 车载设备[3]	CBTC 车载设备[4]	ATS 设备+CBTC 轨旁设备+CBTC 车载设备	1. CBTC 轨旁设备为 CBTC 车载设备提供唯一的绝对位置参考；2. CBTC 轨旁设备可为 CBTC 车载设备提供进路状态信息，使列车通过联锁区时能追踪自身位置；3. 该功能需要列车位置初始化和列车长度的输入；4. 列车前端和尾部的位置应包含最大位置不确定性
	位置不确定性补偿[1]	强制、关键功能	CBTC 车载设备	CBTC 车载设备	CBTC 车载设备	1. 安全制动模型需要考虑最大位置不确定性
	列车完整性检查	强制、关键功能	其他设备[1]	CBTC 车载设备	CBTC 轨旁设备	1. 来自列车子系统的完整性输入将提供列车编组情况
轨道占用状态	轨道区段占用状态[1]	可选、关键功能	其他设备[2]	CBTC 轨旁设备	CBTC 轨旁设备	1. 如果没有后备列车定位功能，就得严格遵守操作规程来防护非 CBTC 列车；2. 后备列车定位通常由轨道电路或计轴器提供，是辅助轨旁系统的一部分。对于非 CBTC 列车，其定位精度可与 CBTC 列车不同
故障下列车运行管理	CBTC 列车位置报告丢失的列车防护	强制、关键功能	CBTC 车载设备[1]	CBTC 轨旁设备	CBTC 轨旁设备	当某 CBTC 列车丢失位置报告时，CBTC 系统能够阻止其他列车进入该列车所占轨道区段，因为该区段可能被丢失位置报告的该列车所占用。 1. 来自 CBTC 车载设备的输入即 CBTC 列车位置报告的缺失
	CBTC 列车位置报告缺失的联锁防护	强制、关键功能	CBTC 车载设备[1]+其他设备[2]	CBTC 轨旁设备	其他设备[3]	1. CBTC 车载设备的输入即 CBTC 列车位置报告的缺失信息；2. CBTC 列车定位丢失时，由后备定位系统检测列车位置，CBTC 系统的联锁功能被取缔，由辅助轨旁系统提供联锁功能，保证列车运行安全，直到列车证实已出清该联锁区
	列车完整性防护	强制、关键功能	CBTC 车载设备	CBTC 轨旁设备	CBTC 轨旁设备	—
	CBTC 设备故障的列车运行[1]	强制、关键功能[2]/非关键功能[3]	ATS 设备[3]+CBTC 轨旁设备[2]	CBTC 轨旁设备	CBTC 轨旁设备	1. 如果没有后备列车定位功能，就必须严格遵守操作规程来防护 CBTC 设备故障时的列车运行；2. 如果有后备列车定位功能，CBTC 设备故障列车的运行由 CBTC 系统进行检测和防护；3. 通过来自 ATS 的输入，将 CBTC 设备故障列车占用稍微区段进行封锁来防护列车的运行
	CBTC 设备故障的列车在区域入口处	强制、关键功能	CBTC 轨旁设备[1]	CBTC 轨旁设备	其他设备[2]	1. CBTC 车载设备故障或未装备 CBTC 的列车，应按照轨道区段占用状态由后备列车定位系统检测列车位置；2. 该功能为 CBTC 区域入口处的其他联锁设备提供输入

2. 确定安全进路界限

本功能确定了 CBTC 装备列车的安全进路界限。由联锁功能对进路进行防护。如图 7.18 所示总结了该功能的执行及执行该功能时与相关涉及子功能之间的接口。表 7.6 所示为该功能子功能的功能分配细则。

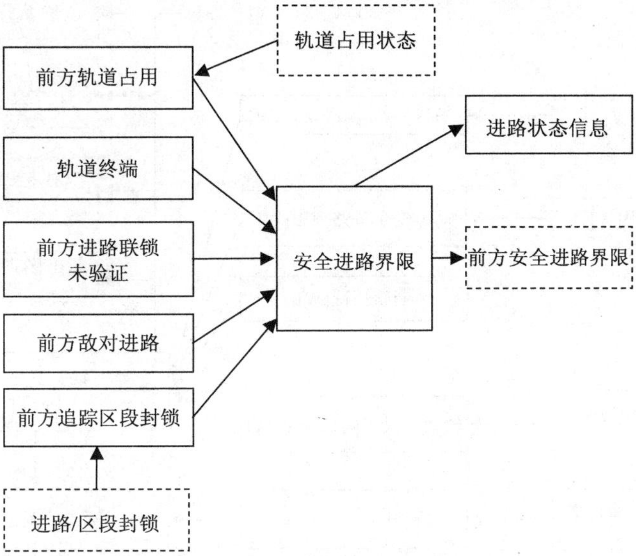

图 7.18　确定安全进路界限

表 7.6　确定安全进路界限功能分配表

子功能		功能性质	提供输入	执行	接收输出	注
检测潜在的安全进路界限	前方轨道占用	强制、关键功能	CBTC 轨旁设备[1]	CBTC 轨旁设备[2]	CBTC 轨旁设备	1. 后备列车定位功能可提供轨道区段占用状态输入；2. CBTC 系统还可进一步把安全进路界限限制为非 CBTC 列车占用的进路入口处
	轨道终端	强制、关键功能	CBTC 轨旁设备[1]	CBTC 轨旁设备[2]	CBTC 轨旁设备	CBTC 能检测列车前方任意轨道的终端 1. ATP 的固定数据；2. 该功能可防止列车越过轨道终端。如果有缓冲区，轨道终端防护可防止列车越过设计界限而与轨道终端缓冲区发生碰撞
	前方联锁进路未验证	强制、关键功能	其他设备[1]	CBTC 轨旁设备	CBTC 轨旁设备	1. 由外部联锁提供进路状态信息。授权单位定义接口形式，包括道岔状态/锁闭状态和/或轨旁信号机状态
	前方敌对进路	强制、关键功能	CBTC 轨旁设备[1]+其他设备	CBTC 轨旁设备	CBTC 轨旁设备	1. 轨道方向状态信息由外部联锁和 CBTC 轨旁设备提供。与外部联锁的接口形式由授权单位定义
	前方轨道区段封锁	强制、关键功能	ATS 设备	CBTC 轨旁设备	CBTC 轨旁设备	CBTC 能够检测列车运行前方被 ATS 子系统锁闭的轨道区段的界限
安全进路界限		强制、关键功能	CBTC 轨旁设备	CBTC 轨旁设备[1]	CBTC 轨旁设备	1. 安全进路的界限包含任何其他的重叠区段
提供进路状态信息[1]		可选、关键功能	CBTC 轨旁设备	CBTC 轨旁设备	CBTC 车载设备	该功能提供进路状态信息给 CBTC 车载设备 1. 通过联锁区时，CBTC 车载设备可使用进路状态信息追踪自身的位置

3. 列车运行防护界限及目标点的确定

本功能为每一辆 CBTC 列车确定运行防护界限和目标点。如图 7.19 所示总结了该功能的执行及执行该功能时与相关涉及子功能之间的接口。如表 7.7 所示为该功能分配。

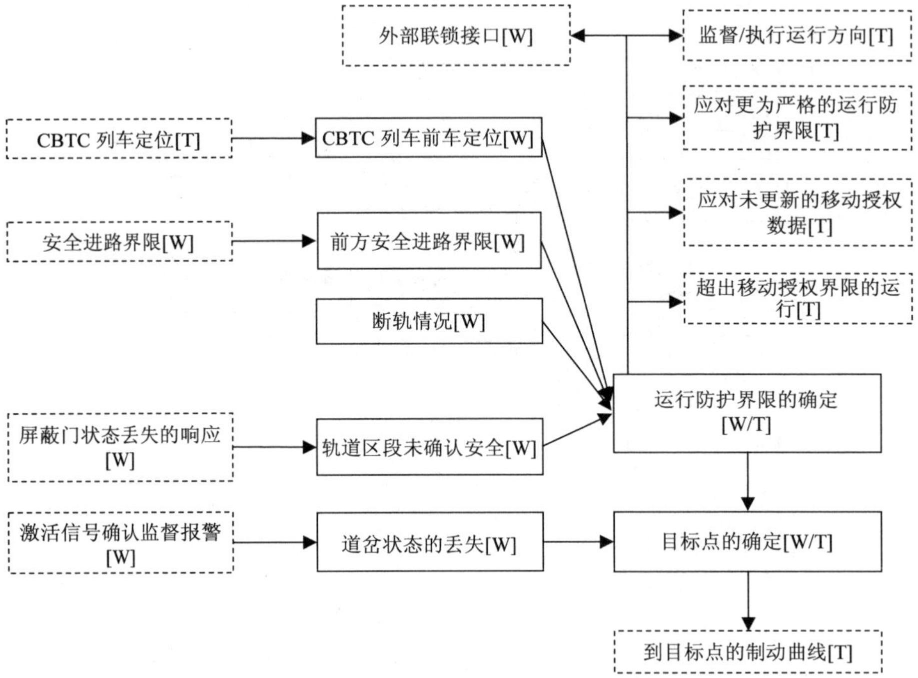

图 7.19 运行防护界限和目标点的确定

表 7.7 列车运行防护界限及目标点确定功能分配表

子功能		功能性质	提供输入	执行	接收输出	注
检测潜在运行防护界限	前方 CBTC 列车位置[1]	强制、关键功能	CBTC 车载设备	CBTC 轨旁设备	CBTC 轨旁设备+CBTC 车载设备[2]	1. 是对列车安全间隔功能确定运行防护界限的输入；2. 该子功能的输出需传递给 CBTC 车载设备
	前方安全进路界限[1]	强制、关键功能	CBTC 轨旁设备	CBTC 轨旁设备	CBTC 轨旁设备+CBTC 车载设备[2]	1. 是对运行防护限界的输入，防止列车越过安全进路的界限；2. 同上 2
	断轨情况[1]	可选、关键功能	CBTC 轨旁设备+其他设备[2]	CBTC 轨旁设备	CBTC 轨旁设备+CBTC 车载设备[3]	1. 该子功能可能会确定更为限制的运行防护界限；2. 可能与其他能检测断轨的轨旁设备接口（如轨道电路）；3. 同上 2
	列车运行轨道区段未确认安全性[1]	可选、关键功能	CBTC 轨旁设备+其他设备[2]	CBTC 轨旁设备	CBTC 轨旁设备+CBTC 车载设备[3]	1. 该子功能可能会建立一个更为限制的运行防护界限；2. 与能检测到危害进路完整性的其他轨旁设备接口，包括屏蔽门和平交道口报警设备等；3. 同上 3
	道岔状态丢失[1]	强制、关键功能	其他设备[2]	CBTC 轨旁设备	CBTC 轨旁设备+CBTC 车载设备[3]	1. 该子功能可能会建立一个更为限制的运行防护界限；2. 外部联锁的接口提供道岔状态丢失信息；3. 同上 3

续表

子功能	功能性质	提供输入	执行	接收输出	注
确定运行防护界限[1,2]	强制、关键功能	CBTC 轨旁设备	CBTC 轨旁设备[3]+CBTC 车载设备[3]	ATS 设备+CBTC 轨旁设备+CBTC 车载设备[4]	1. 确定运行防护界限包括建立授权运行方向；2. 如果运行防护界限比先前的更为限制，参见“更为限制的移动权限响应”功能；3. 该功能可由 CBTC 轨旁设备或车载设备或两者一起执行，如果是由 CBTC 车载设备执行的，则由 CBTC 轨旁设备将数据传送至 CBTC 车载设备；4. 如果该功能完全由 CBTC 轨旁设备执行，执行结果需传递给 CBTC 车载设备
确定目标点[1]	强制、关键功能	CBTC 轨旁设备[2]+CBTC 车载设备[3]	CBTC 轨旁设备[2]+CBTC 车载设备[2,3]	CBTC 车载设备	CBTC 确定目标点，是为确保列车运行不超过运行防护界限。1. 因为设计了安全余量，所以目标点位置比运行防护界限更为限制；2. 如果由 CBTC 轨旁设备确定运行防护界限，目标点可由 CBTC 轨旁设备或 CBTC 车载设备确定；3. 如果是 CBTC 车载设备确定运行防护界限，目标点也将由 CBTC 车载设备确定

4. ATP 曲线计算

该功能负责计算 ATP 曲线。ATP 曲线为列车运行授权速度曲线，曲线终点为目标点位置。计算给定列车的 ATP 曲线可能包括：①检测该列车运行涉及的土建限速；②检测该列车运行涉及的临时限速；③计算能确保列车在目标点前停车的制动曲线；④计算完整的 ATP 曲线。如图 7.20 所示总结了该功能的执行及执行该功能时与相关涉及子功能之间的接口。表 7.8 所示为该功能子功能的功能分配细则。

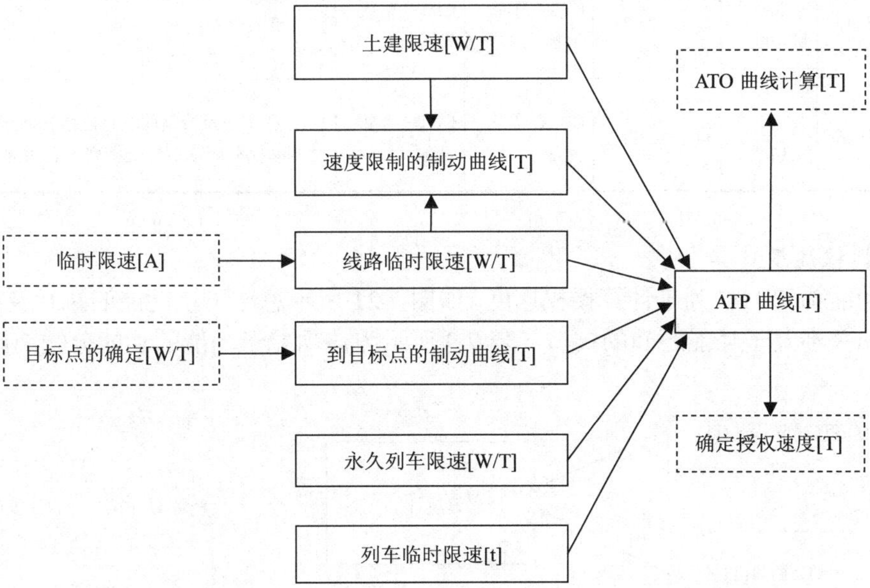

图 7.20　ATP 曲线计算

表 7.8　ATP 曲线计算功能分配表：

子功能		功能性质	提供输入	执行	接收输出	注
检测列车永久性限速	土建限速	强制、关键功能	CBTC 轨旁设备[1]+CBTC 车载设备[2]	CBTC 轨旁设备[1]+CBTC 车载设备[2]	CBTC 车载设备	1. 如果土建限速作为 ATP 固定数据存储在 CBTC 轨旁设备中，该子功能由 CBTC 轨旁设备执行；2. 如果土建限速作为 ATP 固定数据存储在 CBTC 车载设备中，则该子功能由 CBTC 车载设备执行
	永久性列车限速	强制、关键功能	CBTC 轨旁设备[1]+CBTC 车载设备[2]	CBTC 轨旁设备[1]+CBTC 车载设备[2]	CBTC 轨旁设备	1. 如果永久列车限速应用于特定等级或特定配置的列车，作为 ATP 固定数据存储在 CBTC 轨旁设备中，则由 CBTC 轨旁设备执行该功能；2. 如果是在 CBTC 车载设备中，则由车载设备执行
检测列车临时性限速	临时性土建限速	强制、关键功能	ATS 设备[1]	CBTC 轨旁设备[2]+CBTC 车载设备[2,3]	CBTC 车载设备	1. 由 ATS 设置/移除临时限速；2. 由 CBTC 轨旁设备或车载设备检测运行时涉及的临时限速；3. 如果由 CBTC 车载设备执行该功能，则 CBTC 轨旁设备需把临时限速信息传给 CBTC 车载设备
	临时性列车限速	可选、关键功能	其他设备[1]	CBTC 车载设备	CBTC 车载设备	1. 与列车子系统要有外部接口(例如，为了检测制动故障等)
计算制动曲线	到目标点的制动曲线[1]	强制、关键功能	CBTC 轨旁设备+CBTC 车载设备	CBTC 车载设备[2]	CBTC 车载设备	1. 根据确定目标点界限功能来确定目标点；2. 列车制动性能包含在 ATP 固定数据中
	速度限制的制动曲线[1]	强制、关键功能	CBTC 轨旁设备+CBTC 车载设备	CBTC 车载设备[2]	CBTC 车载设备	1. 根据永久性基础设施速度限制和临时基础设施速度限制功能确定速度限制；2. 列车制动性能包含在 ATP 固定数据中
ATP 曲线计算		强制、关键功能	CBTC 轨旁设备+CBTC 车载设备	CBTC 车载设备[1]	CBTC 车载设备	1. 在存车线及特定的进行连挂和摘挂的区域，安全制动模型应该能够支持列车之间的靠近

5. 授权速度计算

该功能为 CBTC 列车计算授权速度。如图 7.21 所示总结了该功能的执行及执行该功能时与相关涉及子功能之间的接口。表 7.9 所示为该功能子功能的功能分配细则。

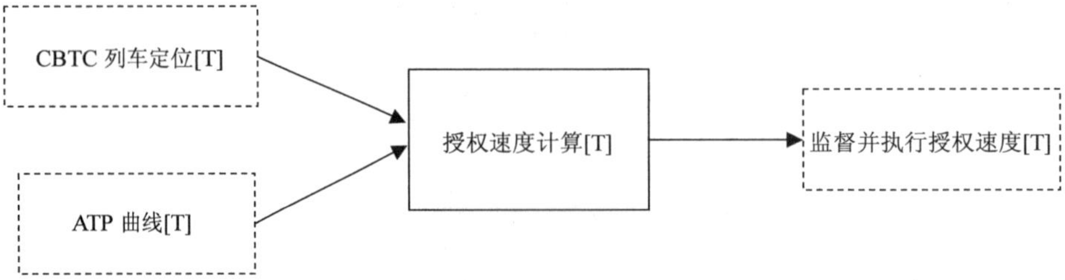

图 7.21　授权速度计算

表 7.9　授权速度计算功能分配表

功能	功能性质	提供输入	执行	接收输出	注
授权速度的计算	强制、关键功能	CBTC 车载设备	CBTC 车载设备	CBTC 车载设备	CBTC 能够根据 ATP 曲线计算列车在当前位置的授权速度

6. 检测列车实际速度及运行方向

本功能为确定列车当前速度及运行方向。如图 7.22 所示总结了该功能的执行及执行该功能时与相关涉及子功能之间的接口。表 7.10 所示为该功能子功能的功能分配细则。

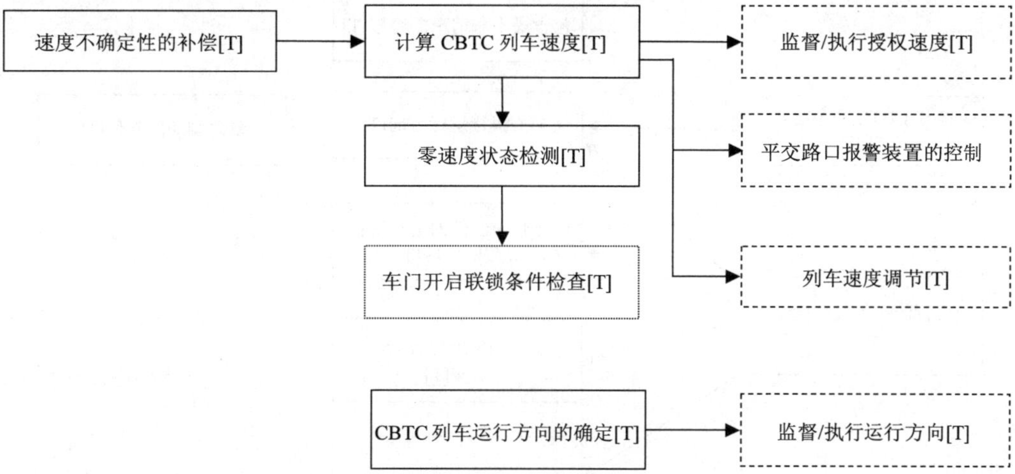

图 7.22　检测列车实际速度及运行方向

表 7.10　检测列车实际速度及运行方向功能分配表

功能		功能性质	提供输入	执行	接收输出	注
计算列车实际速度	CBTC 列车速度测定	强制、关键功能	CBTC 车载设备+其他设备[1]	CBTC 车载设备[2]	CBTC 车载设备	1. 速度检测设备包含在 CBTC 车载设备中，但是需要与列车部件接口（如与车轴的转速记录器接口，用于测车轴/车轮的旋转）；2. 根据速度不确定性补偿功能，列车速度的测定包括最大的速度不确定性
	速度不确定性补偿	强制、关键功能	CBTC 车载设备	CBTC 车载设备	CBTC 车载设备	CBTC 列车速度计算功能能够补偿速度测量误差，并允许适当范围内的速度误差
	零速度状态测定	强制、关键功能	CBTC 车载设备	CBTC 车载设备	CBTC 轨旁设备+CBTC 车载设备	CBTC 系统应能够检测列车的零速状态，用于其他功能，例如，当车门开启时需检查该项条件
检测实际运行方向	CBTC 列车运行方向确定	强制、关键功能	CBTC 车载设备+其他设备[2]	CBTC 车载设备[1]	CBTC 车载设备	1. 关于测定列车极性和运行方向的方法参考 1474.3 附录 A；2. 列车运行方向检测设备包含在 CBTC 车载设备中，但需要与列车部件有接口（如测量车轮的旋转）

7. 监督及执行授权速度及运行方向

该功能负责监督及督促列车以授权速度运行并保证运行方向的正确。如图 7.23 所示总结了该功能的执行及执行该功能时与相关涉及子功能之间的接口。如表 7.11 所示为该功能各个子功能分配细则。

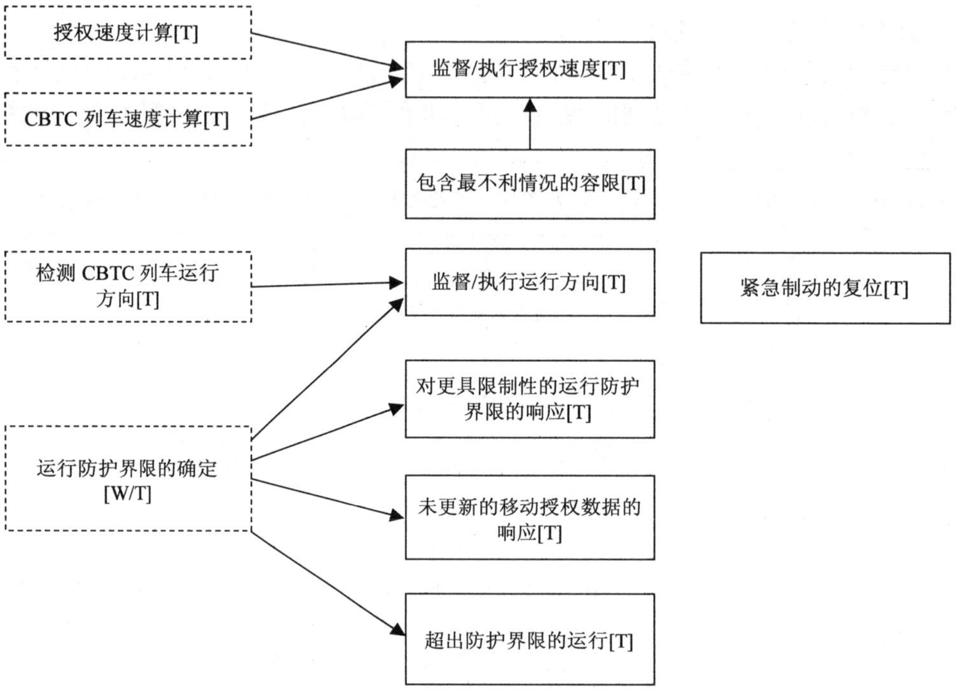

图 7.23 监督及执行授权速度及运行方向

表 7.11 监督及执行授权速度及运行方向功能分配表

子功能		功能性质	提供输入	执行	接收输出	注
速度监督	监督及执行授权速度[1]	强制、关键功能	CBTC 车载设备	CBTC 车载设备	其他设备[2]	1. 执行速度包括允许的零速度；2. 车载 CBTC 设备与列车制动子系统有接口，此处的其他设备表示列车制动子系统
	包含最不利情况的容限[1]	强制、关键功能	CBTC 车载设备	CBTC 车载设备	CBTC 车载设备	1. ATP 安全制动模型中需要加入最不利情况容限
运行方向监督	监督/执行运行方向	强制、关键功能	CBTC 轨旁设备[1]+CBTC 车载设备[1]	CBTC 车载设备	其他设备[2]	该功能负责监督列车运行方向。 1. 允许运行方向由运行防护界限/目标点功能来确定；2. 车载 CBTC 设备需要与列车制动子系统接口

续表

子功能		功能性质	提供输入	执行	接收输出	注
故障管理	对更为限制运行防护界限的响应	强制、关键功能	CBTC 轨旁设备[1]+CBTC 车载设备[1]	CBTC 车载设备	其他设备[2]	1. 根据运行防护界限检测功能来确定运行防护界限；2. CBTC 车载设备与列车制动子系统接口
	未更新移动授权数据的响应[1]	强制、关键功能	CBTC 轨旁设备[2]	CBTC 车载设备	其他设备	1. 移动授权范围内遇到第一个潜在障碍时，可立即采取制动或将运行防护界限设置到潜在障碍所在位置，潜在障碍包括通信丢失前显示安全状态，当通信故障后状态已改变，如道岔丢失状态显示，轨道被占用等；2. CBTC 轨旁设备的“输入”即移动授权数据的丢失信息；3. 同上 2
	超出防护界限的列车运行[1,2]	可选、关键功能	ATS 设备+CBTC 轨旁设备+CBTC 车载设备+其他设备[3]	CBTC 车载设备	CBTC 车载设备	1. 越过运行防护界限是一种安全危害，需要合理设计算法来缓解危害；2. 如 ATP 曲线功能，在存车线及特定的进行连挂和摘挂的区域，安全制动模型应该能够支持列车之间的靠近；3. 超过运行防护界限时也可由司机选择 CBTC 轨旁运营模式来实现
	紧急制动的复位	强制、关键功能	ATS 设备[1]+CBTC 车载设备+其他设备[1]	CBTC 车载设备	其他设备[2]	1. 紧急制动复位命令可以由控制中心的操作员或司机发出，如果列车处于非安全运行情况（由 ATP 确定），则可忽略任何复位信号，紧急制动依然适用；2. 车载 CBTC 设备与列车紧急制动子系统有接口

8. 车门控制联锁

本功能提供列车车门打开联锁条件检查及列车离站时的车门控制联锁检查，包括屏蔽门的控制。如图 7.24 所示总结了该功能的执行及执行该功能时与相关涉及子功能之间的接口。如表 7.12 所示为该功能各个子功能分配细则。

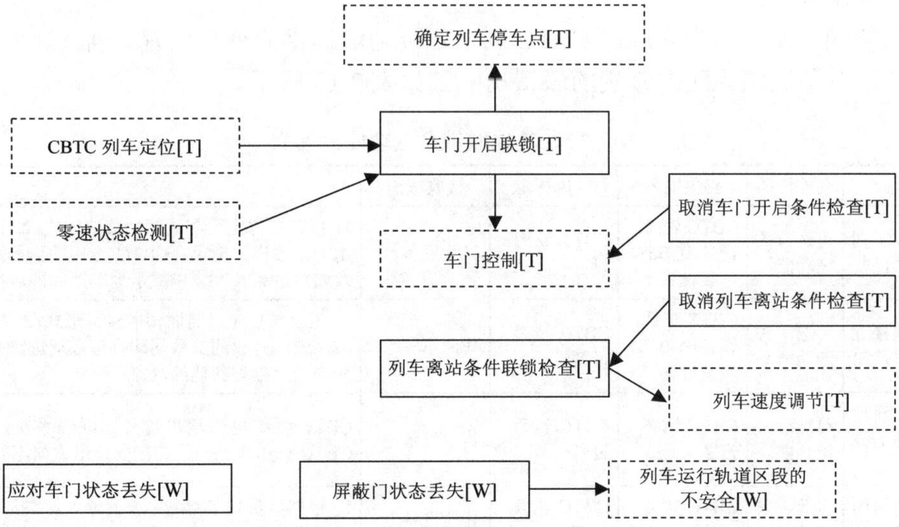

图 7.24　车门控制联锁条件

表 7.12　车门控制联锁条件功能分配表

子功能		功能性质	提供输入	执行	接收输出	注
车门开启联锁检查	列车车门[1]	强制、关键功能	CBTC 车载设备[2]+其他设备[1]	CBTC 车载设备	其他设备	1. 禁止列车开启的信息由列车子系统提供；2. 站台位置包含在 ATP 固定数据中，所以需要由 CBTC 车载设备提供输入
	屏蔽门[1]	可选、关键功能	CBTC 车载设备[3]+其他设备[1]	CBTC 车载设备	CBTC 轨旁设备[2]+其他设备[2]	1. 同上 1；2. “屏蔽门允许打开”信息是直接或通过 CBTC 轨旁设备传送至屏蔽门；3. 同上 2
离站联锁检查	列车车门	强制、关键功能	其他设备[1]	CBTC 车载设备	CBTC 车载设备	该功能确保只有当停站列车车门全部关闭并锁闭时才允许列车离站。 1. 车门状态由列车车门子系统提供
	屏蔽门	可选、关键功能	其他设备[1]+CBTC 轨旁设备[1]	CBTC 车载设备	CBTC 车载设备	该功能确保只有当停站列车所有屏蔽门关闭并锁闭时才允许列车离站。 1. 屏蔽门状态由屏蔽门提供，直接或通过 CBTC 轨旁设备传送到 CBTC 车载设备
故障管理	车门状态丢失的响应[1]	强制、关键功能	其他设备[2]	CBTC 车载设备	CBTC 车载设备+其他设备[2]	1. 可以采取的措施：立即实施制动或重新发出车门关闭命令，列车继续运行至下一个车站并停车；2. CBTC 系统与列车车门有接口
	屏蔽门状态丢失的响应[1]	可选、关键功能	其他设备[2]	CBTC 轨旁设备	CBTC 轨旁设备	1. 可以采取的措施：自动为接近的列车计算运行防护界限；2. CBTC 系统与屏蔽门有接口
	取消车门开启联锁检查[1]	可选、关键功能	其他设备[1]	CBTC 车载设备	CBTC 车载设备	本地人工操作时或故障恢复时，提供越过车门开启条件检查的按钮，直接打开车门。1. 对该按钮的使用要遵从授权单位的相关要求；2. CBTC 系统将该命令作为系统关键输入处理
	取消发车联锁检查[1]	可选、关键功能	其他设备[1]	CBTC 车载设备	CBTC 车载设备	1. 同上 1；2. 同上 2

9. 其他外部联锁命令

本功能的主要作用为利用由 CBTC 列车定位功能提供的列车位置、列车速度和移动授权，修改其他联锁系统中常规的联锁功能。如表 7.13 所示。

表 7.13　其他联锁命令功能分配表

子功能		功能性质	提供输入	执行	接收输出	注
其他联锁命令	CBTC 列车接近[1]	可选、关键功能	CBTC 轨旁设备+CBTC 车载设备[1]	CBTC 轨旁设备	其他设备[2]	1. 授权单位定义与联锁的接口形式；2. 该输出可用于修改进路请求、CBTC 专用的信号灯显示以及缩短进路长度，以减小列车之间的运行间隔
	释放接近延时锁闭	可选、关键功能	CBTC 车载设备+CBTC 轨旁设备	CBTC 轨旁设备	其他设备[2]	1. 授权单位定义与联锁的接口形式；2. 本接口可减少先前开放的信号随即办理取消进路的延时，允许马上办理其他的进路
	释放轨道方向的锁闭	可选、关键功能	CBTC 轨旁设备	CBTC 轨旁设备	其他设备	CBTC 系统提供输出给外部联锁系统，允许为 CBTC 列车排列与已锁闭的轨道方向不同的进路
	释放锁闭进路	可选、关键功能	CBTC 轨旁设备	CBTC 轨旁设备	其他设备[1]	1. 根据后备列车检测系统的输入，本接口可允许进路提前安全解锁

10. 平交道口报警设备控制及监督

本功能与外部智能的平交道口报警设备接口，完善系统安全性。对于该子功能目前没有推荐性的操作规程。本功能两个子功能中也没有定义推荐性功能配置。如表7.14所示为该功能各个子功能的功能分配细则。

表7.14　平交道口报警设备控制及监督功能分配表

子功能	功能性质	提供输入	执行	接收输出	注
平交道口报警设备的控制[1]	可选、关键功能	CBTC车载设备	—	其他设备	1. 具体需求如下：①运营要与轨道交通平交道口报警系统设计准则、安装和运营标准一致；②接近平交道口的车辆有一致的报警次数；③对于在道口前停车的列车，在列车离站前不需要激活报警设备；④当列车出清多轨道区域的道口时，如果下一个列车在预定义的时间内会激活报警设备则使设备继续处于激活状态中
警报激活信号确认监督[1]	可选、关键功能	其他设备	—	CBTC轨旁设备	1. 本子功能可能会确定更为限制的运行防护界限。例如，根据授权单位，在没有确认时，列车应在高速道口前停车或减速，为轨旁报警系统提供足够的报警

11. 车载ATP用户接口

需要在车载显示器上显示的ATP数据包括：①列车运行模式；②CBTC运行状态；③当前CBTC检测到的列车速度；④当前CBTC列车最大允许速度；⑤超速情况报警。CBTC车载ATP要输入的数据包括：①运行模式选择；②超速报警情况的确认。如表7.15所示为该功能分配表。

表7.15　车载ATP用户接口功能分配表

子功能		功能性质	提供输入	执行	接收输出	注
车载ATP用户接口	CBTC车载ATP显示数据	强制、非关键功能	CBTC车载设备	CBTC车载设备	其他设备[1]	1. 与TOD(train operator display)的接口
	CBTC车载ATP输入数据[1]	强制、非关键功能	其他设备	CBTC车载设备	CBTC轨旁设备+CBTC车载设备	由ATP输入给CBTC的信息包括：①运行模式的选择；②超速报警的确认

12. ATP固定数据的管理

CBTC需要用某些ATP固定数据为列车计算ATP曲线。管理固定ATP数据有以下不同的方法。

(1)对于完整的CBTC区域，ATP固定数据可存储于CBTC车载设备中，计算移动授权所需的ATP固定数据即这些车载ATP数据。

(2)ATP固定数据也可以存储于CBTC轨旁设备中，在特定区段由CBTC轨旁设备传输给CBTC车载设备。CBTC车载设备从车载ATP数据中获取相关计算移动授权所需的固定ATP数据。

(3)ATP固定数据也可能只存储在CBTC轨旁设备中。

三、ATO 功能分配

ATO 功能为系统可选功能，由授权单位决定是否配置 ATO 子系统。对于无人驾驶来说，ATO 功能则是必须具备的。所有 ATO 功能都为可选、非关键功能，功能分配细则如表 7.16 所示。如图 7.25 所示为 ATO 主要功能。

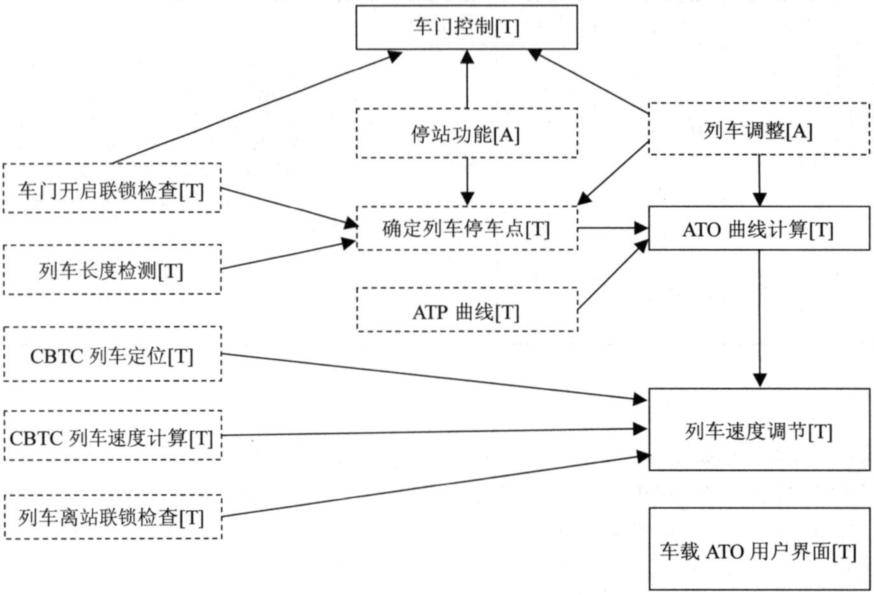

图 7.25　ATO 主要功能

表 7.16　ATO 各个子功能分配表

功能		提供输入	执行设备	接收输出	注
ATO 曲线计算	列车 ATO 曲线计算	ATS 设备[1,2]+CBTC 车载设备	CBTC 车载设备	CBTC 车载设备	1. 根据 ATS 调整时刻表和节能型的目的，CBTC 应能够提供多个速率、加速度和常用制动率；2. ATS 执行列车调度请求、决定是否下一站停车、执行即时停车请求、在工作区禁止列车自动运行等
确定列车停站台车点	$L_{站台}>L_{列车}$	ATS 设备[1]+CBTC 车载设备[2]	CBTC 车载设备	CBTC 车载设备	1. 由 ATS 确定停靠位置；2. 列车长度确定参考 ATP 功能及性能需求及 ATP 功能分配相关内容
	$L_{站台}>nL_{列车(n\geqslant2)}$	ATS 设备[1]+CBTC 车载设备[2]	CBTC 车载设备	CBTC 车载设备	1. ATS 确定停靠位置；2. 同上 2
	$L_{站台}<L_{列车}$	CBTC 车载设备[1]	CBTC 车载设备	CBTC 车载设备	1. 同上 2
	$L_{站台}\approx L_{列车}$	CBTC 轨旁设备+CBTC 车载设备	CBTC 车载设备	CBTC 车载设备	当站台有足够长度或前车正在离站时才允许进站

续表

功能		提供输入	执行设备	接收输出	注
列车速度调节	依据ATO曲线调节列车速度[1]	CBTC车载设备[2,3]	CBTC车载设备	其他设备[4]	1. 停站精确度由授权单位决定；2. 列车离站需检查离站条件，需要车载设备传递的信息；3. 列车速度的调节基于列车定位和检测到的实际速度；4. CBTC系统与列车牵引和制动系统的接口
车门控制	打开列车车门	ATS设备[1]+CBTC车载设备[2]	CBTC车载设备	其他设备[3]	1. ATS能禁止车门自动开闭；2. 打开车门需检查是否满足打开条件，需要车载设备传递的信息；3. CTBC系统与列车车门有接口
	打开站台屏蔽门[1]	ATS设备[2]+CBTC车载设备[4]	CBTC车载设备	CBTC轨旁设备[3]+其他设备[3]	1. 若提供自动屏蔽门，应与机械门一起控制，这样车厢门和屏蔽门可同时开或闭；2. ATS能禁止车门自动开闭；3. 屏蔽门可直接或通过CBTC轨旁设备与CBTC车载设备接口；4. 开门时需检查开门条件
	关闭列车车门[1]	ATS设备[1,2]	CBTC车载设备	其他设备[3]	同“打开列车车门”
	关闭站台屏蔽门[1]	ATS设备[2,3]	CBTC车载设备	CBTC轨旁设备[4]、其他设备[4]	同“开启站台屏蔽门”功能
	车门操作故障(无屏蔽门)	其他设备[1]	CBTC车载设备	CBTC车载设备	CBTC系统与列车车门有接口指示车门控制状态
	车门操作故障[1](有屏蔽门)	CBTC轨旁设备[2]、其他设备[2]	CBTC车载设备	CBTC轨旁设备[2]、其他设备[2]	此功能只能实现单个车门控制和指示。站台屏蔽门直接或通过CBTC轨旁系统与CBTC车载设备接口
车载ATO用户界面	ATO数据显示	CBTC车载设备	CBTC车载设备	其他设备[1]	1. 与列车司机显示界面接口
	ATO数据输入	其他设备[1]	CBTC车载设备	CBTC车载设备	1. 与列车司机控制台接口

四、ATS功能分配

基于IEEE Std 1474.1中定义的对于ATS的性能需求，分配给不同的子系统和设备负责实现ATS的各个功能，具体功能描述见CBTC系统性能需求标准。本标准中定义的CBTC模式下的ATS功能应与其他常规ATS功能，以及由授权单位规定的其他非ATS功能一起，用于支持轨道交通全线路设备的管理，并为用户提供统一的用户界面。所有ATS功能都为可选、非安全功能，具体功能分配如表7.17所示。图7.26为CBTC系统的ATS功能。

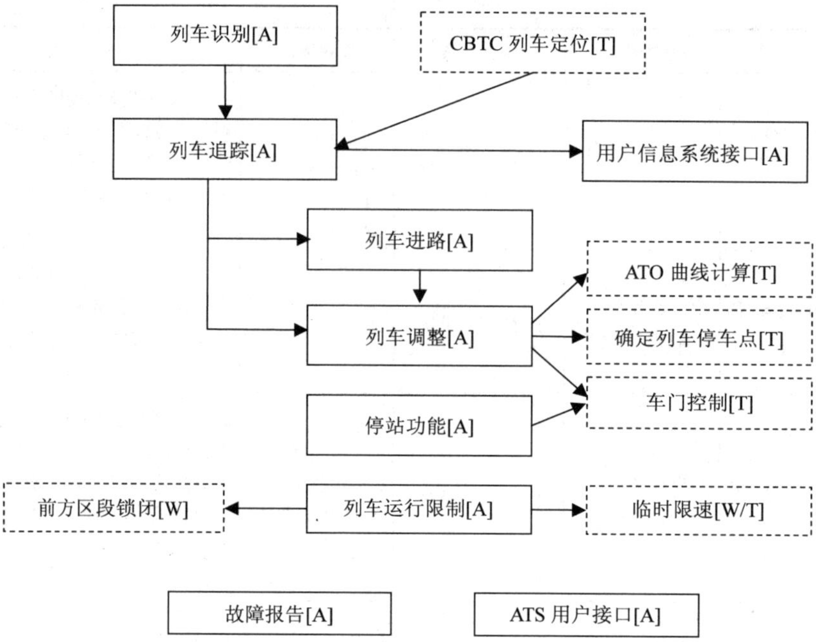

图 7.26　主要的 ATS 功能

表 7.17　ATS 各个子功能分配表

功能		提供输入设备	执行该功能设备	接收输出	注
列车识别	CBTC 执行列车识别	ATS 设备+CBTC 车载设备[1]	ATS 设备	ATS 设备	1. 唯一的列车永久编组号由 CBTC 车载设备提供
列车追踪	列车自动追踪功能	CBTC 车载设备	ATS 设备	ATS 设备	—
列车进路	自动排列进路	ATS 设备	ATS 设备	ATS 设备+其他设备[1]	1. 与外部联锁设备的接口
	人工排列进路[1]	ATS 设备	ATS 设备	ATS 设备+其他设备[2]	1. 该功能需要由 ATS 用户提供输入；2. 与外部联锁设备的接口
列车调整（主要为列车自动调整）	自动调度	ATS 设备	ATS 设备	CBTC 车载设备	—
	时刻表调整[1]	ATS 设备	ATS 设备	CBTC 车载设备	1. 时刻表和追踪间隔的调整可以采用修改停站时间，调整区间运行等级的方法实现，具体由授权单位决定
	常用制动调整[1]	ATS 设备	ATS 设备	CBTC 车载设备	1. 执行该功能需要 ATS 用户的输入
	交汇点管理	ATS 设备	ATS 设备	CBTC 车载设备	—
	节能性	ATS 设备	ATS 设备	CBTC 车载设备	—

续表

功能		提供输入设备	执行该功能设备	接收输出	注
停站功能	下一站停车(强制停车子功能[1])	ATS 设备	ATS 设备	ATS 设备+CBTC 车载设备	1. 即使计划时刻表要求下一站越行，仍然可以由 ATS 用户设置为下一站停站。执行该功能需要 ATS 用户的输入
	站台扣车[1]	ATS 设备	ATS 设备	ATS 设备+CBTC 车载设备	1. 执行该功能需要 ATS 用户的输入
	车站跳停[1]	ATS 设备	ATS 设备	ATS 设备+CBTC 车载设备	1. 执行该功能需要 ATS 用户的输入
	禁止车门控制功能[1, 2]	ATS 设备	ATS 设备	ATS 设备+CBTC 车载设备	1. 该功能需要 ATS 用户的输入；2. 见 ATO 车门控制功能分配
列车运行限制功能	即时停车(重启[1])[2]	ATS 设备	ATS 设备	CBTC 车载设备	1. 需要有预警设计，防止因 CBTC 设备故障或无意操作而导致的列车重开；2. 执行该功能需要 ATS 用户的输入
	设置/移除[1]临时限速[2]	ATS 设备	ATS 设备	ATS 设备+CBTC 轨旁设备	1. 需要有预警设计，防止因 CBTC 故障或无意操作导致移除临时限速；2. 执行该功能需要 ATS 用户的输入
	封锁(解锁[1])进路/区段[2]	ATS 设备	ATS 设备	ATS 设备+CBTC 轨旁设备+其他设备[3]	1. 需要有预警设计，防止因 CBTC 设备故障或无意操作导致的解封；2. 执行该功能需要 ATS 用户的输入；3. 与外部联锁的接口
	设置/移除[1]工作区[2]	ATS 设备	ATS 设备	ATS 设备[3]+CBTC 轨旁设备	1. 需要有预警设计，防止因 CBTC 设备故障或无意操作导致工作区的移除；2. 执行该功能需要 ATS 用户的输入；3. 列车在工作区运行时，禁止使用 ATO 模式
乘客信息系统接口	轨旁乘客信息触发	ATS 设备	ATS 设备	其他设备[1]	1. 与轨旁乘客信息系统的接口
	车载乘客信息触发	ATS 设备	ATS 设备	CBTC 车载设备+其他设备[1]	1. 与车载乘客信息系统的接口(通过 CBTC 数据通信设备)
故障报告	CBTC 故障报告	ATS 设备+CBTC 轨旁设备+CBTC 车载设备+其他设备[1]	ATS 设备	ATS 设备	1. 从其他设备输入给 CBTC 系统的一些故障和超出系统容限的情况
	列车状态报告	CBTC 车载设备+其他设备[1]	ATS 设备	ATS 设备	1. 与车载子系统的接口
ATS 用户界面	显示信息	ATS 设备+CBTC 轨旁设备+CBTC 车载设备+其他设备	ATS 设备	ATS 设备	—
	输入数据	ATS 设备	ATS 设备	ATS 设备	—

五、CBTC 各子系统之间的信息传输

CBTC 各个子系统之间的数据交换如表 7.18 所示。

表 7.18　CBTC 各个子系统之间的数据交换

发送信息子系统	接收信息子系统	传输信息
ATS 子系统	CBTC 轨旁子系统	临时限速
		进路/区段封锁
		工作区
	其他轨旁设备	进路请求
		进路/区段封锁
		轨旁乘客信息触发
	CBTC 车载子系统	紧急制动重置
		列车调度请求
		列车调整(停站时间、运行等级)
		下一站停站请求
		站台扣车请求
		站台跳停请求
		禁止车门自动开闭
		即时停车/重启请求
		临时限速
	其他车载设备	车载乘客信息触发
CBTC 轨旁子系统	ATS 子系统	CBTC 故障报告
		列车移动授权信息
	其他轨旁设备	CBTC 列车定位信息丢失报告
		非 CBTC 列车运行至区域始端
		CBTC 列车在接进区
		撤销接近(延时)锁闭
		撤销方向锁闭
		撤销进路锁闭
	CBTC 车载子系统	绝对位置参考信息
		列车长度验证
		进路状态信息
		CBTC 前方列车位置
		前方安全进路限制
		断轨情况
		未确认前方区段的安全
		道岔状态丢失
		运行防护限制
		目标点
		土建限速
		永久列车限速
		临时限速

续表

发送信息子系统	接收信息子系统	传输信息
其他轨旁设备	CBTC 轨旁子系统	后备列车定位监测(如由轨道电路或计轴提供)
		进路状态(包括道岔和信号机状态)
		轨道方向状态
		故障检测
	CBTC carborne	屏蔽门状态
		屏蔽门失效
CBTC 车载子系统	ATS 子系统	CBTC 列车定位
		CBTC 列车识别
		CBTC 故障报告
		列车故障报告
		列车状态相关信息
	CBTC 轨旁子系统	CBTC 列车定位(包括位置信息丢失时)
		列车完整性检查
		列车运行模式
	其他轨旁设备	屏蔽门可打开
		屏蔽门控制
	其他车载设备	安全制动命令
		列车车门可打开
		列车运行模式
		CBTC 状态
		当前 CBTC 命令速度
		超速报警情况
		执行列车牵引命令
		执行常用制动命令
		列车车门控制
		ATO 显示数据
		车载乘客信息触发
其他车载设备	CBTC 车载子系统	列车长度
		列车编组
		紧急制动重置
		列车开启约束(如车门未关闭等)
		列车车门状态
		越过列车开门检查条件
		越过列车发车检查条件
		运行模式选择
		超速报警确认
		列车车门失效
		列车故障报告

第五节　IEEE Std 1474.4——CBTC 特点及应用

基于通信的列车控制系统的特点与传统的基于轨道电路的列车控制系统非常不同，这些特点对系统测试和验证有着根本性的影响。相比于新线的信号设施，更新设备的 CBTC 现场测试需求更为繁重，这是因为转换到新 CBTC 系统的期间需要维持运营收益，这样就限制了轨道的占用。

一、CBTC 特点及应用

CBTC 相比于传统的铁路信号系统有着诸多的特性，例如，可以实现车辆与控制中心的双向通信，大幅度提高了列车区间通过能力，信息传输量大、效率高、速度快等。CBTC 的应用范围也较为广泛，目前应用 CBTC 系统的有美国纽约地铁、中国台湾台北捷运等，中国大陆也有部分城市轨道交通使用了 CBTC 系统。具体的特点及应用要求在 IEEEStd1474.1—2004 中定义如下所述。

1. CBTC 的特点

CBTC 系统的主要特点，有以下几点：①不依赖于轨道电路的高分辨率列车定位；②连续、大容量的车地双向数据通信；③执行重要功能的车载和轨旁处理器。

这些主要特点对功能测试过程的影响概况如下。

(1) 不依赖于轨道电路的列车定位。

不依赖于固定闭塞轨道电路的列车定位，使得替代控制策略得以实现并且体现在 CBTC 功能测试过程中。固定闭塞以及基于轨道电路信号系统的某些测试方法不再适用，且这些替代测试程序需要反映 CBTC 系统运营的特定原则。

(2) 车地双向数据通信。

线路上连续的地-车和车-地数据通信网的性能和可用性对 CBTC 系统的运营是至关重要的。因此，作为系统级功能测试的一部分，网络的性能和可用性(包括网络稳定性、数据链路宽度和消息延迟等)在必要时应当通过分析得到支持和验证，因为最不利情况要在工厂或现场进行复制是比较困难的。

(3) 车载和轨旁安全处理器。

处理列车状态、控制数据和提供连续的列车自动防护、列车自动驾驶与列车自动监控功能的分布式 CBTC 轨旁和车站安全处理器通常是高度集成的。因此，最终的功能测试必须在系统级下进行，并且要求所有 CBTC 子系统均可工作以及有多辆列车在运行中。CBTC 系统通常还利用高水平的设备冗余来满足系统高可靠性的需求。同时也应站在功能测试过程中验证分布式计算机系统的整体稳定性、轨旁或车载 CBTC 设备冗余组间的切换能力等。

CBTC 系统中其他典型的先进技术系统有软件/数据库驱动等。在这个复杂的基于软件的系统中，明白下面这一点是很重要的：虽然大多数软件开发是先于现场测试的，但是软件开发过程要在验证了系统能在现场正常运行后才会结束。给定的应用中，通常会有多个版本的软件(特别是对更新信号设施的接入)，导致每个软件更新后需要一个定义水平的回归测试。

(4) 具体应用要求。

专用数据的正确性(例如，基础设施数据：曲线、坡度、车站位置等；列车具体数据：制动率和响应时间等)和这些数据在系统数据库中正确实现，作为功能测试过程的一部分也需要得到验证。

当更新 CBTC 系统的信号设备时，专用外部(遗留)设备接口、特定运营模式和特殊功能需求都是需要确定的。这导致特定应用设计应该反映在特定应用功能测试过程中。为了拓展 CBTC 系统的运营能力，CBTC 系统的设计常常与快速交通系统的其他固定运营元素结合在一起，如牵引供电系统、隧道和车站通风系统、乘客信息、安全系统及主干通信网络。此外，由于车载接口是专用的，车站列车测速/定位子系统的设计通常也是特定的。因此，这些特定应用设计的性能也应在功能测试过程中得到验证。

2. CBTC 的应用

与新线的信号系统相比，CBTC 功能测试过程在更新信号设备时的任务更为繁重，主要是因为在转换到新 CBTC 系统期间要维持运营收益和保持原信号系统的完整性，这导致了轨道线路的限制和支持多种操作模式的需求。此外，特殊信号设备/列车控制系统的替换在不同的应用情况中通常是不同的。

二、整体测试过程

系统级的功能测试是整体功能测试的一部分，用于工厂、CBTC 测试轨道和现场中，以验证 CBTC 系统的功能需求是否得到满足。该测试不涉及模块级、子系统测试、硬件资格测试、硬件安装后的检查测试和数据通信覆盖测试等单元测试，这些都是系统级功能测试必要的先决条件。试运营、可靠性/可用性/可维护性的示例和其他用户特定验收测试也不包括在内。

基于硬件、软件、系统数据库和运营环境差异性方面的考虑，如果函数或子函数在之前任何一个应用程序中验证过，就没必要在随后的应用程序中再进行验证。工厂功能测试的目的是最大程度验证 CBTC 的功能需求已得到满足。当测试特定功能需求时，如果测试结果不受测试环境外因素的影响，就没必要在测试轨道或现场重复该测试，即这些需求在工厂测试中已得到充分验证。当工厂测试结果依赖于 CBTC 系统的仿真接口时，通常需要用真实的接口在测试轨道或现场重复这些测试，这取决于该接口的复杂程度和在工厂内仿真该接口的能力。如图 7.27 所示为 CBTC 系统的设计和验证框图。

CBTC 系统主要包括以下子系统：CBTC ATS 设备、CBTC 轨旁设备、CBTC 车载设备、CBTC 数据通信设备。

IEEE Std 1474.3—2008 定义上述 CBTC 主要子系统 ATP、ATO 和 ATS 子功能的推荐配置。CBTC 系统也和以下外部设备有接口。

(1) 联锁和备用列车检查系统。

(2) 列车子系统(牵引/制动系统，车门)。

(3) 屏蔽门(如果有)。

(4) 平交道口报警设备(如果有)。

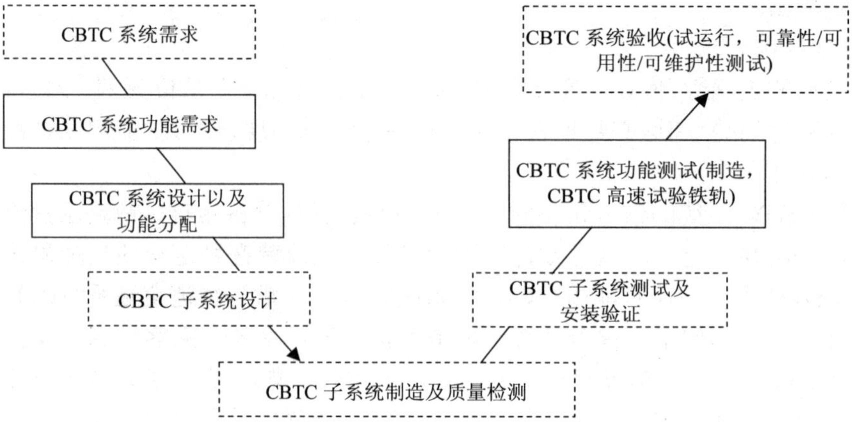

图 7.27　CBTC 系统设计/验证

(5)乘客信息系统(如果有)。
(6)用户界面。
(7)用户也可定义其他外部接口。

图 7.28 概述了以上所介绍的功能测试过程中所有的功能需求得到满足的过程。

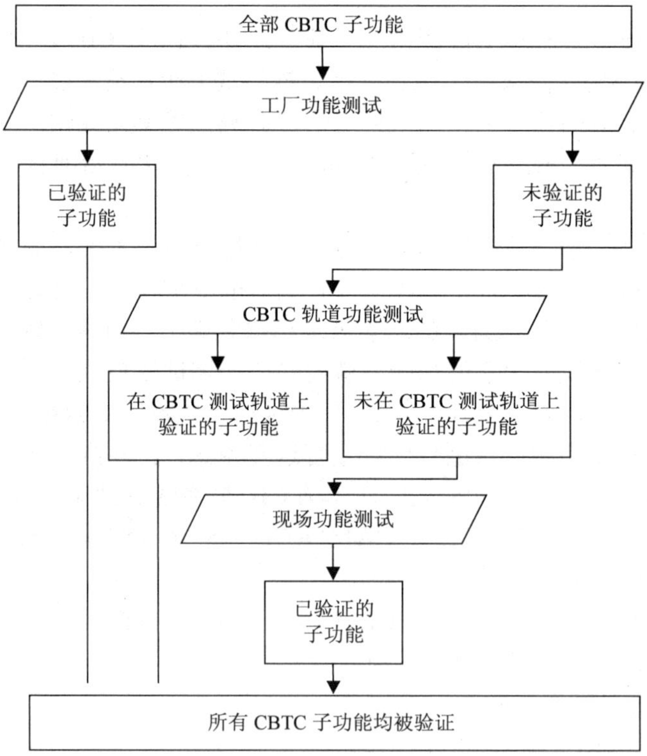

图 7.28　功能测试过程

1. 功能测试的先决条件

(1) 设计基准和配置控制。当前的设计基准在文件化系统功能需求和系统设计方面是可用的，但当 CBTC 系统有变化后，配置控制管理计划也应定义回归测试需求。

(2) 子系统测试。系统应完成子系统级别上的所有较低级别的测试。此外，在轨道测试和现场功能测试前，要完成所有可用硬件安装后的检查，包括轨旁和车载 CBTC 设备。对于 CBTC 数据通信子系统，网络的性能和可用性必要时需要通过分析得到验证，因为最不利情况要在工厂或现场进行复制是比较困难的。

(3) 文件需求。对于系统级测试计划的文件需求(包括迁移策略、测试的范围和参与测试过程中各方的责任)、测试程序、通过/失败标准和测试结果都应进行定义。

(4) 设备仿真验证。任何用于工厂或 CBTC 测试轨道试验的仿真设备，要验证其具有代表设备和接口的仿真适用性。

2. 数据库验证

CBTC 系统的正常运作是依赖于具体应用的数据库的，包括基础设施数据、列车数据和 CBTC 数据等。基础设施数据和车辆数据对于特定应用是专用的，CBTC 数据对于应用中的 CBTC 系统设计也是专用的。

(1) 验证基础设施数据。任何 CBTC 要求的基础设施输入数据，如线路数据(位置和坡度的值、土建限速等)、轨道布局(道岔位置和终端线路配置)、所有车站的位置及站台停车位置等，都应在一定精度水平上通过合理的数据调查，验证该数据适合于何种特定的 CBTC 性能需求。验证基础设施数据的责任方要仔细认定。

(2) 验证列车数据。CBTC 系统要求任何列车数据，如加速度率、减速度率和设备响应时间，都应在一定精度水平上通过认证过的列车特性，来验证这些数据适用于哪种特定的 CBTC 性能需求。并且需要验证 CBTC 安全制动模型中任何与列车相关的假设。验证列车数据的责任方要仔细认定。

(3) 验证 CBTC 数据。具体应用中的 CBTC 数据作为 CBTC 系统设计的一部分也要得到验证。例如，用于对位置有要求的轨旁设备(如应答器)提供绝对的位置参考。

(4) 验证 CBTC 数据库。要验证基础设施、特定列车和具体应用中的 CBTC 数据在 CBTC 数据库中是否正确实现，还包括：验证用于提供绝对位置参考的轨旁设备是否被正确地安装在要求的位置上，且在 CBTC 系统设计误差范围内。虽然 CBTC 数据库的部分验证在一定水平上能支持工厂和测试轨道功能试验，但是 CBTC 数据库的充分验证测试还是需要在现场进行。

三、工厂功能测试

1. 工厂集成系统测试

(1) 功能。

一个工厂集成系统测试设备应包括以下功能。

①CBTC 功能/子功能的测试是以消除 CBTC 轨道测试和现场测试或提供这些试验能成功完成的高可信度为目标来进行。

②最大程度地测试每一个内部和外部接口。

③复制现场功能测试过程中或设备转换到运营服务后发现的现场问题。

④仿真一个数据通信消息延迟和内部/外部设备的响应时间的实际范围。

⑤执行紧张度测试(应力测试)，代表实际应用中的 CBTC 系统在任何时刻能控制的列车数量的最大值。

⑥运行一系列符合预期运营规程的运营场景，包括应用中的混合模式运营。

⑦模拟一系列的故障模式，包括 ATS、轨旁和车载设备冗余组间的切换。

⑧能在离线条件下准备测试场景和自动运行测试场景。

⑨能够捕捉和记录测试结果，并自动决定通过/失败。

(2)配置。

一个工厂集成系统测试设备应包括以下内容。

①整体或部分 CBTC ATS 设备组(就功能方面而言，要有代表性的设备组，全套的工作站可能不需要)，CBTC ATS 设备的配置应允许验证冗余设备组之间的切换，如果提供冗余设备组。

②部分或 CBTC 轨旁与车载的数据通信模拟设备(包括预期范围内消息延时的准确表示和控制权从一个区域向下一个区域的转移)；如果提供冗余设备组，CBTC 数据通信设备的配置应允许验证冗余设备组之间的切换。

③至少有两套实际运行的 CBTC 并备用一套仿真的 CBTC 轨旁设备(允许测试从工作区域转移到相邻的工作区域)。此外，如果提供冗余设备组，CBTC 轨旁设备的配置应允许验证冗余设备组间的切换。

④仿真过程中(或在实际可行的情况下)的 CBTC 轨旁设备外部接口(按照 IEEE 标准 1474.3—2008，那些外部接口应包括外部联锁、后备列车定位系统、轨旁乘客信息系统、屏蔽门、侵限检测设备和其他能够表示危险或影响列车运营条件的设备、其他可能是特定应用专用的系统等)。

⑤一套或者多套实际运行的 CBTC 备用一套仿真的 CBTC 轨旁设备；对于不同长度的列车配置，CBTC 车载设备配置应允许多车辆列车的验证。此外，如果提供了冗余设备，CBTC 车载设备的配置应允许验证冗余设备组之间的切换。

⑥仿真过程中(或在实际可行的情况下)的 CBTC 轨旁设备外部接口(按照 IEEE 标准 1474.3—2008，那些外部接口应包括轨旁转发器、紧急制动、车门、列车用户界面、牵引系统、常规制动、车载乘客信息系统、其他特定应用专用的车载设备、仿真器同步反映列车的运行等)。

2. 工厂测试计划

在 IEEE Std 1474.3—2008 中，每个确定的 CBTC 子功能都提供了以下信息。

①子功能的简要定义(本书中贯穿使用了这些简要子功能定义)。

②强制性或选择性执行的子功能。

③CBTC 子系统(或多个子系统)和/或外部设备为子功能提供数据输入，CBTC 子系统(或多个子系统)和/或外部设备接收子功能输出的数据(这里，如果没有确定为子功能提供数据输入或接受来自子功能的输出数据的外部接口，就可假设子功能可以在工厂中被充分验证)。

例如，在 IEEE Std 1474.3—2008 中的子功能——列车完整性检查中检查有两个(或多个)车辆的列车或装置什么时候分离，本功能定义了一个外部接口(列车子系统的列车完整性输入能显示分离的编组)。但是在 IEEE Std 1474.3—2008 中的子功能——列车分离保护中没有定义外部接口。该子功能从子功能——列车完整性检查中获取输入来阻止把进入轨道区段的移动授权签发给其他列车，这些轨道区段可能会被分离的列车占用。

(1) ATP 功能测试。

ATP 子功能分类如 IEEE Std 1474.1 中所述。对于 ATP 功能工厂测试，主要分为两种类型，全部功能验证及部分功能验证。部分验证的功能主要为功能的实现涉及轨道和轨道部件的功能，如列车定位功能的子功能：进入 CBTC 区域后列车位置的初始化，对于该功能的所有需求，除了依赖于轨道和轨道部件的实际接口的功能需求外，其余功能均需在工厂得到充分的验证。

除上例所述的轨道及轨道实际接口涉及的功能为部分验证之外，功能的实现与列车分离显示实际接口、外部联锁实际接口、检测断轨的实际接口、轨道状态实际接口、列车子系统实际接口、列车紧急制动实际接口、列车车门实际接口、屏蔽门实际接口、平交道口报警设备实际接口等实际接口相关的子功能的验证，除相关部分不需要工厂验证外，其余功能需求需要得到充分的验证。

(2) ATO 功能测试。

ATO 功能的工厂验证与 ATP 功能工厂验证类似，子功能的验证分为两类，全部验证及部分验证，部分验证中除了依赖于车门、屏蔽门、TOD、列车牵引和制动系统等的实际接口相关的需求外，子功能的其余所有功能需求都需要得到工厂的充分验证。

(3) ATS 功能测试。

ATS 同样类似于 ATP 及 ATO 系统功能的测试，除了与联锁实际接口等相关的功能需求为部分验证外，大多数功能都需要在工厂得到充分的验证。对于有些子功能，其所有需求都能在工厂得到充分验证，但是系统的性能只有通过现场的系统测试才能得到确认。

四、CBTC 轨道功能测试试验

1. CBTC 测试轨道

(1) 功能。

①确认车辆接口/特性(包含多车辆列车)。

②确认轨旁接口/特性(如外部设备联锁和屏蔽门等的接口)。

③验证车辆/轨旁数据通信线路。

④运营轨道上的空车试运行。

⑤测试现有系统和新系统之间的切换(测试轨道是运营轨道中的专用区段)。

(2) 配置。

CBTC 测试轨道应尽可能反映实际运行环境以及拥有足够的用于 ATO 测试的轨道长度，还应该包括典型的外部接口设备。

理想情况下，CBTC 测试轨道应该是从收益运营轨道中隔离出来的一段独立的专用测试轨道，至少应该是运营轨道中的一个专用区段，来验证接口从一个区域延伸到整个 CBTC 系统。

2. CBTC 轨道测试计划

在工厂测试具体需求是依赖于仿真接口时，有必要在轨道试验或现场充分验证该假设接口。为了达到实用的程度，轨道测试试验应该包括列车子系统接口和轨旁子系统接口的功能测试(如果测试轨道不具备要求的能力，或许不能充分验证已定义的子功能)。

实际情况下，CBTC 测试轨道代表实际现场运营环境的程度会有限制，这样导致很多轨道测试试验要在现场重复进行。当在现场验证一个给定的 CBTC 功能时，一般没有必要对所有列车或所有地理位置进行重复测试。测试程度需在系统测试计划中定义。

参考文献

董波. 2008. 基于通信的列车控制(CBTC)信号系统的后背模式方案的讨论. 天津建设科技, (B05): 98-101.

董凯霞. 2011. 城市轨道交通CBTC系统车载ATP的研究与仿真. 兰州: 兰州交通大学.

高俊明, 范多旺, 李强. 2010. CTCS-2系统应答器设置问题探讨. 铁路通信信号工程技术, 7(6): 21-23.

郭进. 2010. 铁路信号基础. 北京: 中国铁道出版社.

靳小军, 王磊. 2011. 成都地铁1号线信号车载子系统与车辆接口技术改造. 科学技术与工程, 11(26): 6486-6489.

李伯鸿, 李国宁. 2011. 城市轨道交通信号. 成都: 西南交通大学出版社.

李凤华. 2011. 城市轨道交通CBTC系统区域控制器的研究与仿真. 兰州: 兰州交通大学.

梁东升, 李晋. 2000. 无绝缘音频轨道电路FTGS在广州地铁一号线信号系统的应用. 地铁与轻轨, (4): 38-45.

梁东升. 2002. ATP/ATO在广州地铁1号线信号系统中的应用. 地铁与轻轨, 15(3): 33-39.

林颖, 王长林. 2011. 基于CBTC的车载ATP安全制动曲线计算模型研究. 铁道学报, 33(8): 69-72.

林瑜筠, 朱宏, 王伟, 等. 2011. 城市轨道交通信号. 北京: 中国铁道出版社.

刘明君. 2010. 基于混合交通流的信号交叉口机动车车头时距研究. 北京: 北京交通大学.

刘攀峰, 邱昕夕, 陈祥献, 等. 2012. 城市轨道交通列车自动防护系统软件设计. 计算机工程, 38(19): 1-5.

卢萍. 2008. CTCS-2点式应答器. 重庆工学院学报(自然科学), 22(5): 112-114.

饶晓璐. 2010. 列车自动驾驶算法研究及仿真实现. 成都: 西南交通大学.

石慧珏, 韦强, 叶清心, 等. 2010. 无绝缘音频轨道电路的研究与应用. 科技信息, (26): 19.

田海燕. 2010. 欧洲标准应答器设备电路设计的安全性及可靠性研究. 中国铁路, 40(9): 38-41.

王红军. 2011. 应答器设备的原理及应用. 山西建筑, 37(14): 131-132.

王圣合. 2008. FS2500轨道铁路在北京地铁的应用. 铁路通信信号工程技术, 5(4): 31-32.

王洋. 2012. TDY型欧标应答器安全分析与设计方法探讨. 铁路技术监督, 40(9): 38-41.

吴世迪. 2010. 环形交叉口车头时距研究. 大连: 大连交通大学.

吴卫, 吕永宏, 刘红燕. 2007. 城市轨道交通信号系统构成分析研究. 甘肃科技, 23(9): 71-74.

夏青. 2012. 应答器与测速组合定位在地铁中的应用. 铁路通信信号工程技术, 9(2): 50-53.

徐杰, 郜洪民, 张楚潘. 2012. 城市轨道交通CBTC关键技术—列车自动驾驶(ATO)子系统. 现代城市轨道交通, 1: 1-3.

易立富. 2006. 城轨交通列控系统的车地通信方式. 都市快轨交通, 19(6): 75-77.

易立富. 2010. 城市轨道交通列车运行控制系统集成技术的研究. 成都: 西南交通大学.

曾小晴, 王长林, 张树京. 2007. 基于通信的轨道交通运行控制. 上海: 同济大学出版社.

张力立. 2012. ATP安全错误检测码与运算方法的研究与设计. 成都: 西南交通大学.

张强, 陈德旺, 于振宇. 2011. 城市轨道交通ATO系统性能指标评价. 都市快轨交通, 24(4): 26-29.

张滔, 段晨宁, 丘庆球. 2001. ATO系统在广州地铁1号线的应用. 地铁与轻轨, 1: 47-50.

张振兴. 2008. 城市轨道交通中的列车定位方法研究. 北京: 北京交通大学.

郑福林. 2010. 郑-西客专信号系统应答器性能分析. 电子设计工程, 18(9): 115-117.

郑龙, 罗鹏程, 高顺川, 等. 2006. 系统安全性分析技术综述. 兵工自动化, 25(4): 22-23.

IEEE Recommended Practice for Communications-Based Train Control(CBTC) System Design and Functional Allocations. IEEE Std 1474. 3–2008.

IEEE Recommended Practice for Functional Testing of a Communications-Based Train Control(CBTC) System. IEEE Std 1474. 4–2011.

IEEE Standard for Communication Based Train Control system(CBTC) performance and Functional Requirments. IEEE Std 1474. 1–2004.

IEEE Standard for User Interface Requirements in Communication Based Train Control(CBTC) System. IEEE Std 1474. 2–2003.

附录A 常用名词对照表

表A 常用名词对照表

英文名缩写	英文名	中文释义
ATC	automatic train control	列车自动控制
ATO	automatic train operation	列车自动驾驶
ATP	automatic train protection	列车自动防护
ATS	automatic train supervision	列车自动监控
ATR	automatic train regulation	列车自动调整
AXC	axle counter	计轴器
BTM	balise transmission module	应答器车载查询器
CBTC	communication based train control	基于无线通信的列车控制
CBI	computer-based interlocking	计算机联锁
CC	carborne controller	车载控制器
CENELEC	European Committee for Electrotechnical Standardization	欧洲电工标准委员会
DSU	data storage unit	数据存储单元
DCS	data communication system	数据通信系统
DTI	departure time indicator	发车计时器
EB	emergency braking	紧急制动
EU	electronic unit	电子单元
MMI	man machine interface	人机界面
MMS	maintenance management system	维护管理系统
MR	mobile radio	车载无线台
MTBFF	mean time between functional failure	平均功能无故障时间
MTBHE	mean time between hazardous event	平均无危险事件时间
MTTR	mean time to repair	平均修复时间
MTTRS	mean time to restore service	平均服务恢复时间
OCC	operated control center	控制中心
PIIS	passenger information and indication system	乘客向导信息系统
PHA	preliminary hazard analysis	初步危害分析

续表

英文名缩写	英文名	中文释义
PSD	platform screen doors	站台屏蔽门
PSU	power supply unit	电源单元
PTI	positive train identification	列车识别系统
PVID	permanent vehicle identification	永久车辆标识
SYN	synchronization loops	同步环线
TDT	train departure time	列车发车计时器
TOD	train operator display	列车司机显示屏
TTE	time table editor	时刻表编辑器
TU	tuner unit	调谐单元
URM	unrestricted manual mode	非限制人工驾驶
VOBC	vehicle on-board controller	车载控制器
VPI	vital processor interlocking	安全型计算机联锁
ZC	zone controller	区域控制器
GUI	graphical user interface	图形用户界面
SSPP	system safety program plan	系统安全方案计划
SHA	system hazard analysis	系统危害分析

附录 B　典型的 CBTC 参数

表B为 CBTC 提供了一些常用参数的典型范围。特定应用或特定 CBTC 系统设计时，参数值应该由授权单位或者供应商根据需求，详细考虑和制定。

表 B　典型的 CBTC 参数

参数	典型范围
一个轨旁控制设备可以处理的最大列车数	10~40 辆列车
列车定位的分辨率(为追踪列车建立移动授权)	(±0.25~±6.25)m ((±10~±20)ft)
正常运行(非降级)时列车定位的精度(ATP 列车定位的最大误差)	(±5~±10)m ((±16~±33)ft)
程序停车的列车定位的精度(ATO)——无屏蔽门	±0.25m(±10in)
程序停车的列车定位的精度(ATO)——有屏蔽门	±0.05m(±2in)
列车移动授权分辨率	(±0.25~±6.25)m (±10in~±20ft)
ATP 列车速度测量的分辨率	(±0.5~±2)km/h ((±0.3~1.25)mi/h)
ATP 列车速度测量的精度	±3km/h(±2mi/h)
列车速度命令的分辨率(如土建限速)	(±0.5~±5)km/h ((±0.3~3)mi/h)
车–地通信延迟	0.5~2s(标称)
地–车通信延迟	0.5~2s(标称)
CBTC 轨旁设备的响应时间	0.07~1s(标称)
CBTC 车载设备的响应时间	0.07~0.75s(标称)
后溜检测标准	(±0.5~±2)m (±20in~±6.5ft)
零速度检测标准	2s 内<1km/h~<3km/h (2s 内<0.6mi/h~<2mi/h)

注：1ft=3.048×10^{-1}m,1in=2.54cm,1mi=1.609344km

附录 C　系统安全方案需求

一、系统安全方案计划

1. 目的

在系统整个生命周期中，SSPP 应对系统安全管理和系统安全技术的任务及活动进行详细描述。安全管理和系统安全技术用来识别、评估和消除/控制危害或将相关风险减少到授权单位能接受的水平。

2. 说明

SSPP 的制定有助于理解系统安全方案是如何满足安全需求的。该计划应当解释所有需要的任务和责任。SSPP 应该包括以下部分。

(1) 方案范围和目标。

SSPP 至少应该描述一个有效系统安全方案的 5 个部分：安全任务的定义、完成任务的方式、完成任务的专业人员、能使任务得以贯彻执行的授权和保障任务完成的资源(包括人力和财力)。本节应完成以下事项。

①描述总体方案和相关的系统安全方案的范围。

②列举系统安全管理和工程的任务和活动，阐述系统安全和方案其他功能部件的相互关系。

③诠释所有合约要求的安全任务和职责。

(2) 系统安全组织。

SSPP 应描述以下内容。

①系统安全组织或功能用图表来展示组织和功能的关系、通信线路。

②系统安全人员、系统安全涉及的承包商组织、次承包商和系统安全小组的责任和权力。

③合同期限内系统安全组织的员工安置，包括人力投入、控制资源和重要系统安全人员的任职资格。

④承包商用于整合和协调系统安全工作的程序。

⑤承包商作出管理决策的过程。

⑥与系统安全相关的决议和活动是怎么影响有决议权的管理层的。

(3) 系统安全方案关键点。

①SSPP 应定义系统安全方案的关键点。

②SSPP 应提供安全任务的计划表，包括开始和完成日期、报告和评估。

③SSPP 应识别适用于系统安全方案的子系统、部件、软件安全活动和集成的系统级活动。

④SSPP 应估计完成每项任务所需要的人力资源。

(4) 系统安全总体需求和标准。

SSPP 应该描述以下内容。

①总体技术需求和设计标准。

②风险评估程序。

③解决识别的不可接受风险的闭环程序。

(5) 危害分析。

SSPP 应描述以下内容。

①用于定量或定性分析来识别危害，以及危害产生的原因及影响，并消除危害和降低风险的分析技术和形式。

②各个技术在系统内使用的程度。

③承包商危害分析和整体系统危害分析的整合。

④为识别和控制系统生命周期中使用的物质的危害所做的工作。

(6) 系统安全数据。

①SSPP 应该描述用于收集和处理相关历史风险数据、事故数据和安全教训数据的方法。

②SSPP 应通过标题、编号和传送方式来识别可传送的数据。

③SSPP 应识别不可传送的系统安全数据，并描述用于授权单位访问、保留数据历史价值的程序。

(7) 安全验证。

SSPP 应描述以下内容。

①保障安全的验证(测试、分析等)需求是充分论证过的。

②确保安全相关的验证信息已传送到授权单位进行审查和分析的程序。

③保证所有测试安全进行的程序。

(8) 审核方案。

SSPP 应描述用来确认系统安全方案的目标和需求已被实现的技术和程序。

(9) 训练。

SSPP 应该描述适用于工程人员、技术员、操作员和维修人员安全培训。

(10) 事件报告。

在 SSPP 中要描述事故/事故报警/通知、调查和报告过程。

(11) 系统安全接口。

①系统安全、系统工程和所有其他支持规范的接口，如可维护性、质量控制、可靠性、软件开发、人因工程等。

②系统安全、系统集成和测试规程之间的接口。

二、初步危害分析

(1) 目的。

初步危害分析(PHA)用于鉴别所考虑的各系统方案中的危害。PHA 需要确定安全关键部分，提供一个最初的危害评估，并且确定必要的控制危害的方式和后续措施。

(2) 说明。

PHA 是系统方案的首次分析，是其他各类分析的基础，属于定性分析法。通过 PHA 方法，通常需要记录相关资料，可以获得系统的一个最初风险评估。根据可用的最佳数据，包括从类似系统和一些经验中得到的事故数据，安全规定和备选方案需要消除危害或将其风险降低到授权单位可接受的水平。PHA 识别和评估危害，至少应该考虑下列几方面。

①危害部件，如燃料、推进剂、激光器、有毒物质、危险建筑材料、压力系统、和其他能源。

②系统各部件之间安全相关接口的注意事项，如材料相容性、电磁干扰及软硬件控制元件等。此过程需要考虑软件对子系统或系统发生危害的潜在影响，包括其他承包商或开发人员开发的软件。

③环境限制，包括运营环境，如震动、极端的温度、噪声、暴露在有毒物质中、火、静电放电、闪电等。

④操作、测试、维修、内置测试、诊断和紧急程序，如人因工程学、人为错误分析、任务和需求；因素影响，如设备布局、照明要求、暴露在有毒物质中的可能性；噪声或辐射对人员效率的影响。

⑤设施，支持设备 (如存储、装配、检验、涉及有毒、易燃、易爆、腐蚀、或者低温物质或废品的危害系统或程序集的验证或测试，辐射或者噪声源等) 和培训 (如有关安全操作和维修的培训和认定)。

⑥与安全相关的设备、防护设施和可能的替代方案。例如，联锁，系统冗余，子系统防护，火灾检测和灭火系统，个人防护设备，暖气设备、通风设备和空调，噪声或辐射屏蔽。

⑦系统、子系统或者软件故障。每一个故障都需要详细说明，包括原因、结果和危害等级。

三、子系统危害分析

(1) 目的。

子系统危害分析 (SSHA) 确定与子系统部件或故障有关的危险对系统安全性的影响。SSHA 应该验证子系统满足其规范及相关文档中要求的安全需求；确定之前未识别的与子系统设计有关的危险，包括部件故障模式、关键的人为错误输入，子系统部件和设备间的功能关系所导致的危险；推荐消除已识别的危害或将其风险控制到可接受水平的措施。

(2) 说明。

SSHA 是初步分析的扩展，在设计阶段进行，随着子系统设计进展不断修改，包括定性和定量分析。SSHA 应该识别并记录所有可能导致危险或设计不满足安全要求的部件和设备。需要考虑的包括性能、性能退化、功能故障、计时误差、设计错误或缺陷，或一些被忽视的功能。在进行分析时，人应作为子系统的一个部分。

SSHA 分析应该确定以下内容。

①故障模式，包括合理的人为错误、单点故障、共模故障，子系统部件故障时对安全的影响。

②硬件、软件或其他突发事件等对系统安全的潜在影响。

③满足硬件、软件和设备技术规范中要求的安全设计标准。

④硬件、软件及设备设计需求和校核工作的实施不会损害或降低子系统的安全性，也不会引入新危害。

⑤子系统安全设计需求的实现，包括从最顶层规范到详细的设计规范。作为 PHA 的一部分，安全设计需求的实现也应达到该要求的目标。

测试计划和推荐程序，能够将安全测试整合到软件和硬件测试方案中。

⑦ 在进行设计时应该分析系统级危害，同时充分控制潜在危害。

当系统设计有变化时，包括影响系统安全的软件设计改变，可能给系统带来新的危害，影响系统的安全性，SSHA 应该及时更新。

四、系统危害分析

(1) 目的。

①验证系统是否符合系统规范和文档要求的安全需求。

②识别之前未识别的有关子系统接口和系统功能故障的危害。

③评估整个系统设计相关的风险，包括软件和子系统接口。

④推荐能够消除已识别的危害或将风险控制到可接受水平的措施。

(2) 说明。

系统危害分析(SHA)用来识别、评估整个系统设计的危害，包括软件及子系统的接口。这个分析应包括对于下述子系统之间相互关系的审查。

①符合规定的安全设计标准。

②可能的、独立的、相关的，同时的危害事件，包括系统故障；安全设备故障；因失效和事件；可能产生危害或增加灾害风险的系统相互作用。

③子系统和整个系统的安全性降级。

④影响子系统的设计变化。

⑤合理的人为错误的影响。

⑥确定：硬件和软件的事件、故障和产状(如时序不当)对系统安全的潜在影响，满足硬件、软件和设备技术规范中要求的安全设计标准，以及硬件、软件及设备的设计需求和校核工作的实施不会损害或降低子系统的安全性，也不会引入新危害。

同 SSHA 一样，当系统设计有变化时，包括影响系统安全的软件设计改变，可能给系统带来新的危害，影响系统的安全性，SHA 应该及时更新。

五、操作与支持危害分析

(1) 目的。

操作与支持危害分析(O&SHA)需要对由操作和支持规范引入系统的危害或风险活动进行评估，同时还需要对消除、控制或减轻危害或风险的操作和支持规范的完善性进行评估。

(2)说明。

O&SHA 识别和评估来自以下几方面的危害。

①人员完成的操作或任务。

②设备接口；计划的环境(或它的范围)。

③工具或其他设备，包括软件控制的测试设备；操作或任务顺序，并行任务的影响和限制

④意外事件，包括人因错误引入的危害。

在进行分析时，人应该被视为整个系统的一个要素。O&SHA 必须能够确定用于消除或控制危害的安全需求，或将风险减小到相关规定可接收水平的安全需求。

该分析应能识别以下几种风险。

①危害状态下的活动，活动时间周期及在此期间把风险降低的操作。

②消除或控制危害或降低相关风险时，系统的硬件、软件、设备、工具、测试设备在功能或设计需求上的改变。

③安全装置和设备的需求，包括人员安全和生存补给设备。

④警告信息、注意事项和特殊的应急程序，包括计算机软件控制的操作失效后必须的对策，确保达到预期和要求的安全结果。

⑤有害物品的封装、搬运、存储、运输、维护和处理的需求。

⑥安全培训和员工资格认证的要求。

⑦未开发的软硬件对其他系统部件或子系统的影响。

⑧在操作人员控制下潜在的系统危险状态。

O&SHA 应该对系统的生产、部署、安装、装配、测试、运行、维护、维修、运输、储存、修改和处置进行安全评估并形成文档。

同 SHA 一样，当系统有任何设计或操作变化时，为重新确定系统的危害，承包商应该更新 O&SHA。

六、风险评估

危害的处理需要一个系统的过程，应该从定义系统物理及功能特性着手，特性应该从构成系统及其环境的主要因素等方面考虑，如设备、设施、程序和人员。识别危害的技术和方法很多，包括如下几个方面。

①先前的事故或运营经验中得到的数据。

②专家的意见和危害场景。

③潜在危害的清单。

④先前的危害分析。

⑤其他的分析技术。

所有已识别的危害应该从危害的严重性或后果、发生的概率两方面来进行评估，不同的后果严重度及发生概率对系统造成的影响可能差别很大。

风险评估是系统或者子系统作出处理危害决策的基础，如应该消除危害、减轻危害，

还是接收危害。危害应该通过一个重点在于消除危害的设计加以解决，解决的策略如下，按优先级降级排列。

①消除危害的设计。

②控制危害的设计。

③使用安全设备。

④使用预警设备。

⑤实施特殊程序。

⑥接受危害。

⑦消除系统/设备/子系统。

风险评估应包含危害处理活动的文件材料。而且，危害措施应当被监控以确定没有引入新的危害。此外，如果系统发生了实质性的改变，必须重新分析来确定和处理新危害。

表 C.1 是 CBTC 系统评估时可能会用到的风险评估的例子，表中反映了风险，严重度及概率三者之间的关系，可以看出，不同的概率及严重度对系统的分析水平可能相同，也可能不同。在某些领域，表 C.1 也称为风险矩阵。

表 C.1　风险评估

项目	危害严重程度			
发生频率	1——灾难性的	2——危险的	3——一般的	4——可忽略的
A——经常	不可接受的(1A)	不可接受的(2A)	不可接受的(3A)	不希望的(4A)
B——很可能	不可接受的(1B)	不可接受的(2B)	不希望的(3B)	审查后可接受的(4B)
C——偶尔	不可接受的(1C)	不可接受的(2C)	审查后可接受的(3C)	审查后可接受的(4C)
D——很少	不可接受的(1D)	不可接受的(2D)	审查后可接受的(3D)	可接受的(4D)
E——几乎不	不希望的(1E)	不希望的(2E)	可接受的(3E)	可接受的(4E)

在具体实施风险评估时，合法授权单位应该根据具体的程序及需求修改这个表格以符合实际情况。

(1)残余风险水平。

表 C.1 根据风险水平对系统产生的影响，将风险水平分为不可接受的、不希望的、审查后可接受的及可接受的 4 个水平。

①不可接受的(1A、1B、1C、1D、2A、2B、2C、2D、3A)。

此风险水平对系统造成的影响最大，可能造成重大人员伤亡、财产损失或环境破坏。对 CBTC 系统这一水平的残余风险是不可以接受的，必须通过“故障-安全”的设计方法减小这些危害的影响。

②不希望的(1E、2E、3B、4A)。

对 CBTC 系统，这一水平的残余风险是系统中所不希望出现的。根据经济和功能需求，在得到合法授权单位确认后，可以认为这种风险水平下的 CBTC 系统危害是可接受的。

③审查后可接受的情况(3E、4D、4E)。

对 CBTC 系统，这一水平的系统残余风险审查后是可以接受的。根据经济和功能需求，在通知相关授权单位之后，这种风险水平下 CBTC 系统风险可以认为是可接受的。

④可接受的(3C、3D、4B、4C)。

CBTC 系统的这一水平的残余风险，不需审查即可以接受。通常可接受的风险水平不会对系统产生大的影响，在这一风险水平下，不需要为减少危害的严重性和可能性而进行额外的设计或系统修改。

风险水平对系统造成的影响需要根据具体情况确定。同一风险水平，在不同的领域或系统中，对系统造成的影响可能差别很大。

(2)发生频率。

表 C.1 将危害概率分为经常、很可能、偶尔、很少及几乎不 5 个等级，各个等级的意义如表 C.2 所示。

表 C.2　发生频率级别

等级	含义	度量
经常	能经常发生	MTBHE ≤ 1000 运转小时
很可能	一个项目的生命周期里出现几次	1000 ≤ MTBHE < 100000 运转小时
偶尔	能在一个项目周期里的某一时刻发生	100000 ≤ MTBHE < 10000000 运转小时
很少	几乎不可能出现，但也可能在一个项目周期里出现	10000000 ≤ MTBHE < 1000000000 运转小时
几乎不可能	可以认为不可能出现	1000000000 ≤ MTBHE 运转小时

(3)危害严重程度。

表 C.1 将危害严重度按对系统的影响降序分为灾难性的、危险的、一般的及可忽略的 4 个等级，各个等级的意义如表 C.3 所示。

表 C.3　危害程度影响

等级	含义
灾难性的	致人死亡，系统损坏，或严重的环境破坏
危险的	严重的伤害，严重的职业病，主要系统受损或者严重环境破坏
一般的	较小的伤害，轻微的职业病，或次要系统受损或者轻微环境破坏
可忽略的	比较小的伤害和轻微职业病要小，或比次要系统受损和轻微环境破坏还要轻微